Descubre Cómo Obtener:

+ VENTAS

+ ÉXITO

+ LIBERTAD

"Desarrollando Tu Marca Personal y Tu Mentalidad para los Negocios"

Por

Mario Corona y Miguel Ángel Santos

1ª Edición: Noviembre 2015

2ª Edición: Julio 20165

Diseño de Interior y Portada: SatiroStudios&Business©
http://satirostudios.com/

Fuentes de Imágenes: freepick.com y shutterstock.com

Dedicatorias

Este libro es para ti que siempre me has

Apoyado en todo lo que he emprendido;

Que siempre has visto en mi lo que

Incluso yo no he podido ver y me has

Acompañado y alentado a lograr

Cada locura que me he propuesto.

Te Amo Olivia.

Mario Corona

A Joe Vitale y a T. Harv Eker; pues sin ellos en verdad,

No estaría donde estoy hoy en el Área del Business.

Para ellos mi más Sincero Respeto y Agradecimiento,

Por todo vuestro conocimiento a lo largo de los años de aprendizaje

Y por Encender y Mantener ese fuego Dentro de mí,

Tan necesario para Crear Grandes Cosas en la Vida

Y en los Negocios.

Gracias por hacerme ser Diferente y no "uno más".

Y a Ekaterina Khvostova y a EU

Por "empujarme" con Amor y otras muchas formas más

A ser el Mejor Yo que pueda Ser en mi Carrera

Y en todo lo que hago, para ir siempre al Siguiente Nivel.

Gracias. Os Quiero.

Miguel Ángel Santos

Agradecimientos

Mario Corona.

Agradecemos infinitamente a todas las personas que han hecho posible que hayamos podido escribir un libro tan especial, tan único y tan valioso como el que tienes entre manos.

Gracias en primer lugar a mi compañero, socio y amigo Miguel Ángel Santos por aceptar escribir este libro conmigo y por enseñarme tanto acerca de cómo crear una mentalidad que te permita lograr todo aquello que te propongas como personas y empresario.

Gracias a mis mentores, sin ellos no sería posible estar donde estoy, ni haberme dado cuenta de la importancia de compartir mi mensaje con todos aquellos que lo necesitan.

Gracias a mi familia, mi esposa Olivia, mis hijos Mario Alejandro y Victoria, mi madre Loreto y mis hermanos Christian y Noel Armando por todo su apoyo incondicional.

Gracias también a todos los socios y amigos que han creído en mí, pese a no comprender exactamente lo que hago. Su apoyo ha sido primordial para mí.

Miguel Ángel Santos.

No ha sido un camino fácil para llegar donde estoy hoy.

Ha sido un camino de altibajos, de lucha y esfuerzo constante, conmigo mismo sobre todo. Más ha valido la pena, por supuesto. Pues la transformación que esto ha hecho en mi *Mente* y en mi *Vida*, tiene un precio *incalculable*.

Valoro mucho el Crecimiento Personal y Mental que me ha proporcionado dedicarme a los negocios, tanto o más que el dinero que me ha generado.

He perdido también muchas cosas y personas al recorrer el retador y desafiante camino de los Negocios. Aunque varias de estas pérdidas han sido dolorosas, me quedo con el aprendizaje que ellas me han dado, ya que me han demostrado, que al fin al cabo, las debía de "perder" para darme cuenta de ciertas cosas y aprender otras tantas sobre las personas y su comportamiento, sobre mí mismo y sobre *Business*.

Así es el camino de los negocios. Siempre he dicho que es un camino para *Verdaderos Guerreros*, pues sólo los Verdaderos Guerreros (en todos los sentidos), finalmente siguen y lo que es más importante, TRIUNFAN y tienen ÉXITO en aquello que se proponen. Ya sea en los Negocios o en la Vida.

Por esta Vida dedicada al Business, han pasado muchas personas Especiales que son dignas de mención y merecen toda mi Gratitud y Respeto, en especial, quiero destacar a *Carlos Carrera*.

Un compañero de Negocios de paciente escucha e incansable apoyo, que siempre ha estado escuchando y apoyando todo lo que he hecho en los últimos años. Y dando un toque de Gran elocuencia, tacto personal, conocimiento del terreno e inteligencia, como el sólo sabe.

También a *William M. Sayers* por su apoyo incondicional con Satiro Studios & Business y Gran profesionalidad en todo lo que hace y cómo lo hace. Gracias por hacerme SIEMPRE seguir Adelante y darme aliento en todo momento.

Y por último y no menos importante de estas especiales menciones, a mi compañero de libro, socio y Amigo, *Mario Corona*. Pues me ha hecho "no tirar la toalla" en el "mercado Latinoamericano", gracias a su calidad como Profesional y sus Resultados, su predisposición y su idea para crear este bonito y primer proyecto juntos, de todos los que le van a seguir. Todo ello, junto a su Calidad Humana.

Mis respetos (algo que precisamente no doy a la ligera) y mi agradecimiento para estas tres Grandes Personas y Profesionales. Y lo agradezco en verdad, pues después de años, he podido comprobar en mis carnes y ver con mis ojos, que es algo que no abunda precisamente...

Gracias de verdad.

Y por último, un invitado Muy especial, al que también tengo que dar las Gracias.

Ese invitado especial de última hora, ¡eres Tú!

Quiero darte las Gracias por adquirir este libro, gracias por querer y tener la humildad y la Valentía de creer que no lo sabes todo y que *puedes hacer algo al respecto Ahora en tu Negocio para Mejorar* y que *puedes Seguir Aprendiendo*.

Esa es la **Actitud y la Mentalidad de los Grandes**.

Por eso, estimo tu Valentía y Actitud de seguir desarrollándote y agradezco de verdad que hayas invertido en este libro, que estoy seguro que va a enriquecer enormemente tu Negocio si pones en práctica todo lo que contiene.

Verdaderamente, así lo hará, si Cumples tu parte de, toda esta información de Vanguardia y que no es recogida en prácticamente ningún libro o conocimiento "educativo" en los Negocios y que tienes ahora por primera vez en tus manos, ponerla en práctica en tu negocio desde ya y de forma constante e insistente, hasta que dé los Resultados que tú Quieres.

Así que, ¡adelante y a por ello *Guerrero*! ¡A por tu Éxito!

Tabla de Contenidos

Acerca de los Autores

Mario Corona

Autor Best Seller, Conferencista Internacional y Business Coach.

Mario es reconocido en el mercado Hispano como el Coach ALFA por Convertir a sus clientes en Líderes en sus respectivos nichos de mercado.

Es un Exitoso Autor Best Seller de Libros como *"Negocios en la Era Digital"*, *"Los 10 Mandamientos para Atraer Más Clientes a tu Negocio"*, *"De Novato a Celebridad en Doce Meses o Menos y el "Código ALFA" y formador de más de 500 Autores Best Seller* a quienes les ha ayudado a llevar su mensaje al mundo a través de su libro.

Es también un reconocido Conferencista Internacional que ha impartido en forma presencial y a través de Internet, conferencias para empresarios de España, Estados Unidos, Argentina, Colombia, Canadá, Ecuador, Perú, Brasil, Chile, Uruguay, Paraguay, Venezuela, Italia, Israel, Costa Rica, Honduras, Panamá y México.

Es el Creador de los Exitosos Programas The ALFA Academy® y el Círculo ALFA® a través de los cuales está formando a una nueva generación de líderes dispuestos a trascender, transformando positivamente la vida de miles de personas con su conocimiento y su ayuda.

Mario Corona el único hispano Certificado como Guerrilla Marketing Coach y Relationship Marketing Strategist por The Guerilla Marketing Coach Training y The Relationship Marketing Institute.

Es también fundador de Búnker, la Primer Agencia de Marketing de Guerrilla en el noroeste de México, a través de la cual, ayuda a los negocios locales a crear estrategias que les permitan tener más clientes, más ingresos y crecimiento.

Conoce más de Mario Corona en www.MarioCorona.com.mx

Miguel Ángel Santos

Neuro-Coach de Negocios– Conferencista – Autor & Experto en Marketing&Publicidad

"Especializado en la Mentalidad y la Psicología en los Negocios"

Es el Creador de Cursos como: **"La Mentalidad de Guerrero en los Negocios"** y **"Lleva tu Negocio al Siguiente Nivel"** entre otros.

Miguel Ángel Santos, es desde hace más de 12 años el **Director y Co-fundador** de *SatiroStudios&Business.*

Comenzó a Titularse en el área de la **Psicología y Mejora Personal** obteniendo Importantes Titulaciones como:

- **Neuro-Coach** Internacional
- **Doble Titulación** como **Master** en **PNL - Programación Neuro-Lingüística (American Union of NLP** y por la **Asoc. Internacional de Coaching con PNL** *avalada* por el **Dr. John Grinder)**
- **Facilitador de Procesos de Cambio** con *PNL*
- **Life Coach** (Personal Coach)

A su formación y conocimiento hay que sumar dos de sus Grandes **Pasiones** como:

- Docente en **Neuro-Ciencia**
- Profesor en **Artes Marciales** / Instructor de **Defensa Personal Policial**

Sus experiencias profesionales y su formación le hacen ser un referente de excelencia en diferentes áreas de *Business y Neuro-Marketing.*

Caben destacar las titulaciones obtenidas con *la **Prestigiosa Copenhague Business School*** o por la **Reconocida ESIC Business School** entre otras que ostenta, tales como:

- **Marketing y Emprendimiento**
- **Diplomatura** en Artes Digitales
- Master en **Técnico Multimedia**
- Titulado como **Social Media Manager**
- Especialización **en Marketing y Ventas con PNL**
- Experto en **Marketing Hipnótico**
- **Master Coach de Negocios** con *PNL*

Una de las áreas por las que es reconocido, es porque Hoy en día y desde hace más de 8 años, es el Primer y *Único Experto* Especializado *Exclusivamente* en *"Marketing Hipnótico"* en toda España, Latino-América y Gran parte del Mundo.

Junto a *su otra Especialidad*. Si se piensa en la persona Nº1 reconocida y más extendida en Español en este campo, que puede Ayudar y que conoce la Mente y la Psicología necesaria para tener un Negocio de Verdadero Éxito… Esa es justamente la Especialidad Miguel Ángel Santos. *"La Mentalidad y la Psicología en los Negocios"*

Toda esta profesionalización y experiencia, le ha hecho Trabajar con y/o para Compañías como: Telefónica Movistar, Vodafone Empresas, Jazztel, ONO, CPP, France Telecom o la Gran Compañía de formadores de Coaches Mundiales **Success Resources**. Así como también para Personalidades como los *Grandes* y *Reconocidos* **Tony Robbins** o **T. Harv Eker** (algo, que hoy por hoy, nadie más puede decir en español).

Estos Gigantes, entre otros, han confiado en sus Estrategias de *Marketing Hipnótico* y en su Profesionalidad para diferentes Proyectos.

Hoy en día, aparte de continuar como Director de SatiroStudios&Business, imparte Conferencias, Talleres y Cursos en varias partes del Mundo sobre la **Mejora y la Psicología en los Negocios.**

Al mismo tiempo, dedica parte de su tiempo al Asesoramiento, como Coach de Negocios y Personal a Empresas y Empresarios para *Incrementar sus Ventas, Mejorar sus Negocios y llevar estos, su Economía y sus Vidas, al Siguiente Nivel.*

Conoce más sobre Miguel Ángel Santos. **Entra en**: http://miguelangelsantos.com/

Testimonios

"Si quieres aprender a separarte del resto y hacer irrelevantes a tus competidores desarrollando una mentalidad ganadora ¡este es el libro que debes leer!

En definitiva, Mario Corona y Miguel Ángel condensan más enseñanzas sobre marca personal y mentalidad que estudiar una maestría sobre el tema."

Helio Laguna
Emprendedor en serie.
Networker y Marketer profesional.
Creador De Juegos De Mesa Financiero.,
Mentor Financiero.
Autor de libros y programas financieros.
www.HelioLaguna.com

"Este libro es una joya que te permitirá transformarte "de adentro hacia afuera" en un guerrero de negocios imparable, que irradia una influencia irresistible orientada a crear un impacto positivo en la vida de los demás.

Altamente recomendado para emprendedores y empresarios que, con seriedad, quieran llevar sus resultados a otro nivel.

Tanto Mario Corona como Miguel Ángel Santos son dos profesionales altamente capacitados para guiarte por el camino de la comunicación efectiva, para propulsar tu negocio (y tu vida) como un cohete"

Lázaro Bernstein
Conferencista Internacional.
Coach personal y de empresa.

Especialista en ayudarte a mejorar tus resultados de forma exponencial.
Autor de libros, cursos en audio y vídeo.
www.AcademiadelPensamiento.com

"Mario Corona y Miguel Ángel Santos son dos verdaderos expertos en ayudarte a desarrollar tu marca personal y tu mentalidad para los negocios.

Por eso, puedo afirmar que cualquier emprendedor o empresario que se dé la oportunidad de disfrutar de este libro, va a obtener herramientas de altísimo valor, con una forma sencilla, clara y aterrizada para lograr sus más altos objetivos."

Osvaldo Ramírez
Autor Best Seller.
Billionaire Mentor.
Business & Investments Developing.
Millionaire mindset
www.OsvaldoRamirez.com

"Este libro es una verdadera joya, porque Mario Corona y Miguel Ángel Santos, te comparten todo lo que necesitas tener para que tu negocio crezca, potenciando tu Marca Personal y tu Mentalidad para los Negocios.

En verdad te recomiendo convertirlo en tu lectura de cabecera"

Patricio Peker
Conferencista de ventas y negociación.
Entrenador de vendedores.
Autor del Best Seller de Amazon "El Vendedor de los Huevos de ORO."
www.PatricioPeker.com

"Mario Corona y Miguel Ángel Santos han logrado plasmar la receta completa, con todos sus ingredientes, para que logres libertad y éxito por medio de crear tu propia Marca Personal y tu Mentalidad para los Negocios.

Encuentro muy valioso el contenido, los ejemplos y la forma en que este libro ha sido escrito. No solo por el contenido mismo y los secretos, que muchos desconocimos cuando estábamos pensando comenzar un negocio, sino también por cómo transmiten este mensaje que, sin duda alguna, es vital para las miles de personas que buscan liberarse del sistema y lograr el éxito."

Javier Quiroz Sueldo
Autor Best Seller de "Secretos del Marketing de Atracción

Introducción

"Más Ventas, Más Éxito y Más Libertad Desarrollando tu Marca Personal y Tu Mentalidad para los negocios", no es un libro común. Es más, algunos dicen que es un libro único, que jamás has tenido uno así entre manos anteriormente.

Es único porque, por primera vez, se tratan con tanto detalle temas, estrategias, ejercicios y ejemplos, de dos elementos clave para el desarrollo de cualquier negocio: Tu Marca Personal y Tu Mentalidad para los Negocios.

En sus capítulos encontrarás todo lo que necesitas saber sobre ambos temas, desde la importancia de identificarlos e integrarlos a tu estrategia de negocios, hasta la implementación, pasando por el proceso de razonamiento estratégico, identificación de áreas de oportunidad, elección de acciones clave e indicadores.

Convierte este libro en tu lectura de cabecera; revísalo de principio a fin y vuelve a él cuantas veces lo necesites para consultar y contrastar nuevas ideas, nuevas oportunidades y resolver nuevos problemas.

En este libro se ha combinado el aprendizaje generado por muchos años, de esfuerzo, trabajo y miles de dólares de inversión en los mejores entrenamientos especializado para poderte ofrecer una perspectiva fresca y enfocada en los problemas que afrontas diariamente en tu negocio.

Para que te hagas una idea de algunas de las muchas cosas que te vas a encontrar y vas a descubrir en este libro, te adelantamos lo siguiente:

En la primera parte conducida por **Mario Corona**, vas a conocer la Importancia que tiene (algo muy descuidado por la mayoría de Empresarios y Emprendedores) sobre la **Marca Personal / Branding** y las efectivas estrategias necesarias para crearla alrededor de tu Negocio y de tu Persona.

En este apartado vas a conocer diferentes materias como:

Cómo Desarrollar una Personalidad Irresistible.

Tienes que ser como un Pescado Rosa dentro de la Pecera.

"¿Por qué?" -Te preguntarás.

Porque si eres otro pescado negro o gris, no atraerás ni llamarás la atención. Serás uno más. Sin embargo, siendo un Pescado Rosa. *Atraerás todas las miradas y la atención.* Y eso es lo que todos queremos. ¿No es así?

Una marca debe *desarrollar una personalidad atractiva* para poder vivir en el corazón de sus clientes.

No importa que tengas un negocio local o que desees crear una poderosa marca personal en los negocios por Internet.

Necesitas crear una personalidad que sea atrayente para aquellas personas a las que deseas convertir en tus clientes.

La Importancia de Generar Confianza y Credibilidad

Tu marca debe reflejar la esencia de tu cliente para poder crear esa empatía que genere confianza.

Si logras que así suceda, también podrás crear una sensación de predictibilidad en la que cliente sentirá que sabe lo que tu Marca hará o dirá en determinada circunstancia.

Todos confiamos más en aquellas personas que conocemos.

¿No es cierto?

Y no es nada nuevo afirmar que sentimos más simpatía hacia aquellas personas con las que compartimos opiniones, aficiones y que nos une o un pasado o un objetivo común.

¿No es así?

Por ello, este apartado te va a ser muy útil, pues como ves, Confianza y Credibilidad es algo que debes mostrar y rebosar tu persona y tu negocio, ¡sí o Sí!

Cómo Crear una Marca Seductora.

La Seducción Persuade y Vende.

¿No es cierto?

Y No se puede negar que casi todo lo que toca Hollywood se convierte en Oro.

¿Verdad?

Y más aún, la mayoría de las Películas de Superhéroes que han hecho en los últimos años.

¿No es así?

¡Pues esto son **BUENAS NOTICIAS** para ti!

"¿Por qué lo son?" -Te preguntarás.

Lo son, porque significa que algo tienen que tener, algo tienen que hacer y además <u>de forma Repetida y de forma que se puede Replicar,</u> para que sea así.

¿No Crees?

Pues de estas películas de **Superhéroes**, si te has dado cuenta, cada vez hacen más y más y nos inundan con ellas, lo que significa y lo **saben, ¡que VENDEN!**

Este es un paso Realmente Importante si de verdad deseas crear una marca poderosa a través de una *personalidad seductora*, que pueda generar el mismo efecto positivo que las **películas y series de Hollywood** en sus clientes.

Por ello, ¡no te puedes perder este apartado!

También vas a poder conocer otros apartados en esta primera parte muy importantes tales como:

-   Cómo crear tu propia categoría.

-   Cómo crear Expectación.

-   La Importancia de un Cliente y cómo Mantenerlo.

-   Cómo crear tu propio Lenguaje, tu Personalidad, tus Héroes y tus Villanos, la Imagen de tu Marca.

-   Elige y Construye y Encuentra a tu Cliente Ideal. Ese *cliente que te gusta tener, con el que quieres trabajar y que va a estar contento de pagar lo que pides*.

-   Ejercicios prácticos, planes y mucho, mucho más, te aguarda en esta primera parte.

Y en la Segunda parte, dirigida por **Miguel Ángel Santos,** vas a adentrarte en un tema que es casi completamente desconocido y muy descuidado en todo el mundo, en el área de los negocios y el emprendimiento.

Nos atreveríamos a decir, después de años de ver y trabajar con cientos y cientos de empresarios que, por desgracia, es hasta casi inexistente....

Aunque es algo que sí tratan y de forma muy concienzuda (ya que conocen y saben de la *GRAN IMPORTANCIA* que tiene) los Grandes Empresarios, los Grandes Líderes de todas las industrias que nos rodean, los que hoy en día, están en la Cima. Y esto es, **La Mentalidad y Psicología Necesarias para los Negocios.**

En esta parte vas a descubrir sorprendentes e interesantes temas como:

Saber si tienes una mentalidad de Escasez.

Puede parecer algo sin sentido, ¿no es así? Pues si tienes un Negocio, es para tener dinero en términos generales, por lo que lo que tener escasez en un Negocio, no tiene ningún sentido... ¿O sí?

Pero déjanos decirte algo.

Por desgracia nos asusta poner aquí el porcentaje tan alto de la gente que nos hemos encontrado a lo largo de los años que, aun teniendo un negocio, tenían una mentalidad de escasez.

Lo que significa, que si tienes una Mentalidad de Escasez, la Tienes en tu Negocio también. Pues estáis uno con el otro Relacionados.

Tiene sentido. ¿No es así?

Por lo tanto, déjame decirte algo que hemos comprobado con nosotros mismos y con la Mayoría de nuestros Clientes y es algo además que no a muchos les gusta oír...

¿Estás preparado/a?

¡¡Tu negocio nunca va a ser próspero con una Mentalidad de Escasez!!

Por eso y por más que te hartes a hacer marketing, a hacer estrategias de venta, a motivar a tu equipo, a hacer nuevos productos o servicios, a poner dinero en publicidad, a construir panfletos o lo que fuere, ¡no te va a funcionar!

Sin embargo, no es culpa tuya, pues no lo sabías, es más, ¡mucha gente cree no tener una mentalidad de escasez y la tiene! (¡Nosotros éramos de ellos!)

Piensan, "No, no. Yo no tengo mentalidad de escasez, pues yo me enfoco en obtener Beneficios y en que quiero Ganar más."

¿No es Cierto?

Sí, más recuerda…

Tú, a nivel consciente, sí quieres más beneficios, si te enfocas en obtener más ventas y mejores resultados.

Pero *tu parte inconsciente*, se enfoca y va en otro tipo de cosas o se queda estancada en experiencias pasadas o quiere otras cosas diferentes a las que "tú" quieres, *y un larguísimo etcétera que te impide seguir hacia delante.*

"¿Y cómo se entonces si tengo o no una Mentalidad de Escasez?" - Te preguntarás.

"¡Me gustaría y quiero saberlo!" - Te oímos exclamar.

¡Pues no te pierdas este apartado! Pues va resultarte tremendamente Útil y de Gran Valor…

¿Cómo Obtener una Motivación Imparable?

Es bastante probable que te hayan contado y hayas leído ya mucho sobre Motivación.

¿No es así?

Sobre que es Muy Importante para Alcanzar las Metas y objetivos que nos hemos Marcado en nuestros Negocios y en la Vida.

¡Y así es!

Y las **TERRIBLES CONSECUENCIAS** de la Motivación (¡o de no tenerla!).

Y es muy posible también que hayas escuchado y/o leído algunas técnicas o trucos para Tener más Motivación, y...

¡Aun así no te funcionan del todo!

¿No es cierto?

"Y... ¿A qué se debe? ¿Por qué pasa esto?" - Te preguntarás.

¿Quieres saber cómo Obtener un Verdadera Motivación Imparable?

Pues en este apartado finalmente lo vas a Descubrir.

¿Quién o Quiénes son los "Enemigos Silenciosos" que te están impidiendo tener el Éxito que deseas Alcanzar en tu Negocio o como Emprendedor?

¿Sabes?

Hay ciertos "enemigos fastidiosos" que entran a nuestro castillo personal y mental y nos destrozan todo y roban nuestros bienes y nuestra paz que reina en él.

Y después de años de Estudiar *la Mentalidad y los Negocios de Personas de Éxito*, de Entrenarme por *Millonarios* y ***Billonarios, como Bill Bartman***, personalmente y de haber Entrenado y Asesorado a decenas de Empresarios y Emprendedores en diferentes partes del Mundo...

Me he dado cuenta de que las personas de Gran ÉXITO no los tienen.

No tienen estos "Enemigos". **¡Y si los tienen, los controlan y los mantienen a raya MUY BIEN!**

Por ello <u>resultaría de mucha utilidad tener una fotografía suya con sus caras, de quiénes son estos Enemigos.</u>

¿No te parece?

Para poder así reconocerlos más fácilmente.

¿Quieres saber quiénes son esos Enemigos y ponerles "cara"?

Pues en este apartado los conocerás de primera mano.

A todos estos interesantes y reveladores temas vas a poder tener acceso en esta parte del libro, junto a otros como:

- **El P-POM (Patrón-Proceso Oculto de tu Mentalidad).** *¡Conoce en este momento cómo y porqué haces lo que haces!*

- **Cómo Entrenar a tu Cerebro para el Éxito.**

- **Descubriendo las "Preguntas Inteligentes"** que te van a hacer destacar y tomar Caminos diferentes a los que hoy tomas y desbloquear una Mentalidad Negativa o Limitante.

- Como ser un **EVE** y dejar de ser un **EME** (Cómo tener la Mentalidad de los Grandes Empresarios y Líderes).

- **La Técnica Ancestralmente Moderna, para el manejo del Estrés y las Emociones Negativas y Nocivas** (Gran y Valiosísima Técnica).

- **La Efectiva y Valiosa Técnica de Cambio y Sustitución de Escenarios** para manejar efectivamente, incluso hasta eliminar, los problemas que genera tu Negocio y para enfrentarte de manera Positiva ante un problema, situación o persona que te incomoda (Increíble técnica).

Todo esto y mucho, mucho más conocimiento y <u>no sólo teórico</u> (como tratan la mayoría de los libros), sino también <u>muy práctico y con ejercicios</u> (sí, incluso en un tema "teórico" como lo es la Mentalidad y la Psicología. Es por eso entre otras cosas, por las que este libro es tan diferente a otros) y muchas más herramientas para poder *llevar tu Mentalidad y por ende, tu Negocio al Siguiente Nivel*, es lo que vas a obtener en esta segunda parte esta Obra.

¡No te lo vas a querer perder! De hecho, si esto, la Mentalidad y la Psicología para Tener un Negocio de Éxito, es lo que más Te interesa, puedes ir directamente a este apartado que comienza en el Capítulo: "**M +M. LA Fórmula que Requiere tu Negocio**" (y Tu Vida…)

Así que sin más preámbulos, ¡comencemos!

Desarrollando una Marca Personal Poderosa y Memorable.

¿Por qué es importante crear una marca para tu negocio?

Vivimos inmersos en la nueva economía digital.

En este nuevo contexto las personas están cada vez más expuestas a ser el blanco de andanadas de campañas publicitarias enfocadas en convencerlas de que compren.

En promedio, diariamente recibimos más de 3.000 mensajes publicitarios. ¡Imagínate que alguien toque a la puerta de tu casa 3.000 veces al día para hablarte de lo maravilloso que es su producto!

Ante tanta basura, nuestra mente, por salud, tiende a olvidar todo aquello que se encuentra fuera de nuestras prioridades y principales intereses, para así dejar espacio suficiente a aquello que realmente nos importa.

El cliente está cansado de que solamente se le vea con un signo de dólar sobre su cabeza y se ha vuelto más inteligente, está mejor informado y es menos tolerante con la publicidad invasiva.

A este nuevo cliente, le interesa tener el control completo sobre el proceso de compra, para lo cual usa Internet como su principal fuente para investigar y recibir información acerca de aquellos productos o servicios que realmente le interesan.

Para conquistar a este nuevo cliente hay que ganar su confianza. Por eso es de vital importancia que, como empresario, lo entiendas y te enfoques en lograr este objetivo.

Si deseas solamente vender, tu cliente se dará cuenta y te mandará a volar lo más lejos posible; pero si te enfocas en crear una relación fuerte, respetuosa y productiva, entonces y solo entonces, habrás dado los primeros pasos para crear una marca que desarrolle un fuerte vínculo emocional con tus clientes y que te convierta en su primera opción de compra

Llegados a este punto, seguramente te estás preguntando, *"¿En qué me beneficia tener una marca que cumpla con todos estos atributos?"*

Tu preocupación es totalmente comprensible e incluso necesaria, ya que, como empresarios debemos tomar diariamente demasiadas decisiones respecto a una gran variedad de temas que pueden llegar a desgastarnos o hacer que perdamos el enfoque.

Construir una marca poderosa te permite competir en la pista y en la carrera, en la que puedas ganar, haciendo tu negocio más rentable en todos los sentidos y acercándote más a tus clientes actuales y potenciales.

A continuación voy a compartirte tres poderosas razones por las cuales debes desarrollar tu marca:

1. **Una marca poderosa te aleja de la guerra de precios.**

   Porque tu cliente va a desarrollar un vínculo más fuerte contigo, que se irá fortaleciendo con el paso del tiempo, generando más lealtad y más beneficios para tu negocio.

2. **Una marca poderosa te acerca más a tus clientes.**

   Porque se sentirán más identificados contigo, más correspondidos y mejor atendidos y escuchados. Sin duda, la cercanía es uno de los atributos más importantes de una marca.

3. **Una marca poderosa te separa de la competencia.**

   Los clientes son personas y las personas confiamos más en quienes conocemos mejor y en quienes a lo largo del tiempo, nos han demostrado que son dignos de esa confianza. Una marca es capaz de lograr esta confianza y poner a tu negocio por encima de todos los demás.

No importa si estás en los negocios por Internet o tienes un negocio local. Construir una marca personal poderosa, es una asignatura estratégica para tu negocio.

Desarrollar una marca para un negocio local.

Especialmente en los negocios locales, crear una marca poderosa y saludable es una necesidad de importancia estratégica para garantizar su supervivencia, ya que el 60 % de los negocios fracasan antes de los tres primeros años de operación y el 80 % lo hace antes de los cinco primeros años.

Tener un negocio no es fácil, sobretodo en este híper competitivo contexto en el que los empresarios locales deben enfrentarse a productos y franquicias que operan a escala global, con más recursos económicos, humanos, experiencia e infraestructura.

En una gran cantidad de estos micro o pequeños negocios, la confianza y credibilidad de los clientes que tienen, se debe en gran medida a la confianza que su dueño ha logrado ganar a través de su atención personalizada, servicio y cuidado de todos los detalles.

En otros casos, el éxito de estos negocios descansa en que han establecido precios más accesibles o bajos, que manejan a diferencia de otras empresas más consolidadas.

También existen negocios que, a través de un producto técnicamente superior, han logrado generar una ventaja competitiva que los diferencie del resto y los coloque en una posición más favorable para gozar del agrado de sus clientes.

Es verdad que a muchos dueños de negocio puede agradarles la idea de que sus clientes confíen en ellos y les reconozcan su compromiso de tener precios más accesibles para sus clientes que sus competidores o tener un producto superior que los separe del resto. Sin embargo, nada de esto es suficiente para garantizar la supervivencia de un negocio.

Para que los negocios locales puedan trascender, deben profesionalizar su operación para dejar de depender de una sola persona, un solo producto o una oferta específica. Por esto es importante que los negocios locales, aunque puedan considerarse micro, pequeños o medianos, desarrollen paulatinamente una marca que, a largo plazo, los ayude a permanecer vigentes en las preferencias de sus clientes.

Definitivamente no pueden descansar en las habilidades de su dueño, en tener un precio más bajo o un producto que es mejor que el de su competencia, porque a largo plazo, ninguno de estos elementos es sostenible ni escalable.

Es una prioridad para los negocios locales definir la personalidad, valores y comunicación de su marca, para empezar a desarrollar un vínculo emocional con sus clientes. Un vínculo que genere complicidad, empatía y lealtad.

Una marca sólida le permite a un negocio salir adelante de las épocas difíciles, de las guerras de precios o de la competencia feroz. Le es posible hacerlo porque el cliente valora las razones emocionales que lo ligan a esa marca.

Una marca poderosa pesa más en la decisión de compra que un precio bajo.

Cuando te has enfocado en fortalecer ese lazo con tu cliente, cuando te has convertido en su mejor aliado y estás cerca de él o ella para ayudarlo, informarlo y sorprenderlo, es una realidad.

¡Una marca poderosa pesa más en la decisión de compra que un producto superior!

Personalmente, he puesto a prueba en numerosas ocasiones esta realidad, sobre todo al momento de comprar ropa. ¡Cuántas veces pagué más por un pantalón (o vaquero como lo llaman en España) Levi´s!

No se trata de engañar al cliente, ni de hacerlo que tome decisiones que no quiere. Se trata de que, como negocio local, te enfoques en crear una relación poderosa con tu cliente que genere lealtad, respeto y que sea beneficiosa para ambas partes.

Una marca poderosa es sinónimo de confianza y la confianza es algo que no se gana en un solo día, pero que sí se puede perder con un sólo error.

Desarrollar una marca personal.

Si eres un profesional independiente, conferencista, coach, consultor o figura pública tú eres tu propia marca y debes de gestionar estratégicamente ese gran activo.

Cuando se diseñan y posicionan marcas de productos ¨físicos¨ se les busca crear una personalidad atractiva, cercana, que genere confianza para el cliente y en el caso de una marca personal se utiliza la misma estrategia, solo que a diferencia del anterior ejemplo, se hace con una persona real.

Hago este comentario, porque muchas personas buscan crear marcas personales que difieren mucho de sus valores, personalidad, estilo e identidad, provocando con esta incongruencia, que se fracase en el intento de posicionarla entre sus clientes.

No se trata de cambiar por completo la personalidad de alguien ni de limitarse exclusivamente a los atributos que son claramente visibles. Para poder crear una marca personal, debes hacer una profunda reflexión para identificar a fondo tu esencia, ese ADN que te hace único, imposible de copiar.

Con frecuencia hablo con mis clientes de coaching privado, acerca de la importancia de crear una marca personal que los separe del resto de las personas que están dando el mismo mensaje, a las mismas personas, con las mismas estrategias y al mismo tiempo.

Una marca personal se apalanca en la identificación y la empatía que los clientes tienen contigo y no puedes lograr esa empatía y esa identificación, si no tienes bien claro cuáles son tus principales rasgos, valores y atributos.

Para explicarme mejor te voy a compartir un ejemplo.

Supongamos que te dedicas a vender seguros, que nunca antes habías estado en ventas y adaptarte a esta nueva etapa de tu vida ha sido bastante difícil porque los ingresos no han llegado tan rápido como esperabas.

Te aseguro que si asistes a una conferencia, ves un vídeo o lees un libro de un experto en ventas cuyos inicios hayan sido similares a los tuyos, te sentirás más identificado y proclive a comprarle algo, que a otro experto cuya historia haya sido diferente, suponiendo que ofrecen el mismo nivel de experiencia.

Si analizamos en detalle este breve ejemplo, podremos ver claramente el porqué de las cosas.

Es obvio que pesa más el hecho de que uno de los dos expertos haya tenido una historia como la tuya, aunque su experiencia o resultados no sean dramáticamente superiores a los del otro experto en ventas.

Crear una marca personal o hacer branding personal, es algo que todos debemos de usar estratégicamente para construir mejores relaciones en general.

Si eres un profesional independiente, emprendedor o figura pública que haces negocios por Internet, debes tener presente que lo tu cliente comprará de ti, no sólo serán tus lecciones, tu experiencia o lo que vayas a enseñarle.

Tu cliente también estará comprando tu historia y sobre todo, estará pagando por una relación directa y cercana contigo.

Crear una marca personal tampoco es un proceso que se da de la noche a la mañana, porque la confianza no se gana tan fácil.

En primer lugar, debes de convertir al extraño en un prospecto interesado en ti, después convertir a ese prospecto en cliente, posteriormente convertir a tu cliente en patrocinador de tu negocio (cliente que compra constantemente tus productos), para después convertirlo en embajador y activo promotor de tu marca.

La honestidad es clave en este proceso, por eso debes ser en todo momento tú mismo, sin exagerar, mentir ni minimizar lo que eres, posees y representas como persona.

Muchos empresarios que desean crear una marca personal, se topan con el "Mito de la Perfección" y llegan a creer que para poder lograr que sus clientes inviertan en ellos, les compren o los contraten deben ser perfectos, sabelotodos, infalibles…

Nada más lejano de la realidad.

Los clientes no quieren a personas perfectas, sino a personas que entiendan su realidad, que hayan experimentado sus mismas frustraciones, deseos e inseguridades y tengan el conocimiento, experiencia y resultados necesarios, para ayudarlos a resolver su problema en particular.

En torno a estos puntos, debes crear tu marca personal para posicionarte estratégicamente como la mejor opción para tu cliente. Porque lo conoces, entiendes su situación, has pasado por sus mismos problemas y sabes cómo resolverlos.

Con frecuencia recuerdo las recomendaciones que colegas, ex maestros, amigos e incluso familiares, me hicieron durante los primeros meses en los que me enfoqué con todas mis energías en empezar a crear mi marca personal.

Hasta cierto punto, puedo entender el porqué de estos comentarios porque, desde su perspectiva, era yo quien estaba cometiendo un grave error al "ventilar públicamente" mis áreas de oportunidad, tropiezos e incluso defectos.

A muchos de nosotros nos educaron enseñándonos a tener una especie de repudio por el error y de ahí que este gran paradigma, se haya arraigado dentro, muy dentro de nuestro inconsciente.

Este aprendizaje me hizo comprender la importancia de ser tú mismo cuando estás intentando crear una marca personal saludable y poderosa.

Algunos empresarios cometen el error de querer ser una mala copia de algún gurú o famoso, lo que evita que se diferencien del resto de empresarios que aspiran a conquistar a los mismos clientes.

Es de suma importancia evitar presentarse ante tus potenciales clientes, como alguien perfecto, que no ha cometido errores, que siempre hace las cosas bien y que tampoco ha sido presa de muchos de los problemas que aquejan a sus clientes.

Es necesario también, darse cuenta de que al tratar de posicionarte solamente con las certificaciones obtenidas o los grados académicos alcanzados, lo que realmente estás provocando es alejar al cliente, en lugar de construir un puente que te acerque más a él.

Si deseas crear tu propia marca personal, debes tener presente que eres una persona de carne y hueso, con virtudes y defectos. Y que el ocultar tu historia de vida, es un grave error que no te puedes dar el lujo de cometer. No puedes hacerlo, porque es en esas experiencias de vida, en lo vivido y aprendido de esos "fracasos", en donde podrás despertar en tus clientes un sentimiento de empatía.

Tus clientes se darán cuenta de que no son los únicos que han cometido esos errores y que, personas exitosas como tú, no solo los han experimentado, sino que los han logrado superar.

Esto te pondrá en una posición de ventaja, porque al haber compartido esas frustraciones, conoces más su situación y estás más calificado para ayudarles a superar esos problemas y alcanzar los objetivos que persiguen.

Capítulo 1. La Categoría de solo UNO.

¿Por qué crear una categoría de solo uno?

Sin importar que vendas algún producto, servicio o que tu negocio seas tú mismo, si piensas que para ser el número 1 en tu nicho de mercado debes esforzarte para vencer a tus competidores, acumular mucha más experiencia, más clientes y mejores testimonios o reducir tus precios y tiempos de entrega para ser más competitivo, estas en un grave error.

No es necesario que te concentres en una encarnizada batalla para derrotar uno a uno a tus competidores; porque la mejor forma para que tu marca se convierta en la solución que tus clientes esperan y en la única solución imposible de copiar o sustituir, es crear una categoría de mercado de sólo uno.

Debes separarte del resto.

Crear una categoría de mercado de solo uno, te permite correr en la pista en la que puedes ganar.

Al crear una categoría de mercado de solo uno, tu marca se va a separar de todas aquellas que gritan a los cuatro vientos que son las mejores, para concentrarte en crear un espacio que nadie, absolutamente nadie más que tú puede ocupar.

Es prácticamente imposible ganar si existen cientos o tal vez miles de personas que al mismo tiempo están diciendo lo mismo que tú a las mismas personas y a través de las mismas estrategias y si estas personas tienen más presupuesto que tú, entonces estarás en una batalla imposible de ganar.

Debes enfocar tus recursos.

Crear una categoría de solo uno no solo es un tema de posicionamiento, diferenciación y comunicación, es también un tema de uso eficiente de los recursos disponibles, ya que no existe empresario que tenga todos los recursos económicos, humanos e intelectuales, para competir frontalmente contra todos y ganar.

Cada vez, el cliente es más selectivo, evasivo, está mejor informado y cansado de la publicidad invasiva. Ser diferente es una premisa estratégica, en una realidad en la que cada vez es más difícil encontrar elementos de diferenciación distintos al precio.

Debes evitar las guerras de precios

Las guerras de precios no son buenas para nadie.

Como te he comentado, el 60 % de los negocios, fracasa antes de los tres primeros años de operación y el 80 % lo hace antes de los cinco primeros años.

Tener un negocio exitoso no es nada fácil y si tu negocio está sustentado solamente en ofrecer precios bajos para ganar más clientes, te garantizo que te será mucho más difícil lograr que sobreviva.

Las guerras de precios se presentan cuando dos o más empresas se enfrascan en una batalla por bajar y bajar los precios para obtener más clientes nuevos y derrotar a sus competidores.

Permíteme decirte que, aunque parezca algo ilógico, la estrategia de precios bajos es algo demasiado común en todas las industrias y mercados.

Por ello, quiero compartirte los efectos negativos de tener una estrategia sustentada solamente en un precio bajo:

1. **Necesitas vender más.**
   Como tu margen de ganancia es menor, debes vender más unidades, más volumen para generar los ingresos que te permitan pagar tus costos de operación y tener utilidades.

   Como empresario puedes ganar 10 dólares de dos formas distintas:

   La primera, vendiendo 5 unidades a 2 dólares cada una.

   La segunda, vendiendo 2 unidades a 5 dólares la unidad.

   Aunque en ambos casos el ingreso es de 10 dólares, en el primero debes vender 3 unidades más para compensar la diferencia en el precio.

Es mi deber decirte que harás prácticamente el mismo esfuerzo para vender algo en 2 dólares que en 5. Por lo tanto, ¿no crees que es mejor un precio más alto?

2. **Provocas una espiral descendente.**
Pensar que tener los precios bajos son suficientes para obtener más clientes, ingresos y crecimiento es un grave error.

Desde mi perspectiva personal, quienes solamente se apalancan en un precio bajo, lo hacen porque su producto es inferior o porque no conocen a fondo a su producto, al mercado y a su cliente y no logran ver la oportunidad real de negocios.

La espiral descendente, se presenta cuando no eres el único que piensa que los precios bajos son la solución.

Cuando dos o más empresas compiten por tener los precios más bajos, inician una carrera en la que tendrán que bajar en más de una ocasión sus precios, para mantenerse competitivos y vigentes.

3. **Dañas la rentabilidad de tu negocio.**
Sería ingenuo pensar que, al bajar tus precios, tu negocio no se verá a afectado. Por ello lo diré claramente, ¨**Bajar tus precios afecta directamente, no solo a la rentabilidad, sino a la supervivencia de tu negocio**¨

Si lo haces con frecuencia, llegará un momento en que tus clientes se fijen solamente en el precio y lo asuman como algo permanente y esto provocará que tus clientes dejen de comprar en tu negocio, en cuanto encuentren una opción más barata.

Tener una estrategia enfocada en ofrecer precios bajos, le resta valor a la calidad, servicio, historia y beneficios de tu negocio, para centrarse en algo que se irá devaluando paulatinamente: el precio.

4. **La guerra de precios también afecta al cliente.**

    Al principio parece que el principal beneficiado de una guerra de precios es el cliente, sin embargo, a largo plazo no es así.

    No lo es porque en algún momento de esta guerra de precios, alguna o todas las empresas que participan en ella, tendrán que hacer adecuaciones en sus productos para bajar sus costos y estar en condiciones de seguir ofreciendo precios bajos.

    Estas adecuaciones, en la mayoría de los casos, tienen que ver con cambios en los insumos, cambios de proveedores, tiempos de entrega, servicio postventa u otros elementos que afectan directamente la calidad.

Aunque no son las únicas, éstas son cuatro poderosas razones por las cuales debes evitar las guerras de precios, para que tu negocio no solo se mantenga a flote, sino tenga un crecimiento sostenible en el largo plazo.

Debes crear relaciones a largo plazo.

Siempre será más rentable venderle a un cliente actual, que tratar de conseguir uno nuevo.

De hecho, la proporción es de 5 a 1, por esa razón, el creador del concepto de Guerrilla Marketing Jay Conrad Levinson, sostenía que un negocio debe de enfocar el 60 % de sus recursos, en sus clientes actuales.

Un cliente es alguien a quien ya has logrado convencer a través de tus esfuerzos de promoción y que ha depositado su confianza en ti. Tu cliente ya ha probado el valor de tus productos y comprobado la congruencia entre lo que comunicas en tu marketing y lo que entregas a través de tu servicio.

El problema es, que la gran mayoría de los empresarios enfocan sus energías, tiempo, dinero e imaginación en atraer a nuevos clientes, descuidando así a sus clientes actuales.

Para tener éxito en los negocios, necesitas comprender que el verdadero valor de un cliente no se da en una sola transacción, es decir, en una venta aislada. El verdadero valor de un cliente, se da en el total de compras hechas durante el tiempo que ha permanecido contigo.

Por eso, debes dejar de enfocarte en vender y empezar a enfocarte en crear relaciones con tus clientes. Relaciones que partan de la confianza, que se consoliden y sean rentables para ambas partes.

Recuerda que el ciclo empieza cuando conviertes a un extraño en prospecto, después al prospecto en cliente, posteriormente debes convertir a ese cliente en patrocinador (comprador frecuente de tus productos) para después convertirlo en embajador y activo promotor de tu marca.

Este ciclo no se dará de la noche a la mañana; en cada etapa debes desarrollar estrategias específicas, implementadas con disciplina y entusiasmo.

No debes por ningún motivo cometer el grave error de tratar a tu cliente de 3 años igual, que a tu cliente de 3 días.

Recuerda, el verdadero valor de un cliente se mide a lo largo del tiempo, enfócate en ganar la confianza de tu cliente y demuéstrale desde la primera venta, que no todo ha terminado con esa transacción, que estarás cerca para ayudarle y servirle, convirtiéndote en su mejor aliado.

Tienes todo lo que necesitas para triunfar.

No importa el tamaño de tu negocio, el tiempo que lleves en el mercado o el tipo de producto, servicio o solución que ofrezcas. Lo que acabo de afirmar es verdad y te lo voy a demostrar a través de un poderoso y transformador ejercicio que he llamado, "Tu Inventario Personal."

Este ejercicio es útil, tanto para empresarios que comercializan productos o servicios a través de una sucursal física, como para empresarios que venden su experiencia a través de Internet.

Por favor, no permitas que la sencillez de este ejercicio te evite ver que tienes un activo muy valioso que compartir, para que tu marca sea el mejor aliado de tus clientes.

La primera etapa de este ejercicio, se centra en que enumeres en cada casilla el conocimiento, experiencia y habilidades que tu marca ha acumulado lo largo de su historia.

Este será el mismo procedimiento, sin importar que hables de un negocio físico o de ti, como marca personal.

Conocimiento	Experiencia	Habilidades

En la segunda etapa debes reflexionar a fondo y responder a las siguientes preguntas:

¿Qué tipo de personas necesitan de mi marca?

¿Qué diferencia puede mi marca aportar al mundo?

¿Contra qué lucha mi marca?

Estoy seguro de que, al responder estas preguntas, te darás cuenta de dos cosas:

1. De que existen muchas personas que se enfrentan a distintos problemas o que persiguen objetivos concretos, para los que necesitan de ese valioso activo que sólo tú marca posee.

2. Tu marca tiene una misión y un propósito que cumplir en este mundo, para ayudar a tus clientes a vivir mejor.

Cómo crear tu propia categoría.

Te he hablado de la importancia de crear tu propia categoría para dejar de pelear con tus competidores uno a uno sin obtener resultados tangibles y sin poder convencer a tus potenciales clientes de que tu marca es mejor.

Si no te enfocas en crear tu propia categoría, estarás corriendo en una pista en la que te será muy difícil ganar, porque estarás utilizando las mismas estrategias que tus competidores, poniendo en riesgo el futuro de tu marca y de tu negocio, por dar el mismo mensaje a los mismos clientes y a través de los mismos canales de comunicación, que todos los demás.

A continuación, voy a compartirte estrategias probadas, que he aprendido y puesto en acción, comprobando su efectividad ante distintos escenarios, en diferentes momentos y con varios de mis clientes.

Bien es cierto que ninguna de estas estrategias usadas individualmente te garantizará nada. Pero su uso combinado y sistemático, te permitirá crear una posición única en el corazón y la mente de tus clientes, para que tu marca pueda crear un poderoso vínculo con tu cliente sustentado en la empatía, la confianza, el valor y la lealtad.

Identifica a tu cliente ideal.

El principal problema de gran parte de los empresarios, es que no han definido un perfil específico de quién sería su cliente ideal. Si quieres crear una categoría de solo uno, para tu marca, debes empezar por este importante paso.

Un cliente ideal, es el tipo de persona que, en las condiciones propicias, sería un comprador fiel de tu marca.

Para definir el perfil de tu cliente ideal te sugiero considerar, en primera instancia dos tipos de variables:

Variables Demográficas: Sexo, edad, dónde vive, estudios, estado civil, nivel de ingresos…

Variables Psicográficas: Principales gustos, aficiones, pasatiempos…

Estas dos variables te permitirán ser más preciso en la definición del tipo de persona con la que deseas hacer negocios.

Sin embargo, aunque importantes, estas dos variables, no son suficientes para recrear por completo el perfil de un cliente ideal.

Para ello es necesario una tercera variable, **las situaciones más difíciles que tu cliente ideal enfrenta diariamente.**

Al contar con esta tercera variable, vas a comprender mejor a tu cliente y estarás en mejores condiciones para ayudarle, centrando tus esfuerzos en lo que a tu cliente más le preocupa y realmente le importa.

Identifica el principal problema de tu cliente ideal.

No existe forma de comprender a tu cliente, si no conoces con detalle el principal problema al que se enfrenta o lo que más le interesa conseguir.

Muchos empresarios cometen el grave error de pensar que, desde un escritorio, pueden conocer y comprender a la perfección a su cliente.

Esto provoca que sus esfuerzos de marketing mueran antes de nacer, porque están concebidos sin considerar la variable más importante que el cliente considera, ¡sus propios intereses!

La única forma de garantizar que tu cliente ideal haga a un lado los 3.000 mensajes publicitarios que en promedio recibe por día, para prestar atención a lo que tengas que decirle, es hablarle de lo que más le importa.

No existen fórmulas mágicas para comprender esto, no lo vas a lograr investigando por Internet o sentado en tu escritorio, ni tampoco te será posible a través de profundas reflexiones, abstracciones o análisis.

La forma infalible de conocer el principal problema de tu cliente ideal es preguntándole.

Así es, leíste bien, preguntándole.

Después de definir el perfil de tu cliente ideal, debes preguntarles a cuantas personas conozcas que cumplan con ese perfil, acerca del principal problema que están afrontando y acerca de lo que más le interesa.

Pregúntalo una y otra vez, hasta que tengas la suficiente información y sensibilidad para comprender a tu cliente.

Convierte a tu marca en la solución que tu cliente necesita.

Una vez que hayas identificado el principal problema de tu cliente ideal, debes aprovechar esa valiosa información para convertir tu marca en la solución que tu cliente espera y necesita.

Al hacerlo, estarás creando una plataforma poderosa para generar valor para tus clientes y de forma simultánea, cimentando las bases para diferenciar a tu marca por completo de tus competidores, posicionándola en la mente y el corazón de tus clientes como la número uno en su categoría.

Paso # 1: Define el ADN de tu marca.

a) **El ¨elevator pitch¨**
Debes comprender a la perfección lo que tu marca hace para ayudar a tus clientes, por eso te recomiendo hacer el siguiente ejercicio, con el fin de que cada pieza de comunicación esté orientada hacia el mismo fin y no emitas mensajes contradictorios:

Mi marca ayuda a (Perfil de tu cliente) **a** (Problema que resuelve) **para** (Beneficio que obtiene).

Ejemplo negocio local

Café expreso on demand ayuda a: los ejecutivos que trabajan en el centro de la ciudad (Cliente).

A: comenzar su días con una deliciosa taza de café expreso servido a través del drive thru (Problema que resuelve).

Para: arrancar sus días con energía y enfoque (Beneficio que obtiene)

Ejemplo marca personal

Mario Corona ayuda a: emprendedores, coaches, consultores, speakers y autores (Clientes).

A: unir sus conocimientos, experiencia y habilidades para crear un exitoso negocio en Internet (Problema que resuelve).

Para: tener un estilo de vida de libertad y altos ingresos (Beneficio que obtiene).

Esto es lo que los norteamericanos han llamado ¨Elevator pitch¨y te permite que cualquier persona que pregunte acerca de tu marca, pueda comprender con claridad el beneficio de consumirla.

b) La identidad de tu marca.

Muchos empresarios e incluso profesionales del marketing, confunden los términos "Identidad" e "Imagen".

Esta confusión no solo es un problema de forma, lo es también de fondo.

Para explicarme mejor, te diré que **la imagen de una marca es solamente la parte visual de ella**, representada por su logotipo, icono colores y elementos gráficos visuales de la marca.

La identidad de la marca es la percepción que la gente tiene de ella y se construye, no solo a través de elementos gráficos, sino a través de cada contacto que tu marca tiene con el mundo exterior.

En la parte sensorial se pueden contar, el sonido de tu marca, la imagen, el olor, la textura y el gusto.

Además, está el servicio que das al cliente, lo que tus clientes opinan de ti, los uniformes de tus empleados, tu página web y muchos puntos de contacto más.

Es prácticamente imposible para cualquier empresa controlar cada contacto que su marca tiene con el mundo exterior. Por esta razón, en la comunicación publicitaria, los valores han ido ganando un rol mucho más representativo para la creación de marcas poderosas.

Los valores son mucho más que un marco de referencia con el cual las personas podemos conducirnos en nuestras vidas. Son también poderosos elementos para el posicionamiento de marcas, ya que les permiten comunicar con claridad y contundencia sus principales atributos y grabarlos en la mente y el corazón de sus clientes.

Para que una marca pueda asumir que comunica con efectividad su ADN, debe generar la misma percepción en sus clientes.

Esto se puede comprobar de una forma bastante sencilla, pide a tus clientes que definan en cuatro palabras tu marca.

Si la gran mayoría de ellos no utilizan las mismas palabras o sinónimos para referirse a tu marca, es que no te has comunicado con efectividad con tus clientes y si, incluso, utilizan términos contradictorios como rapidez o lentitud, mucho peor.

Reflexiona a fondo y haz un listado preliminar de los 10 principales valores de tu marca para que puedas acotar aún más este análisis.

Los valores de mi marca son:

Valor 1:

Valor 2:

Valor 3:

Valor 4:

Valor 5:

Valor 6:

Valor 7:

Valor 8:

Valor 9:

Valor 10:

Una vez que los hayas identificado elige a los cuatro valores más representativos.

En mi caso, esta ha sido mi elección como Business Coach:

Valor 1: Pasión.

Valor 2: Inspiración.

Valor 3: Excelencia.

Valor 4: Innovación.

Define los cuatro valores más importantes de tu marca y cuida que en cada mensaje los reflejes, para que paso a paso, puedas construir la identidad de tu marca.

Recuerda que, al igual que la confianza, una marca no se construye de un día para otro. En cada contacto, en cada oportunidad debes comunicar la misma esencia, ganar la confianza y cumplir.

Paso # 2. Define la historia de tu marca.

Los mejores expertos en branding sostienen que, para que una marca pueda ser líder, debe cumplir con tres premisas, tener una historia, una promesa y una garantía.

Tu historia de marca, es el elemento de posicionamiento más poderoso que existe para establecer empatía con tus clientes, diferenciarte de tus competidores y apalancarte estratégicamente en las ventajas competitivas y fortalezas que te hacen único.

Para crear tu historia de marca, debes crear una estructura que le dé orden, emotividad y que te permita construir la empatía que tu cliente demanda.

A continuación voy a compartirte la esencia de cada elemento de la estructura de tu historia personal:

a) **Quién eres.**
En este primer punto, compartes el nombre de tu marca (El tuyo en el caso de que seas un coach o profesional independiente), tu especialidad y el principal referente para presentarte.

El objetivo es que tus potenciales clientes, se enteren rápidamente de tu nombre, lo que haces y cómo puedes ayudarles.

Por ejemplo, en mi caso me presento como, *"Hey amigos, soy Mario Corona, Autor Best Seller, Conferencista Internacional y Business Coach creador de The ALFA Academy®.*

Me especializo en ayudar a coaches, autores, conferencistas e info marketers a convertir su conocimiento, experiencia y habilidades en un negocio de miles de dólares en ingresos."

En el caso de un negocio local, debes hablar de la esencia de tu marca, su ADN, resumiendo lo que hace, para quién lo hace y por qué.

Jamás des por sentado que todo el mundo lo sabe y que todo el mundo te conoce.

Cada contacto, cada mensaje, es una oportunidad de presentarte ante cientos o tal vez miles de potenciales clientes que anteriormente no tenían ninguna referencia acerca de tu marca.

Si tomamos como ejemplo una tienda de deportes que opera fuera de Internet, puedes presentarla como, *"Les presento a Sport Fan, la tienda de deportes especializada en aficionados que desean disfrutar y vivir al máximo, su deporte favorito."*

Es una presentación sencilla, pero resume todo lo importante para tus clientes, de una forma que puede ser fácilmente recordada y que les facilita transmitir esta misma información a otras personas.

b) Tu propósito.

En este apartado debes comunicar claramente por qué haces lo que haces.

Es de vital importancia que tus futuros clientes sepan desde el primer contacto que tienen contigo, que tu marca se mueve por ideales mucho más grandes que el dinero, que desea transformar positivamente su entorno y ayudar a sus clientes en su vida cotidiana.

Si hablamos de una tienda que se especializa en ropa para mujeres embarazadas, debes de compartir los ideales que le han dado forma, como por ejemplo, ayudar a las futuras mamás a disfrutar con comodidad y estilo de su embarazo, la etapa previa a la mejor experiencia de sus vidas.

c) El inicio.

Este apartado tiene como objetivo que tus futuros clientes sepan que tu marca en algún momento empezó desde cero.

En el caso específico de una marca personal, debo comentarte que muchas personas temen fracasar, se sienten poco calificadas y piensan que no poseen la experiencia, conocimiento o habilidades necesarios.

Hablar de los inicios de tu marca, les genera confianza y les demuestra que se puede empezar sin nada.

Hablar de tus inicios, genera empatía y te ayuda a desarrollar una especie de complicidad con tu cliente en la que sabe que, de alguna forma, sois parecidos por haber vivido circunstancias similares.

Esta complicidad es de gran ayuda para ti, ya que tu cliente valorará la experiencia de vida similar que os une y que, como consecuencia, te califica para ayudarlo incluso más, que cualquier estudio de posgrado, especialización o certificación.

Tenemos como ejemplo casos muy interesantes de Marcas Personales Exitosas como el caso del norteamericano Tony Robbins, una de las máximas autoridades del desarrollo personal y de Jack Ma, quien ha sido declarado el hombre más rico de China.

Ambos tienen una historia de personas comunes, con orígenes sencillos y caminos plagados de barreras, retos y pruebas de vida, que los han convertido en las personas exitosas que son hoy en día.

Ambos son fuente de inspiración para miles de personas en el mundo, que se ven reflejados en sus vivencias y que experimentan la sensación de que, aprender de ellos, es el camino adecuado para replicar el éxito de estos dos grandes, en sus propias vidas.

En el caso de los negocios locales, la historia de tu marca representa en sí un gran activo que no solo le da credibilidad, sino que también le permite crear un atajo hacia el corazón del cliente.

Existen marcas en las que la historia, la tradición y la experiencia de muchos años, representa su mayor fortaleza y un elemento de diferenciación respecto a sus competidores.

Esto se acentúa al grado de que, las marcas que gozan de una historia que cumple con estos elementos que te acabo de compartir, la utilizan como su principal ancla para posicionarse estratégicamente como líderes en su nicho de mercado.

Tenemos un claro ejemplo de esto, en el caso de Levi's Strauss & Company que se fundó en 1837 y cuyo logotipo fue creado tal y como lo conocemos actualmente en 1886.

Aunque Levi's es una marca de gran tradición, líder indiscutible en su nicho de mercado, es también una marca que ha evolucionado para adaptarse a las exigencias de clientes con preferencias cada vez más complejas.

Es una marca que también tiene un gran compromiso con la innovación para, como líder, marcar tendencias en su mercado y poner los estándares de competencia muy difíciles de cumplir para sus competidores.

En muchas de las industrias, las marcas con más antigüedad, es decir, las que tienen una historia de tradición, son las líderes.

Como ejemplo de esto, tenemos a Harvard, la primera universidad de los Estados Unidos, los pañuelos Kleenex, el Ketchup Heinz, la petrolera Shell, Johnson & Johnson, entre otras…

Por eso, también para los negocios locales la historia es un gran activo para ser usado estratégicamente.

No te confundas pensando que es algo que solamente le interesa a sus dueños o fundadores. Recuerda que los tres elementos necesarios para que una marca sea memorable es tener una historia, una promesa y una garantía.

d) El mayor reto.

No todo en la vida es color de rosa, por eso en este apartado de tu historia, debes compartir los momentos más difíciles que tu marca ha experimentado.

En el caso de una marca personal, este principio se refiere a ese momento en que todo se puso en tu contra, en el que fuiste más vulnerable y experimentaste el deseo de tirar todo por la borda.

También existen momentos complicados que, a la luz de los hechos que en ese momento se están experimentando, parece que no tendrán un final feliz o que provocarán un verdadero choque en nuestras vidas que nos llevará a una profunda reflexión.

Este es el caso del norteamericano Brendon Burchard, para quien sufrir un accidente automovilístico en el que casi pierde la vida en República Dominicana lo movió a una profunda reflexión, a una especie de segundo nacimiento en el que, de acuerdo a sus propias palabras, recibió una segunda oportunidad, *"The Life Golden Ticket."*

Este principio de la historia de tu marca, tiene un gran impacto en tus clientes actuales y futuros, porque provoca una fuerte sensación de empatía y de complicidad que los acerca y desarrolla un fuerte vínculo emocional entre ambos.

Steve Jobs es un vivo ejemplo del uso que una de las marcas más famosas en la historia, hacen de este principio.

Aunque Jobs en sí es una poderosa marca personal, nadie puede negar que gran parte del reconocimiento y valor de Apple, son consecuencia directa del valor que Jobs aporta.

La historia del fundador de Apple, es realmente inspiradora y está llena de lecciones para todos aquellos que desean triunfar en los negocios.

Sin duda alguna, gran parte del éxito de este reconocido líder mundial de los negocios, ha sido su gran capacidad para sobreponerse de los momentos más difíciles que vivió.

Casi el 100 % de las marcas, en algún momento de su existencia han vivido dificultades que las han llevado al límite de sus capacidades y han demandado valientes decisiones y esfuerzos extraordinarios para mantenerse a flote.

Estoy seguro de que tu marca no es la excepción, por ello debes usar con inteligencia este principio a tu favor.

e) **El momento que cambió todo.**

Este punto se refiere al momento, la situación, la persona o la decisión que cambió todo. A se punto de inflexión en el que tu marca le dio la vuelta a una situación adversa, para lograr ser lo que es actualmente.

En el caso de una marca personal, representa uno de los momentos más importantes en la vida de una persona. Uno de los elementos de la historia personal que más inspira a la gente común a tomar decisiones valientes, para dejar de moverse a merced de las circunstancias para tomar el control del timón para crear la vida que merecen vivir.

En lo que a mí respecta, te compartiré que ese momento fue cuando estuve a punto de dejarlo todo de lado.

Hubo un momento en el que, tener un negocio propio, se volvió una especie de auto encarcelamiento para mí ya que, aunque amaba tener mi propia agencia de publicidad y gozaba de la confianza de más y más clientes, trabajaba muchas horas al día.

Intenté de todo, traté de ser más productivo, más enfocado, delegar más, más selectivo con los proyectos en los que me involucraba, pero nada de esto funcionó.

Cada vez pasaba menos tiempo con mi familia, cada vez tenía menos tiempo para mí y cada vez me alejaba más de mis amigos y de ese entorno de personas a las que aprecio y de las que necesito estar cerca.

En un momento tan complicado como ese, llegué a pensar que tener un negocio propio no era algo para mí, porque lo que había experimentado hasta entonces era trabajar más de 12 horas por día, vivir estresado y no tener ni el tiempo ni la energía para disfrutar de todo lo que apreciaba.

Fue entonces cuando me di cuenta de que toda mi vida he sido una persona común, con una inteligencia común, sin los contactos, el dinero, las habilidades y oportunidades de personas con mucho más talento que había conocido y con quienes había, incluso, competido con resultados favorables para mí.

Todo esto lo había logrado por tener una voluntad a prueba de todo y porque durante toda mi vida, había sido un luchador que no se había dejado vencer por las adversidades que había enfrentado hasta entonces.

En el caso particular de mi negocio, prácticamente me había dado por vencido sin luchar hasta el último momento, hasta el último aliento y sin hacer lo que durante toda mi vida me había permitido ser una persona exitosa.

Fue entonces cuando tome la decisión de hacer lo que fuera necesario para encontrar la forma de tener un negocio exitoso, haciendo lo que más me apasiona.

Han pasado muchas cosas desde entonces y aunque no todo ha sido miel sobre hojuelas, puedo decirte con plena seguridad que ha sido una de las decisiones más trascendentales de mi vida.

Esa decisión, ese momento, ese punto de quiebra, me permite actualmente tener la seguridad de poderle algún día decir a mis hijos que luchen por sus sueños, que no se den por vencidos y vayan detrás de lo que más desean, porque yo lo he hecho y he descubierto que es totalmente posible.

Las marcas más importantes del mundo, como Apple, hacen uso estratégico de este elemento de su historia.

¿Quién no conoce el sin fin de dificultades que su fundador, el legendario Steve Jobs experimentó y que he detallado en el punto anterior, el momento más difícil donde fue echado de la empresa que fundó y llevó hacia la fama?

En ese momento Steve Jobs pudo haber dejado todo por la paz, cambiar de vida, disfrutar de su tiempo y su dinero, ¡pero no lo hizo!

Por el contrario, tomó la valiente decisión de fundar NextStep Inc y PIXAR, empresas que llevó a la cima en sus respectivas industrias y que le sirvieron de plataforma para estar en la mejor condición posible de su triunfal regreso a Apple.

Si no has tenido la oportunidad de conocer de cerca la historia de Apple y de Steve Jobs, te recomiendo darte la oportunidad de investigar acerca de ambas en Internet, ya que este ejemplo te permitirá observar de primera mano, la aplicación de estos principios en una marca personal (Steve Jobs) y en Apple, una de las marcas comerciales más exitosas de todos los tiempos.

f) Los resultados.

Aquí compartes lo que lograste como consecuencia de la decisión que tomaste y las acciones que implementaste. El objetivo de este apartado es compartir el beneficio de tener valor y tomar acción.

Muchas personas se confunden con este principio y lo toman como una especie de presunción de lo que una marca personal o comercial es capaz de lograr.

Más que presumir de resultados, este punto se centra en compartir con tus potenciales clientes el efecto positivo de haber tomado la decisión correcta, de haber persistido y de haber tenido el valor de ser fiel a tus convicciones.

Los que hemos escuchado la historia de Coca Cola, agradecemos, valoramos y admiramos los resultados que John S. Pemberton, el creador de la fórmula secreta, obtuvo gracias a su persistencia y deseo de seguir adelante. Sin duda alguna, son parte primordial de la historia de una de las marcas más populares de todos los tiempos.

Retomando el ejemplo de Steve Jobs, el haber llevado a la cima en un corto período de tiempo a NextStep Inc y PIXAR fue el detonador de su triunfal regreso a la empresa que fundó, llevándola a su período más próspero y convirtiéndola en marca número 1 en el mundo.

g) Lo que tu marca representa.

En este apartado debes dejar bien claro por qué todo lo que tu marca ha vivido, la posiciona como la mejor solución, como la idónea para ayudar a tu cliente a lograr los resultados que tanto desea.

Este es el apartado que resume todo lo anterior, para traducirlo en un valioso activo que sólo tu marca posee para convertirse en la mejor solución para tus clientes.

La historia de tu marca es tal vez el elemento que más peso tiene para generar confianza y lealtad en tus clientes.

Como he mencionado anteriormente, la gran mayoría de las marcas líderes en sus respectivas industrias como Harvard, Heinz, Shell, Johnson & Johnson y Tony Robbins, fueron marcas pioneras que se aventuraron en territorios prácticamente desconocidos.

Es en este punto, donde debes comunicar claramente por qué tu cliente debe comprarte a ti y no a tus competidores. En mi caso particular como Business Coach, especializado en Marketing para Expertos, lo resumo de la siguiente forma:

"Estoy cualificado para ayudarte, porque he estado donde tú estás y me he enfrentado a los mismos retos que tú. Esta experiencia me ha permitido crear un sistema que te lleva, paso a paso, a convertirte en el Experto #1 en tu nicho de mercado, sin importar tu experiencia, especialidad o el tamaño de tu negocio"

Llegados a este punto, hemos abordado con bastante detalle cada uno de los elementos con los que una marca personal o comercial construye su historia.

He repetido en numerosas ocasiones la importancia que para una marca, representa este elemento, vital para crear la confianza, credibilidad y lealtad necesarias para generar una relación a largo plazo con sus clientes.

No importa si estás empezando con un negocio local o si deseas crear una marca personal. Todos tenemos la oportunidad de crear una historia inspiradora que genere confianza para nuestros clientes, que comunique nuestro compromiso y valores y sobre todo, las razones objetivas y emocionales para separarnos de nuestros competidores, logrando ganar un espacio privilegiado en la mente y el corazón de nuestros clientes.

Comparte tu historia en todos los canales de comunicación con el mundo exterior, en tu página web, en tus Redes Sociales, en el punto de venta, en tus unidades de transporte, en el contestador automático de tu teléfono, en la papelería impresa, en tus oficinas corporativas, en el kit de bienvenida para tus clientes y en cualquier oportunidad que tengas para hacerlo.

Paso #3. Diseña la imagen visual de tu marca.

El 60 % de las personas somos visuales, por lo que la crear la imagen visual de tu marca es un elemento de vital importancia para ti.

No puedes crear la imagen visual de tu marca, si previamente no has definido los siguientes puntos:

1. El perfil de tu cliente ideal.
2. El principal problema de tu cliente.
3. Cómo tu marca se convertirá en la solución que tu cliente necesita.
4. El ADN de tu marca.
5. La Historia de tu marca.

Es recomendable que lo hagas, porque tu imagen visual debe ser una representación gráfica que represente el concepto que todos estos puntos en su conjunto integran.

Este concepto debe ser sencillo de comprender y comunicar, al grado extremo de poderse resumir en una sola palabra.

Coca Cola es tradición, Apple es diseño, FedEx es confianza, Domino´s rapidez...

Para facilitarte este proceso, te recomiendo hacerte las siguientes preguntas antes de encargarle el diseño de la imagen gráfica de tu marca a tu diseñador o agencia de publicidad:

¿Con qué palabra puedes definir a tu marca?

En una escala del 1 al 10 y desde tu perspectiva. ¿Cómo describe esa palabra la esencia de tu marca?

En una escala del 1 al 10 y desde la perspectiva de tus clientes. ¿Cómo describe esa palabra la esencia de tu marca?

¿Esa palabra que has elegido, puede ser asociada con algún competidor tuyo?

¿Hay algún competidor que ya la esté usando?

¿La palabra que has elegido, representa lo contrario de algún competidor? (Tradición - Innovación por ejemplo)

¿La palabra que has elegido se fortalece o diluye al compararla con la historia de tu marca?

¿La palabra elegida representa una promesa que puedes cumplir?

Estoy seguro de que reflexionar con profundidad en torno a estas preguntas, te permitirá clarificar el concepto que resume la esencia de tu marca y facilitará el proceso de desarrollo de una imagen visual que realmente represente la esencia, valores, historia, ventajas competitivas y diferenciadores de tu marca.

Debes cuidar en todo momento de que la representación gráfica de tu marca sea congruente y creíble para tus clientes, ya que los colores, símbolos, curvas, rectas y demás, comunican algo.

La colorimetría aplicada, es en sí una disciplina que los diseñadores gráficos conocen y estudian. Por ejemplo, el rojo representa pasión, rebeldía y amor, el negro representa elegancia, el azul confianza…

Cada elemento gráfico comunica, por eso te recomiendo que la imagen visual de tu marca sea desarrollada por profesionales con capacidad probada y que tengan experiencia previa con distintas marcas de diferentes industrias, que conozcan a detalle tu marca y lo que deseas lograr como empresario.

Algunos ejemplos.

Durante mi experiencia trabajando con empresarios de distintos giros y profesionales independientes como coaches, consultores y marketers de España y América Latina, me he dado cuenta de lo difícil que es que, desde el inicio, puedan ver que la mejor ruta para convertir a su marca en la #1 no es a través de una competencia frontal contra las marcas líderes existentes en su industria.

Sé que lo que acabas de leer te suena un poco raro, pero es una afirmación que se sustenta en uno de los principios más importantes del posicionamiento de marcas., incluso ha sido mencionado por Al

Ries y Jack Trout en el capítulo 8 *"La Ley de la Categoría"* de su famoso libro *"Las 22 Leyes Inmutables de las Marcas"* donde se afirma que *"Una marca principal no debe promover la categoría de la marca. El aspecto más eficaz, más productivo y más útil, es crear una nueva categoría"*

Efectivamente, has leído bien… ¡Crear una nueva categoría! Lo que significa en términos prácticos *"Ganar la batalla antes de pelearla"* al elegir el terreno en el que puedes sacar el máximo provecho de tus fortalezas y recursos a la vez que atenúas tus debilidades.

Al crear adecuadamente una nueva categoría, eliges la pista en la que tú y solamente tú puedes ganar.

Tal vez has estado compitiendo en una pista en la que no puedes usar adecuadamente tus fortalezas y recursos.

Tal vez estás compitiendo en una pista recta, de 100 mts. contra deportistas que te superan en fortaleza, velocidad y estrategia, cuando lo que debes hacer, es elegir una pista con obstáculos en la que saques el mejor provecho posible de tu habilidad, para sortearlos sin perder el equilibrio, ni la concentración.

Si ese es tu caso, no te sientas mal, porque este error se comete con bastante frecuencia.

Recuerdo en una ocasión que me encontraba hablando con un gran amigo, colega y cliente, de las estrategias que debíamos desarrollar para convertirlo en el #1 en su nicho de mercado.

Al hablarte de esta persona, me estoy refiriendo a un verdadero profesional que conoce a fondo su área de experiencia, que lleva bastantes años de trabajo y tiene testimonios que avalan los resultados que puede provocar en la gente.

Sin embargo, pese a todos estos ingredientes, mi cliente se promocionaba de la misma forma que todos sus colegas en el área de especialidad en la que trabaja.

Tardé bastante tiempo en explicarle que si él se consideraba un experto en liderazgo y estaba enfocando su estrategia de posicionamiento en torno al tema de liderazgo, estaba comprando un pase de entrada para un salón en el que se encontraban miles de personas tan serias, responsables y decididas como él, que deseaban venderle al mismo tipo de clientes, el mismo mensaje, a través de los mismos medios, con la misma frecuencia e incluso con el mismo presupuesto.

Al estar intentando conquistar a sus clientes dentro de ese salón, estaba aceptando que no hubiera diferencias visibles para sus clientes, entre él y los demás, aunque tal vez, tuviera ventajas competitivas importantes o tuviera la capacidad de generar mejores resultados.

Al estarse posicionando como un coach especialista en liderazgo, estaba renunciando a su principal ventaja competitiva, ser el mismo, para intentar parecerse a los demás, cuando lo que debía de buscar es exactamente lo opuesto, ser diferente a sus colegas y competidores.

Crear una categoría única, te da este tipo de ventaja y te separa del montón de empresas, marcas o profesionales que no tienen la capacidad ni el valor de ser diferentes y por ello, se pierden en el anonimato para sus clientes y con el tiempo, desaparecen para siempre del mercado.

Cuando mi cliente y amigo lo entendió, pudo dejar de esforzarse tanto y de bajar sus precios para lograr una venta y recibió solicitudes de trabajo de varios clientes en distintas ciudades del país.

Tú también puedes obtener apalancar tu negocio en torno a esta gran ventaja, por eso, antes de pasar a los ejercicios de este capítulo, te comparto un importante consejo:

"No trates de parecerte a los demás, al contrario, trata de ser único, imposible de copiar y sustituir"

Ejercicio #1. Definiendo el Perfil de Tu Cliente Ideal

Describe con la mayor exactitud posible a tu cliente ideal:

Sexo:

Edad:

Estado Civil:

Nivel Académico:

Lugar en el que vive:

¿En qué trabaja?

¿Cuáles son sus principales gustos?

Describe con la mayor exactitud posible el principal problema de tu cliente ideal:

El principal problema de mi cliente ideal es:

Afecta su negocio y su vida porque:

Para solucionarlo mi cliente necesita:

Ejercicio #2. Definiendo el ADN De Tu Marca.

El "elevator pitch"

Mi marca ayuda a: (Perfil de tu cliente)

A: (Problema que resuelve)

Para: (Beneficio que obtiene)

Ejercicio #3. Definiendo la Historia de Tu Marca.

Define la historia de tu marca.

Quién eres:

Tu propósito:

El inicio:

El mayor reto:

El momento que cambió todo:

Los resultados:

Lo que tu marca representa:

Capítulo 2. Un Superhéroe al Estilo de Hollywood.

Convertir a tu marca en un superhéroe al estilo de Hollywood, es una de las estrategias más poderosas que puedes utilizar para convertirla en la número uno en su categoría de mercado.

Hay mucho que aprender de la industria del espectáculo y sin duda, Hollywood es la referencia obligada por la gran creatividad y capacidad que han desarrollado para crear personajes memorables, que se han convertido en referentes obligados en una gran cantidad de temas que van más allá del mero entretenimiento.

A continuación, voy a compartirte algunas estrategias clave para que conviertas tu marca en un superhéroe al más puro estilo de Hollywood y puedas ganarte un lugar en el corazón de tus clientes.

Como ya te he comentado, estos principios funcionan cuando son implementados en su conjunto, con disciplina y entusiasmo.

Ninguno de ellos funcionará por sí solo, ninguno lo hará sin que en el camino se presenten errores ni complicaciones, ni tampoco te garantizarán resultados de la noche a la mañana.

Durante su implementación deberás identificar los errores cometidos, con el fin de que puedas hacer las correcciones necesarias para que funcionen para ti, de la mejor forma posible.

Antes de compartirte las estrategias que te ayudarán a convertir tu marca en un superhéroe al más puro estilo de Hollywood, quiero hablarte del *Mito de la perfección.*

Durante años, nos han dicho que es malo cometer errores y nos han vendido la idea de que las personas más exitosas, son las más perfectas.

La verdad es que la perfección no es algo que llegue por decreto.

La perfección no llegará jamás, sin que en su búsqueda entusiasta cometas una serie de errores, puedas identificar todo aquello que debes mejorar y hagas los ajustes pertinentes para sumergirte en un proceso de mejora continua, que te acercará cada vez más a tus metas.

Como empresario debes concebir la perfección, no como un fin, sino como una búsqueda permanente que se desarrolla a través de la acción comprometida, sistemática y enfocada.

En esta búsqueda, el error juega un rol estratégico, ya que no puedes mejorar lo que no has identificado previamente como **área de oportunidad**.

En este nuevo e híper competitivo contexto, es necesario equivocarse lo más rápido posible, identificar los errores, hacer las correcciones necesarias y seguir adelante.

Las marcas que estén cometiendo errores, no están intentando nada nuevo y quien teme innovar por no sufrir algunos tropiezos y mantenerse dentro de su zona de confort, está destinado a ser desplazado por aquellos empresarios más valientes y dispuestos a arriesgarse.

Cambia tu percepción de lo que la perfección representa y verás cómo este cambio de enfoque, mejorará diametralmente los resultados para tu marca.

Una personalidad irresistible

Una marca debe desarrollar una personalidad atractiva para poder vivir en el corazón de sus clientes.

No importa que tengas un negocio local o que desees crear una poderosa marca personal en los negocios por Internet, necesitas crear una personalidad que sea atrayente para aquellas personas a las que deseas convertir en tus clientes.

El gran éxito de las series y películas de Hollywood, es que crean personajes con una personalidad casi idéntica a la de las personas que componen su audiencia.

El éxito de estos personajes reside en el hecho de que ellos comparten algunos de los rasgos, tanto positivos como negativos, de sus principales clientes, lo que genera empatía y atracción.

¿Quién no recuerda a Don Draper, el talentoso, egoísta e imperfecto director creativo de la serie *"Mad Men"*?

¿Quién no se siente identificado con los temores e inseguridades de John Snow, el valiente y atormentado hijo ilegítimo de Ned Stark, en *"Game of Thrones"*?

¿No te has visto reflejado en el temible Frank Underwood, el inteligente y despiadado político que llegó a convertirse en Presidente de los Estados Unidos en *"House of Cards"*?

Todos ellos tienen destellos de grandeza y habilidades que los han convertido en personajes que juegan un rol central dentro de sus respectivas historias. Todos ellos, también comparten rasgos que los hacen humanos, imperfectos, cercanos y comunes.

Ahí reside el gran poder de estos personajes, ahí reside el gran poder de las series en las que participan, ahí reside el gran poder de Hollywood...

La perfección no genera empatía, la perfección es lejana, arbitraria, fría y distante. La perfección carece de toda credibilidad, en un mundo en el que las personas se hacen cada vez más escépticas, más exigentes y realistas.

Esto no significa que aceptes que tu marca se asocie con bajos estándares de calidad, con un deficiente servicio al cliente, con productos que no cumplen las expectativas que sus clientes depositan en ellos o con campañas de comunicación publicitaria, que hacen promesas que jamás serán cumplidas.

Debes conducir a tu marca por esa búsqueda incesante de la perfección, debes comprometerte a elevar paulatinamente los estándares de calidad y eficiencia en cada una de las áreas de tu negocio, debes hacer de la mejora continua, un estilo de vida que vaya más allá del horario de trabajo de tu empresa.

La lección de este principio, lo que deseo comunicarte con claridad y tatuar dentro de tu corazón y cerebro, es que ***no permitas que el temor a equivocarte censure tu capacidad para soñar, crear y emprender***. No lo hagas, porque cuando esto suceda, estarás quitándole a tu marca todo el potencial de innovar, de trascender y llegar a donde tus competidores jamás podrán lograrlo.

En un mundo híper competitivo, en el que las fórmulas y las recetas secretas tienen cada vez menos cabida, es de primordial importancia tener el valor para atreverse a intentar lo que otros jamás han intentado, para caminar por rutas en las que jamás otros se han aventurado, para dejarse conducir por ese espíritu aventurero que convertirá a tu marca en pionera dentro de su industria.

Sabemos que esta filosofía tiene sus riesgos, sabemos que en ocasiones son los pioneros quienes terminan con flechas clavadas en el cuello y que, en teoría, es más seguro esperar a que otros recorran antes el camino y podamos ver si tiene riesgo o no, transitar hacia ese destino.

Sin duda, hay muchas razones de peso para evitar aventurarse, para cuidar al máximo el no cometer errores. Sin embargo, debes recordar que las marcas líderes son aquellas que en algún momento fueron pioneras y que en sus inicios tuvieron la capacidad de cometer los errores necesarios para hacer su propio camino y corregirlos para ser los líderes mundiales que son hoy en día.

Tienes la opción de quedarte donde estás, de caminar en la manada hacia donde parece que puede ser un destino seguro o de liderar esta búsqueda bajo tus propios códigos.

El Efecto Espejo.

Tu marca debe reflejar la esencia de tu cliente para poder crear esa empatía que genere confianza. Si logras que así suceda, también podrás crear una sensación de previsibilidad, en la que cliente sentirá que sabe lo que tu marca hará o dirá en determinada circunstancia.

Decir que todos confiamos más en aquellas personas que conocemos, no es hablar de algo nuevo. Como tampoco lo es, afirmar que sentimos más simpatía hacia aquellas personas con las que compartimos opiniones, aficiones y nos une o un pasado o un objetivo común.

De ahí la gran importancia de humanizar tu marca y dotarla de una personalidad que refleje los valores y la esencia de quienes representan el perfil de tu cliente ideal.

Tu marca debe ser un espejo en el que tus clientes actuales y futuros, se sientan identificados sin importar las pequeñas diferencias que puedan existir en su demografía o psicografía.

Si deseas crear una poderosa marca personal, debes despertar en tus clientes la sensación y seguridad de que eres cómo ellos, de que has estado donde ellos se encuentran en este momento y de que has pasado por los mismos problemas y has salido adelante y esa valiosa experiencia, te cualifica para ayudarlos a superar las barreras que afrontan para lograr los objetivos y sueños que persiguen.

Este principio me ha sido de gran utilidad durante las sesiones de coaching con mis clientes puesto que, gracias a la repetición ininterrumpida de mi historia de vida, he logrado que los clientes e integrantes de mi clan que me conocen, sepan que soy un ser humano con muchos defectos, miedos e inseguridades.

Que soy una persona que no tiene ni todo el conocimiento, ni toda la experiencia para ser infalible, pero que pese a ello, he tenido el valor y la disciplina para hacer lo que sea necesario para luchar por mis sueños y para vivir de acuerdo a los valores que he elegido para guiarme.

Mis clientes y los integrantes de mi clan de seguidores, saben que soy una persona como ellos, que solamente se encuentra un par de pasos adelante y que deseo compartir lo que he puesto en acción para estar en ese lugar y lograr los resultados que tengo en mi negocio y en mi vida.

En todas las sesiones hago el máximo esfuerzo para probar, con argumentos y hechos irrefutables, que si yo he podido lograr lo resultados que tengo actualmente en mi negocio, ellos también pueden hacerlo con el sistema, el compromiso y el acompañamiento adecuado.

Si tienes un negocio local, procura que tu marca refleje también los principales valores de tus clientes.

Esto no es una aspiración romántica o impráctica, por el contrario es una estrategia de negocios comprobada y factible para cualquier empresa sin importar su tamaño, especialidad o tiempo en el mercado.

Analicemos el caso de Nike, líder mundial en ropa y accesorios deportivos.

Nike tomó la decisión de enfocar su estrategia en las personas comunes y corrientes que aman el deporte, lo disfrutan al máximo y se esfuerzan diariamente por emular el éxito de los deportistas de clase mundial a los que tanto admiran.

Nike los inspira, los impulsa y les brinda la gran oportunidad de utilizar el mismo calzado, ropa y accesorios, que los campeones mundiales. Pero su esfuerzo no queda solo en ofrecer a sus clientes los mismos productos sin distinción alguna, Nike lleva al límite su compromiso con las personas comunes que aman el deporte, al impulsarlos a trascender con su slogan "Just do it" "Sólo hazlo".

No des por sentado que tus clientes sienten que tu marca es como ellos. Díselo en cada contacto que tengas con ellos, porque solo a través de la repetición en la comunicación y la comprobación en el servicio, lo harás posible.

Identifica los rasgos que los unen.

Este es el primer paso si, en verdad, deseas crear una marca poderosa a través de una personalidad seductora, que pueda generar el mismo efecto positivo que las películas y series de Hollywood en sus clientes.

Debes identificar los principales rasgos de tu cliente ideal y una vez que lo hayas hecho, reflexionar e identificar aquellos rasgos que tu marca posee y que coinciden con los de tu cliente ideal.

Para este trabajo, no debes considerar solamente tus propias reflexiones, debes consultar a todas aquellas personas que conocen tu marca, para tener distintos puntos de vista que sean objetivos y te puedan ayudar.

No estoy hablando de ciencia nuclear, ya que estos rasgos deben ser fáciles de identificar para ti y para las personas a las que consultes y si no lo son, es que realmente no han sido comunicados con eficiencia, por lo que el primer paso sería hacer un alto en el camino y trazar un plan para hacerlo.

Recuerda que el gran éxito de Hollywood se centra en crear personajes que compartan los mismos rasgos de su audiencia (clientes en este caso). Estos rasgos no solo deben ser positivos, también es importante que se identifiquen aquellos rasgos propios de seres humanos imperfectos, como lo somos el 100 % de las personas.

En lo que se refiere a las marcas personales, estos rasgos son más fáciles de identificar porque saltan a la vista con facilidad.

Por ejemplo, en lo que a mí respecta como Business Coach, en cada vídeo que comparto puedes darte cuenta de que hablo con intensidad, rapidez y un volumen que considero, hasta cierto punto, alto.

Como rasgos que puedan considerarse imperfectos están, entre otros, la ironía con la que hablo de las creencias limitantes, la seguridad excesiva con la que me muestro cuando les digo a mis clientes que tienen todo lo que necesitan para triunfar y el coraje con el que me enfrento a todas aquellas personas que quieren engañarlos.

En el caso de las marcas para negocios locales, es posible también identificar los rasgos que tus clientes poseen y hacer una especie de cruce con el ADN de tu marca, para destacar aquellos rasgos de la personalidad de marca más visibles en los clientes, generando así una identificación natural y creando la empatía necesaria, para fortalecer los lazos que los unen.

Por ejemplo, es fácil de identificar la rebeldía de Harley Davidson, la preocupación por la familia de Johnson & Johnson, el orgullo de BMW, la irreverencia de Frank Kern o la tranquilidad con la que el gigante Tony Robbins se muestra.

Crea complicidad.

La complicidad con tus clientes sea crea cuando se comparten rasgos, vivencias y valores e incluso errores o defectos, que los identifican. Por ello, debes evitar en todo momento promover tu marca como perfecta, ya que esto la alejará de tus clientes en lugar de acercarla.

Anteriormente te hablaba de cómo Hollywood ha creado un imperio de millones de dólares, a través de la creación de personajes que comparten los principales rasgos de su audiencia.

La complicidad es un poderoso elemento en el desarrollo de lazos afectivos entre las personas y lo es también, en la generación de vínculos emocionales entre las marcas y sus clientes.

Para crear complicidad entre tu marca y tus clientes, debes considerar los siguientes aspectos:

a) **Imperfección.**

Hablando de marcas personales, sin duda alguna el saber que otras personas también cometen errores o experimentan temores y frustraciones similares, es algo que nos acerca y conecta con otras personas.

La imperfección compartida libera presión y acerca a las personas que saben que la comparten.

Esta estrategia es menos utilizada en las marcas de negocios locales, porque comúnmente, se confunde la imperfección con deficiencia en la calidad, el servicio u otros aspectos clave del negocio.

Sin embargo, existen gran cantidad de ejemplos de exitosos negocios con marcas poderosas, que se apalancan de este principio y como prueba de ello, tenemos el caso de la cerveza Tecate.

Esta popular marca de cerveza, a través de su exitosa campaña publicitaria en México "Para los..." ha creado una fuerte empatía con sus clientes al abordar diversas situaciones cotidianas de su vida, como el hecho de que sus esposas no crean que están con sus amigos y los acusen de estar con otra mujer.

En otra versión llamada "Para los que nunca se rajan" abordan situaciones en las que muchas personas que deciden precipitadamente o lo hacen o por temor a ser objeto de burla de sus amigos, se sienten identificados.

La creatividad no tiene límites, por eso no debes cerrarte a la idea de crear complicidad apalancando tu marca en la imperfección compartida con tus clientes.

b) Compartir Gustos.

Compartir la afición o el gusto por algo es, sin duda alguna, un poderoso elemento para crear empatía y como consecuencia de ello, desarrollar la complicidad que tu marca necesita para crear un vínculo emocional que la una a sus clientes.

Marcas como Mont Blanc y Mercedes Benz, comunican sistemáticamente el gusto por la perfección, por la elegancia y el diseño de vanguardia.

Otras marcas como Sport World o Gold´s Gym, comparten con sus clientes el gusto por un estilo de vida saludable.

Aunque esto parezca obvio hasta cierto grado, demostrarles a tus clientes que tu marca comparte sus gustos, es una asignatura con resultados probados.

Para todos los que tratamos de evitar la comida rápida, tenemos a los restaurantes que forman parten del movimiento "Slow food" y de igual forma para quienes aman lo orgánico y saludable

He visto como la marca Sabritas, una de las marcas más rentables de Pepsico, contrasta lo "natural" de sus papas, contra lo procesado de las papas Pringles, centrando así su estrategia en aquellos consumidores y clientes que valoran la importancia de evitar alimentos procesados en sus dietas.

c) **Defender los mismos Valores.**

Los valores son también poderosos elementos que le permiten a tu marca generar complicidad con sus clientes.

Cuando tu marca vive con los valores más importantes de tus clientes, no solo estás creando empatía, estás al mismo tiempo creando todo un movimiento, una gran revolución en la que tu marca se erige como el principal defensor de tus clientes y su mejor aliado.

Como te he comentado en algunas ocasiones en este libro, los valores no sólo son un marco de referencia para que podamos vivir nuestras vidas caminando por la senda que nos llevará a donde queremos llegar. Los valores son también poderosas herramientas para posicionar una marca y hacer que gane un espacio en el corazón y la mente de sus clientes.

Al demostrar a tus clientes que compartes los valores que más les interesan, trabajas también en fortalecer ese lazo que, con cada demostración, generará lealtad de tus clientes.

Es en este tipo de estrategias, donde las marcas se separan de los productos que solo se apalancan en un precio bajo, en una ventaja técnica o en una coyuntura particular, dejando de lado la gran oportunidad de crear un espacio único, imposible de sustituir en la mente y el corazón de sus clientes.

Intangibles como los valores, le permiten a las marcas crear esa relación.

Diariamente trabajo con mis clientes en demostrarles que comparto los valores que más les preocupan, por eso reviso cada email, cada publicación de Redes Sociales, cada vídeo y cada contacto que mi marca personal **"Mario Corona"** tiene con el mundo exterior.

Si tomamos el ejemplo de una marca comercial ligada a un negocio local, podemos hablar de todos los restaurantes que van más allá de ofrecer alimentos saludables y que hacen un esfuerzo sistemático para ayudar a sus clientes a desarrollar hábitos más saludables y que van más allá de la alimentación, como el ejercicio, manejo del estrés, esparcimiento y tiempo de calidad con la familia y amigos.

d) Buscar los mismos Objetivos.

Perseguir los mismos objetivos que tu cliente, genera automáticamente complicidad con tu cliente, por ser una demostración clara y contundente de la compatibilidad de intereses entre ambos.

No tengo que ocultar para nada, que en mi trabajo como Business Coach, persigo los mismos objetivos que mis clientes, que sean exitosos, que generen más ingresos, que tengan más tiempo libre, que disfruten al máximo sus vidas e impacten positivamente la vida de miles de personas en el mundo.

Aunque decírselo a través de tu comunicación y demostrárselo a través del servicio que le das, parezca una obviedad, no lo es. Muchas empresas centran su comunicación solo en persuadir a las personas de que les compren y nada más.

Estamos ante una nueva clase de cliente que es mucho más inteligente y evasivo, está mejor informado y cansado de la publicidad invasiva que interrumpe su vida y le hace pensar que las marcas solamente lo ven con un signo de dólar encima de su cabeza.

Recuérdale a tu cliente que eres su mejor aliado para ayudarle a resolver sus problemas y conseguir sus metas. Hazlo diariamente, en cada oportunidad, en cada contacto.

Si tienes un negocio que vende ropa y accesorios para mujeres embarazadas, debes recordarle a tus clientas que tu principal objetivo es que disfruten al máximo su maternidad y que, paulatinamente, se conviertan en mejores madres de familia.

Ni la confianza, ni la empatía y ni mucho menos la complicidad, se dan por decreto. ¡No lo olvides jamás!

Sé predecible.

Cuando logres que tus clientes se adelanten a la frase, el movimiento, la música o cualquier otro elemento de comunicación que vas a compartir, podrás sentirte satisfecho, porque habrás logrado que tu cliente sienta que te conoce, al grado de poder anticipar tus respuestas o movimientos.

Ser predecible para tus clientes es una de las máximas aspiraciones que debes perseguir en tu estrategia de marca.

Ten mucho cuidado, *no quiero que te confundas al pensar que ser predecible significa que debes perder la capacidad para sorprender positivamente a tus clientes e innovar.*

No vas a lograr ser predecible hasta que hayas comunicado con eficiencia cada uno de los principios que te estoy compartiendo, para convertir a tu marca en un superhéroe al estilo de Hollywood.

Ser predecible es la consecuencia de un trabajo sistemático y entusiasta para implementar con claridad y contundencia estas estrategias.

Puedes darte cuenta con facilidad de que, muchas de las marcas que consumes diariamente, han logrado generar en ti ese grado de predecibilidad que te permite anticipar sus movimientos.

Al ver un anuncio de Red Bull, ¿quién no puede anticipar que usará dibujos? ¿Quién no puede anticipar que Coca Cola utilizará música emotiva e imágenes de momentos familiares en sus comerciales?

En lo personal, me siento realmente satisfecho de que, por propia voz de mis clientes, sé que la gran mayoría de ellos conocen el saludo con el que voy a iniciar mis vídeos, saben que los voy a retar, que voy a cuestionar sus creencias limitantes y que les voy a compartir estrategias comprobadas para poner en acción inmediatamente, cerrando siempre con la misma frase.

Esto no ha sido gratis, es la consecuencia de repetir, repetir y repetir y si piensas que esta satisfacción es algo relacionado con el ego, te diré honestamente que no es así. Es más bien, una satisfacción generada por saber que esta predecibilidad en mis movimientos, frases, forma de moverme y comunicarme, genera familiaridad, confianza y credibilidad con mis clientes.

Dramatiza y potencia.

Dramatizar no significa mentir, sino todo lo contrario. Dramatizar es sinónimo de comunicar mejor.

Al dramatizar, debes ser más contundente para enfatizar aquellos puntos clave que deseas que queden en la mente y el corazón de tus clientes.

La publicidad ha sido fuertemente criticada por el uso excesivo de este principio, hasta el punto de que la línea entre dramatizar y mentir, se ha hecho cada vez más delgada e imposible de identificar.

Dramatizar te permite resaltar las cualidades de tu marca para diferenciarla de tu competencia y hacer estas ventajas más visibles para tus competidores, logrando así que el mensaje que deseas comunicar sea recibido y procesado adecuadamente.

Estoy seguro de que te estarás preguntando... *"¿Cómo demonios puedo usar la dramatización para beneficio de mi marca?"*

Bien, antes de responder, permíteme explicar mejor lo que dramatizar significa para mí y deseo que este concepto sea el que te acompañe, porque una vez que lo comprendas, podrás juzgar con mejor calidad toda la comunicación que mantienes con tus clientes.

En los más de 13 años que llevo en el mundo del marketing como ejecutivo, consultor, publicista, coach, autor y conferencista, he aprendido que, para dramatizar adecuadamente, debes de cumplir con dos premisas básicas:

Cuidar tanto el fondo como la forma de lo que va a comunicarse.
Este punto particular se refiere a que no sólo es importante tener razones lógicas o emocionales para comunicar a nuestros clientes, ya que de nada sirve tener el mejor producto si nadie lo conoce.

Para ilustrarlo mejor, piensa en el ejemplo del huevo de gallina y el huevo de avestruz.

¿Por qué si para muchas personas el huevo de avestruz es más grande, con mejor sabor y más nutritivo, es menos popular que el huevo de gallina?

La respuesta es muy simple, porque mientras el avestruz esconde la cabeza, la gallina cacarea su huevo para que todo el mundo se entere de que acaba de ponerlo.

Tener un argumento a prueba de balas sobre tu marca.

Tampoco se trata de ser sumamente creativo y elocuente en tu comunicación publicitaria, para decir que has dramatizado adecuadamente.

Para hacer buen uso del principio de la dramatización, debes estar seguro de que el argumento que vas a poner "sobre la mesa", es un argumento que nadie, totalmente nadie podrá refutar.

Debe ser tan sólido, tan claro y tan creíble que no sea necesario dar demasiadas explicaciones para que tu cliente crea que lo que acabas de afirmar es 100% verdadero.

Comunica este argumento con claridad y contundencia.

Una vez que encuentres este argumento, lo revises a fondo y lo pongas a prueba una y otra vez hasta estar 100 % seguro de que es el mejor, es el momento adecuado para comunicarlo a tus clientes actuales y futuros.

Comunicar el argumento que has seleccionado, con claridad y contundencia, se refiere específicamente a elegir el mejor momento para comunicarlo, las mejores palabras, imágenes, los ejemplos más claros, la forma y tono adecuados para comunicar lo que deseas a tus clientes.

Haz el esfuerzo de crear un mensaje tan fuerte, que no necesite repetirse ni una sola vez para que tu cliente lo comprenda y actúe en consecuencia.

Tu propio lenguaje.

Si en verdad aspiras a que tu marca sea memorable y quieres marcar una notable diferencia respecto a tus competidores, debes pensar seriamente en crear un lenguaje propio, exclusivo y único.

Son varias las acciones que puedes implementar para crear tu propio lenguaje.

En primer lugar, **usa tu propia forma de llamar a las cosas.**

El objetivo es que tus clientes empiecen a ver el mundo a través de tus ojos y poco a poco, vayas alimentando ese vínculo que los mantendrá ligados emocionalmente a tu marca.

A continuación te comparto algunas estrategias clave para que puedas crear un lenguaje propio para tu marca que te identifique y distinga, de todas aquellas empresas o personas que le gritan al mundo que son la mejor opción.

Esta lista no es definitiva, es solamente un punto de partida para que le des rienda suelta a tu creatividad y la mejores con tu propio toque.

Estrategias para crear tu propio lenguaje:

Crea tu propio saludo.

Tu saludo es uno de los elementos que debes incluir en todos los mensajes que compartas con tus clientes.

Debes hacerlo porque, cuando creas un saludo sencillo y cercano y lo repites sistemáticamente, logras que tus clientes lo recuerden y se anticipen cada vez que tengan contacto contigo.

Permíteme decirte que más de un cliente me ha dicho que el saludo con el que inicio todas las comunicaciones en vídeo, por escrito o en persona con mis clientes, es uno de los elementos más fuertes para identificar y recordar mi nombre.

Crea tus propias frases.

En el branding personal, es un grave error pasarse la vida citando a otros expertos.

No te confundas, no quiero pedirte que te vuelvas dueño de todo el conocimiento existente en la industria.

Lo que en realidad deseo es que tengas la visión para empezar a crear tu propio capital intelectual, tu propio sistema de negocios y tu propio contenido.

Si deseas convertirte en el líder de tu industria estás obligado a hacerlo, esta es una responsabilidad que no puedes eludir.

Es verdad que muchas cosas ya fueron inventadas, pero también es verdad que debes buscar como líder, que tus clientes vean el mundo a través de tus ojos y lo comprendan con tus propias palabras, ejemplos y demostraciones.

Si tienes un negocio local, es importante también que hagas referencia a tu industria, a los productos y jugadores que se desarrollan en ella, bajo tus propios términos, para que sea tu marca quien se perfile como la máxima autoridad.

No se trata solo de inventar palabras, se trata de hacer de tu marca, referencia obligada, en la insignia de tu categoría de negocios.

Crea tus propios apodos.

Llamar a las personas, situaciones, adversarios o sucesos a tu manera, es una poderosa herramienta para diferenciarte de todos los demás.

En el caso de marcas vinculadas a negocios locales, es una herramienta que muy pocas veces se utiliza, sobre todo cuando se intenta contrastar con competidores.

El apodo es un dispositivo publicitario que transfiere inmediatamente carga negativa a quien se señala.

Es normal que en el marketing político se utilice con mucha frecuencia, pero no es nada raro, que sea también utilizado en estrategias de contraste de líderes y negocios locales.

Tomemos el ejemplo de un negocio local que es un comercio que vende ropa para toda la familia, con precios accesibles y calidad moderada.

Para referirse a sus competidores no tiene por qué ofenderlos, ni tampoco llamarlos por su nombre. Si en este caso, su principal ventaja competitiva son sus precios accesibles, puede referirse a sus competidores como "Los más caros" y listo.

Si el caso es el contrario y el negocio puede ofrecer altos estándares de calidad, servicio y beneficios intangibles como estatus, puede referirse a sus competidores como "Los baratos" tratando de asociar precios bajos con baja calidad.

En mi trabajo como especialista en branding personal y posicionamiento de expertos, me refiero a muchos competidores como los "Gurús montados en una nube" para hablar de aquellos gurús sabelotodo, que jamás se equivocan y que tienen un interés nulo por sus clientes.

Esta es una excelente herramienta, no permitas que algún prejuicio te evite sacar el mejor provecho posible de su uso.

Crea tu propia forma de celebrar.

Claro que celebrar también te permite crear complicidad con tus clientes. Elegir tu propia forma de celebrar es tan importante como el saludo inicial o la despedida.

¿Por qué lo digo?

Porque como marca, debes de preocuparte por dar a tus clientes motivos para estar felices todos los días y satisfechos con la relación que han decidido tener con tu marca.

Tu propia forma de celebrar te da un toque de calidez, de irreverencia e incluso de locura, te quita la formalidad en exceso y si tu marca es de un negocio local, te ayuda a crear esa personalidad y humanidad que las marcas necesitan para vivir en la mente y el corazón de sus clientes.

Hay algunos puntos que te recomiendo cuidar al momento de elegir tu propia forma de celebrar:

Respeta a tus clientes.

Respeta a tus competidores.

Respeta a las autoridades formales o gobierno.

Respeta a tus colaboradores.

Respeta el ADN y los valores de tu marca.

No finjas algo que no eres.

Cuida no polemizar con sexo, religión o política.

Evita alusiones sexistas o que pueden ser consideradas racistas.

Si tu marca opera a escala internacional cuida mucho los códigos de comunicación en los países en los que tu marca tiene presencia, ya que lo que en un lugar puede ser considerado gracioso, en otro puede ser una ofensa.

Recuerda la importancia de ser diferente.

No tengas temor por las críticas y enfócate en comunicar tu propio lenguaje con la persistencia y eficiencia necesaria para que poco a poco vayas ganando tu propio lugar en el corazón de tus clientes.

Crea tus propios personajes (héroes y villanos).

La utilización de personajes ha sido, a lo largo del tiempo, una de las estrategias más rentables para posicionar marcas en la mente y el corazón de los clientes.

¿Quién no recuerda al famoso Tigre Toño de Zucaritas de Kellogg´s, a Pancho Pantera de Chocomilk, al Muñeco de Michelín, al Osito Bimbo, Ronald McDonald, el Conejo de Duracell o los M&M'S?

No solamente puedes crear héroes que hagan la labor de convertirse en voceros, embajadores de tu marca o defensores de tus clientes.

También puedes crear villanos para darle una personalidad a todo aquello contra lo que tu marca lucha y dramatizar aún más, el beneficio de tener a tu marca como el mejor aliado de tus clientes.

Cualquiera que sea tu decisión, debes tener mucho cuidado para no caer en estereotipos ofensivos que provoquen un efecto negativo y terminen por afectar, en lugar de beneficiar, a tu marca.

Crea tu propia música.

La música es uno de los elementos más importantes para que tu marca pueda crear un vínculo emocional poderoso con tus clientes.

La música ha acompañado a la publicidad por muchos años y ha sido una de las piezas fundamentales, para que las marcas más famosas del mundo vivan en la mente y en el corazón de sus clientes.

Todo esto no es porque sí, la música se utiliza para atraer la atención del cliente y provoca, al escucharla por un tiempo determinado, que aumente su recuerdo sobre ti y hace que esté más predispuesto a ver y escuchar el mensaje.

Todos, absolutamente todos, recordamos algún comercial de radio o televisión en el que la música juega un rol central e incluso inconscientemente, hemos cantado el tema de la campaña en cuestión.

La música es un poderoso atajo mental hacia el corazón de tus clientes, que llega directamente hacia su subconsciente y te permite generar un efecto positivo hacia tu marca.

Elegir la música adecuada para tu marca, es una de las tareas de mayor importancia en tu comunicación.

Ya sea que busques crear una marca personal o para un negocio local, elegir la música que vaya más a tono con la esencia de tu marca, sus valores y el mensaje que deseas comunicar, te ayudará a lograr tus objetivos.

Elige a tus Adversarios.

Todo empresario que aspire a convertir a su marca en la número uno en su nicho de mercado, debe estar dispuesto a aceptar que ser el número uno, no significa ganar un concurso de popularidad.

Así es, has leído bien.

Para ser el número uno, no necesitas quedar bien con todos, ni agradarlos. Puede que esto te parezca un poco radical, pero no es así, más bien es un enfoque estratégico.

No existe ninguna marca que tenga todos los recursos para conquistar a sus potenciales compradores, por esta razón, debes de concentrar tu estrategia de posicionamiento y comunicación en ganarte la confianza, respeto y amor de aquellas personas que encajen con el perfil de tu cliente ideal.

Como marca, debes defender a tus clientes de aquellas personas, empresas o instituciones, que de una forma u otra, les atacan con mentiras, creencias limitantes, mal servicio o engaños.

Por eso, elegir a tus adversarios es una de las estrategias más poderosas para marcar la diferencia respecto a las demás marcas con las que compites día a día.

El objetivo de elegir a tus adversarios, es defender a tus clientes de todo lo que estas personas, empresas, marcas o instituciones hagan para, voluntaria o involuntariamente, afectarlos.

No temas ser criticado por decir las cosas por su nombre, no temas ser señalado por enfrentarte a tus adversarios y señalar sus mentiras, falsas promesas o engaños.

Recuerda que para ser el número uno, no necesitas ganar un concurso de popularidad. Para ser el número uno debes ganarte el corazón de tus clientes, defenderlos, orientarlos, divertirlos, informarlos y estar cerca de ellos.

Tus clientes son las únicas personas en las que necesitas concentrarte para ser su mejor aliado, su mejor amigo y su mejor solución.

Asume posturas Radicales y Polarizadoras.

Elegir estratégicamente a tus adversarios no es la única forma de diferenciarte de tus competidores.

Asumir posturas radicales y polarizadoras que sean congruentes con tus valores y esencia, es una de las estrategias que mejor te va a funcionar para construir una marca memorable que perdure en el corazón de tus clientes.

No temas, bajo ningún motivo, defender tus creencias, no temas hacer afirmaciones que reflejen con mayor claridad y contraste aquello que defiendes.

Si tienes un pequeño supermercado en el que solo ofreces productos orgánicos, no temas bajo ningún motivo, señalar los efectos que generan los alimentos procesados.

No cometas el error de pensar que esta estrategia tiene por objeto hablar mal de tu competencia. Su objetivo principal es demostrar la congruencia entre lo que tu marca comunica y lo que hace.

Si quieres ser el líder, tienes que comportarte como tal. No se trata solamente de aspirar a lograrlo buscando ser agradable para todos, se trata, más bien, de aceptar tu responsabilidad como líder y señalar lo que consideras que está en contra de tus valores y creencias.

No será un paseo de día de campo, seguramente vas a tener críticos y detractores que te señalen, acusen y juzguen. No permitas que nada de esto te quite el sueño.

Tienes ante ti la gran posibilidad de crear un movimiento y una verdadera revolución en torno a todo aquello que tu marca defiende y promueve.

No desperdicies esta gran oportunidad.

Crea Expectación.

La expectación genera deseo y el deseo es el primer paso para que tus clientes sientan un fuerte impulso por comprar tu marca y vivir la experiencia que tus productos, servicios o experiencia prometen.

Como empresario, debes ser un mago para generar expectación entre tus clientes actuales y futuros, porque a todas las personas nos gusta que nos sorprendan. Las sorpresas positivas y agradables refuerzan nuestras relaciones interpersonales y fortalecen nuestros vínculos.

Imagínate que una relación de pareja no tuviera este ingrediente imprescindible…

Crear expectativas positivas en tus clientes, no es tampoco algo que funcione en automático. Antes que nada, debes cumplir con lo que prometes, para que las expectativas que deseas generar sean positivas y sustentadas en experiencias previas que también han sido positivas.

No dejes ningún espacio disponible, no dejes ninguna oportunidad sin aprovechar. Genera expectativas positivas en todo lo que haces, en todo lo que dices y en todo lo que comunicas.

Recuerda que la expectativa genera deseo y el deseo es el principal motor que impulsará a tus clientes a buscarte, comprarte y demostrarte su lealtad si tú les demuestras lo mismo.

Trato de Alfombra Roja.

Brindar un servicio de primera a tus clientes nunca estará pasado de moda.

Garantizar un servicio de primera calidad y darle a tus clientes un trato de alfombra roja no es una estrategia, es una obligación de cualquier empresario que aspire a convertir a su marca en la número uno en su nicho de mercado.

Recuerda que un cliente satisfecho te recomienda a cinco personas más y que no hay campaña publicitaria ni de posicionamiento, que tenga mayor credibilidad que una honesta recomendación de alguien en quien confías.

Por eso, los grandes expertos del marketing, como el difunto Jay Conrad Levinson, padre del Guerrilla Marketing recomiendan enfocar el 60 % de tu tiempo, energía, imaginación y dinero en tus clientes actuales.

Enfócate en brindar a tus clientes un servicio que vaya mucho más allá de sus expectativas, mucho más allá de sus experiencias previas y mucho más allá de cualquier precedente que tengan.

Al hacerlo, vas a conseguir dos objetivos clave para tus clientes:

El primero es generar lealtad en ellos para que te sigan beneficiando con su confianza y credibilidad a través de sus compras recurrentes.

El segundo objetivo que vas a lograr es, que tu cliente se convierta en un activo promotor de tu marca entre su círculo cercano de influencia.

Como marca líder, debes tener bien claro que el verdadero valor de un cliente no se mide en una compra aislada, el verdadero valor de un cliente se mide a lo largo del tiempo, a través de las compras recurrentes que este cliente hace durante todo el año.

Si mantienes esto en tu mente, te será más fácil mantenerte enfocado en tus clientes en lugar de estar buscando y buscando clientes nuevos solamente.

Algunos ejemplos.

En este libro, tanto mi socio y amigo Miguel Ángel Santos como yo, te compartimos nuestras experiencias, estrategias probadas y consejos, para que logres desarrollar una mentalidad ganadora en los negocios y puedas generar una marca personal poderosa, que te permita crear un vínculo sólido con tus clientes.

Por eso, quiero hablarte un poco más acerca de lo que me tocó vivir cuando, por primera vez, intenté implementar en mi propio negocio, las estrategias que en este capítulo te comparto para poder convertir a tu marca en Superhéroe, al más puro estilo de Hollywood.

A día de hoy, te puedo decir que los resultados han sido totalmente satisfactorios. Ha aumentado sustancialmente mi visibilidad ante miles de clientes potenciales, colegas y alianzas estratégicas, lo que ha generado un efecto positivo en mis ingresos.

He logrado diferenciarme de otros colegas a quienes respeto y ayudo en todo aquello para lo que consideran que aporto algo de valor, ya que para mí no existe competencia si cada uno de nosotros toma conciencia plena de su ADN como marca y define con claridad su propósito en este mundo.

He recibido constantes invitaciones para impartir conferencias en diferentes países y participar en otros entrenamientos de colegas, hablando de los temas que domino y todo esto en su conjunto, me ha permitido a su vez, recibir solicitudes de nuevos clientes que desean que les ayude a construir un negocio rentable y posteriormente convertirse en el #1 de su nicho de mercado.

La verdad es que no fue nada fácil, ya que tenía un número importante de barreras mentales y paradigmas fuertemente arraigados en mi inconsciente, producto de mi experiencia previa como ejecutivo de marketing, publicista y consultor.

Estas estrategias son verdaderamente novedosas y efectivas, por lo que entiendo las dudas que te puedan surgir al conocerlas y evaluar su implementación en tu negocio.

Sin embargo, los resultados que puedes obtener y los beneficios inmediatos y de mediano plazo que llegarán a tu negocio hacen que valga la pena.

Fue gracias a estas estrategias, que pude crear The ALFA Academy®, el Círculo ALFA® y El Líder ALFA®, marcas que están llevando mi empresa **Mario Corona Internacional** a otros niveles de crecimiento y alcance.

Fue difícil para mí, identificar los rasgos que más me unen con mi cliente ideal, Fuerza de Voluntad y Honestidad brutal, crear mi propio lenguaje, elegir a mis adversarios, asumir posturas radicales y polarizadoras, dramatizar en la comunicación y convertirme en un mago de la expectación.

Sucedió así y no porque fuera demasiado complicado seguir las instrucciones para lograrlo. Lo que realmente complicaba el proceso era, que mi mentalidad no era la adecuada en ese momento y constantemente cuestionaba cada letra y ponía en tela de juicio todo, sin haber dado la oportunidad de que cada estrategia tomara el tiempo necesario para ser modelada y optimizada.

Por eso te pido que **NO COMETAS EL MISMO ERROR QUE YO** y que tengas la humildad necesaria para poner en acción estas ideas, sin importar que tu negocio sea un comercio local o que seas un coach o conferencista

Desarrolla con atención los ejercicios que estoy a punto de compartir contigo y estoy seguro de que te van a ayudar. Algunos son para que logres definir aspectos importantes de tu negocio antes de comunicar cualquier cosa y otros son para crear la plataforma de comunicación que te permitirá conquistar a tus clientes.

Sea cual sea tu caso, aprovecha esta oportunidad y déjate llevar de la mano, por personas que ya hemos cometido los errores necesarios para aprender y optimizar una metodología viable, que te permitirá hacer que tu negocio crezca y que tú también puedas crecer simultáneamente como profesional y persona, porque al final de cuentas, serás tú quien haga todo esto posible y si no estás preparado mentalmente para lograrlo, volverás a caer en los errores y contratiempos que queremos evitarte.

No te desesperes si las cosas no salen bien desde el inicio, ¡mantente enfocado!

Ejercicio #1 Convirtiendo a Tu Marca en un Superhéroe al Estilo de Hollywood.

Una personalidad irresistible:

¿Qué ingredientes tiene tu marca para crear una personalidad seductora?

El efecto espejo:

¿En que se parecen tu marca y tu cliente?

Identifica los rasgos los unen:

¿Cuáles son los rasgos que te unen con tu cliente ideal?

Crear complicidad:

¿Qué puedes hacer hoy, para crear complicidad con tus clientes?

Ser predecible:

¿En qué elementos de comunicación puedes ser predecible con tus clientes?

Dramatiza y potencia:

¿En que necesitas dramatizar para comunicar mejor?

Tu propio lenguaje:

Crea tus propios personajes (héroes y villanos):
-    *Héroes:*

-    *Villanos:*

Crea tu propia música:
¿Qué tema musical te suena más a tu marca?

Elige a tus Adversarios:
¿Quiénes son tus adversarios?

Asume posturas Radicales y Polarizadoras:
¿Cuáles son tus posturas más radicales y polarizadoras?

Crea Expectación:

¿Qué harás para sorprender a tus clientes?

Trato de Alfombra Roja:

¿Qué vas a hacer para tratar a tu cliente de la mejor forma posible?

Capítulo 3. Confianza y Credibilidad a Prueba de Balas.

Enfócate en educar.

En este nuevo contexto en el que vivimos, enmarcado en la era digital, el cliente ha recuperado el poder para decidir acerca de sobre qué productos y servicios recibir información.

Esta nueva clase de clientes es más inteligente, están mejor informados y cansados de la publicidad invasiva. El nuevo cliente se mueve solo por sus intereses y es él o ella quien en todo momento tiene el control del proceso.

En este nuevo entorno, la mejor forma de vender es no vender, porque vender ya no vende. Puede que esta afirmación te parezca un trabalenguas, si es así me disculpo, porque nuestro objetivo jamás será el confundirte.

Pero es verdad que, en la economía digital, la mejor forma de vender es no vender.

En este nuevo contexto la mejor forma en la que el empresario puede vender sus productos, servicios o experiencia, es educando a su cliente acerca de cómo mejorar su vida cotidiana a través de su marca.

No hay persona que confíe en quien solo tiene como intención principal, venderle algo.

Para ganarte la confianza de esa nueva clase de cliente, es necesario dar mucho, pero mucho valor, antes de pedir algo a cambio y esto solamente se logra ayudando al cliente a resolver situaciones de su vida cotidiana, que realmente le interesan o preocupan.

Cuando ayudas a tu cliente dándole información valiosa para resolver estas cuestiones, empiezas a convertirte en una valiosa referencia y fuente constante de información a consultar siempre que lo necesite.

Esto provoca que el cliente empiece a percibirte como el especialista en tu área y que cuando necesite algo relacionado con esa experiencia que posees, tu marca sea la primera que venga a su mente.

Cuando tu marca se haya ganado la confianza de tu cliente y sigas cumpliendo con esa labor tan importante de informarle, ayudarle y guiarle, estarás en la ruta correcta para convertirte en su mejor aliado y serás, sin duda alguna, su primera opción a la hora de decidir con qué marca invertir su dinero y su tiempo.

Aumenta tu visibilidad.

No importa que tu marca venda algún producto físico, provea un servicio o que seas un profesional independiente, coach o consultor, para aumentar tus ingresos, debes aumentar tu visibilidad en el mercado para ser considerado por tus potenciales clientes.

Hoy tienes ante ti, la gran oportunidad de utilizar distintas estrategias para mantener una presencia activa ante tus potenciales compradores. No olvides que el enfoque en esta economía digital no es el de vender.

El enfoque correcto, es utilizar estas acciones para educar cada vez más a tus clientes acerca de la mejor forma de utilizar tus productos, servicios o experiencia, para resolver las situaciones o problemas a los que se enfrenta en su vida cotidiana.

A continuación te comparto algunas alternativas que tienes a tu disposición para que tu marca aumente notablemente su visibilidad en el mercado.

Conferencias en vivo:

Te permiten interactuar en vivo y en directo con tus potenciales clientes y responder a sus preguntas o cuestionamientos.

Webinars:

Te permiten llegar a un número ilimitado de potenciales clientes que tienen un interés en el uso de tus productos, servicios o experiencia.

Telesummits:

Este formato es similar a un seminario, dictado por varios expertos en torno a un tema en común, que comparten estrategias y experiencias a través de Internet.

Clases virtuales:

Sin duda, Home Depot es una excelente referencia del potencial de este formato, al crear varios vídeos en torno al tema de ¨Hágalo usted mismo¨ en el que educa a sus clientes con respecto a cómo ellos mismos pueden hacer un uso sencillo y práctico de sus productos.

Entrevistas en medios:

Creo que este tipo de acciones de promoción, es de las más comunes y más conocidas por los diferentes empresarios. Obtener entrevistas en los medios de comunicación permite a tu marca asociarse con el prestigio que determinado comunicador posee.

Escribe un libro.

Si piensas que escribir un libro es una estrategia de posicionamiento que solamente puede funcionar para coaches, consultores, conferencistas, info marketers o profesionales independientes, estás totalmente equivocado.

Disculpa mi franqueza, pero el objetivo que tanto Miguel Ángel Santos como yo nos hemos trazado, es el de ayudarte a que puedas, a través de este libro, transformar positivamente tu negocio y tu vida. Por eso, no vamos a escatimar esfuerzo alguno para darte las herramientas necesarias para lograrlo.

Si tienes un negocio físico o negocio local, debes valorar la importancia de tu rol como propietario. Lo que te quiero decir es que, en un negocio local, la credibilidad de su dueño o responsable se transfiere directamente al producto o servicio.

Este es, sin duda alguna, un primer paso de gran importancia para empezar a construir tu marca, para que tus productos o servicios dejen de ser genéricos y puedas competir en variables distintas al precio.

Si eres el dueño de un negocio local, escribir un libro te posiciona a ti y a tu negocio, como especialistas en el área particular de mercado en la que compiten tus productos, servicios o experiencia.

Escribir un libro te separa del resto de empresarios y te da la autoridad, confianza y credibilidad que necesitas, para que tus futuros clientes te otorguen su confianza.

Escribir un libro te permite posicionarte como especialista en tu área específica de negocios, ya que esta poderosa herramienta de posicionamiento, es la más poderosa para ganar credibilidad en torno a un tema en un mercado específico.

Escribir un libro os pone a ti, a tu negocio y a tu marca, en los primeros planos de visibilidad, ya que atraerá a la prensa y a potenciales clientes y aliados que se interesarán en tu experiencia y en los beneficios que tu libro ofrece como herramienta y cuando estas personas piensen en quién invertir, seguramente lo harán en tu negocio.

Apóyate en los expertos.

Los casos de éxito, son una excelente forma para que tus clientes actuales y futuros, puedan visualizar el impacto positivo que tu marca, producto o servicio puede llegar a tener en sus vidas.

Usar casos de éxito es brindarle a tus clientes argumentos sólidos, objetivos y tangibles de credibilidad, para que puedan ver los beneficios que personas como ellos, han disfrutado al confiar en tu marca.

Cuando estos casos de éxito son presentados, promovidos o analizados por un experto, adquieren mucha más credibilidad, ya que el prestigio, credibilidad y autoridad del experto avala los resultados que el caso de estudio presenta.

Lo mismo sucede cuando un experto habla positivamente de tus productos, servicios o experiencia, todo ese prestigio, autoridad y credibilidad se transfieren hacia tu marca.

Todos confiamos en los expertos. Diariamente ponemos el dinero que, con tanto trabajo ganamos, en las manos de diferentes expertos a quienes les pagamos para que evalúen nuestra salud, nos ayuden a ejercitarnos, revisen nuestro automóvil y mejoren nuestra imagen y nuestro estado de ánimo.

Por eso, ligar la opinión de expertos respetados y con las credenciales adecuadas a tu marca, es un paso importante para crear mayor confianza y empatía con tus clientes potenciales y actuales y cuanto más conocido sea el experto, más exitosa será esta asociación.

Tu marca tiene a su alcance a muchos expertos que, sin necesariamente ser famosos, pueden influir positivamente en la percepción que tu marca genera en el mercado.

Estos expertos, hasta cierto grado desconocidos, son tus clientes que diariamente utilizan tus productos, servicios o experiencia.

Tus clientes actuales, a través del uso cotidiano de tu marca, descubrirán más ventajas, diferenciadores y beneficios que están deseosos de compartir con otras personas. Aprovecha esta gran oportunidad y súmalos a tus esfuerzos de promoción.

Comparte testimonios.

Si eres un profesional independiente, coach, consultor, speaker o info marketer, seguramente habrás escuchado acerca de la importancia de las certificaciones para conseguir clientes, crear una marca personal poderosa y hacer que tu negocio crezca.

Si tienes un negocio local, de seguro que también en algún momento escuchaste a alguien mencionar algún requisito, norma o aprobación especial, para validar la calidad de un producto y servicio.

Cualquiera que sea tu caso, tengo que decirte que debes cumplir con los requisitos de calidad, funcionalidad y cualquier otro, necesarios para que tu negocio opere con legalidad.

Sin embargo, aunque debes cumplir con este importante paso, no debes caer en el grave error de pensar que, sólo porque posees cierta certificación o cierta norma, habrá una fila entera de personas a la puerta de tu negocio esperando comprarte.

La realidad es que no hay certificación alguna que por sí sola te genere dinero.

Seguro que ahora estarás pensando que tener una certificación es entonces una pérdida de tiempo y dinero. Personalmente no lo creo así, pero tampoco le asigno una importancia mayor que la que debe de tener.

Existen otras herramientas a tu alcance que te van a ayudar a establecer mayor empatía con tus clientes y a blindar tu marca con una capa protectora de credibilidad, resultados y beneficios que le permitirán ser una opción seria para tus futuros clientes.

Entre esas herramientas se encuentran los testimonios de tus clientes satisfechos.

Muchos empresarios caen en el error de no darle la importancia debida a los testimonios de sus clientes y desde mi perspectiva personal, es un error mortal.

Te comento lo anterior porque no existe campaña publicitaria, por más creativa, intensiva y divertida que sea, que genere mejores resultados que la recomendación honesta y entusiasta de un cliente satisfecho.

Utiliza a tus clientes como tus principales voceros y disfruta del beneficio de llegar a su círculo cercano de influencia. Compartir testimonios de personas comunes logrando resultados satisfactorios, será sin duda alguna, una poderosa herramienta para tu negocio.

Algunos ejemplos.

Como te he comentado anteriormente, algunos de mis clientes son propietarios de exitosos negocios locales, comercios y empresas de servicios con operaciones en un local físico, lo que compruebo con claridad y contundencia, que el impacto positivo de estas estrategias va mucho más allá de las marcas personales.

En verdad, entiendo a la perfección su escepticismo e incluso su aversión a implementar estrategias para posicionarse como el experto a consultar en su nicho de mercado. Es, sin duda, una de las oportunidades menos aprovechadas por empresas, que no entienden la importancia de generar confianza y credibilidad como plataformas de marketing.

Debido a este paradigma fuertemente arraigado en su inconsciente, invierto una sesión entera en ubicarlos en el contexto adecuado, para comprender la gran importancia de adoptar estas estrategias para su negocio.

Entiendo que para muchos, este tipo de estrategias se vean lejanas de su realidad o fuera de lugar, pero si lo analizas a fondo, todas las marcas, ya sean personales o de negocios locales, tienen una personalidad que incluye rasgos que las hacen cada vez más humanas y cercanas a sus clientes.

Como empresario, puedes llevar esta cercanía y confianza a un nivel de mayor trascendencia, si conviertes a tu marca en el experto a consultar en su categoría de negocios.

Para ser más claro contigo, te voy a compartir algunos ejemplos y reflexiones clave.

Imagínate que practicas el fútbol soccer y durante un entrenamiento te lastimas tu rodilla izquierda. Es obvio que vas a necesitar la ayuda de un doctor

¿A qué doctor vas a elegir? ¿A un médico general o a un especialista en medicina deportiva?

Y si tuvieras que escoger entre otras dos opciones…

¿Escogerías a un especialista en medicina deportiva o a un especialista en medicina deportiva que se enfoca en rodillas?

Estoy seguro de que vas a elegir al especialista en medicina deportiva que se concentra en rodillas porque, a tu juicio, es más experto que el médico general y que el médico que solo se especializa en medicina deportiva.

Permíteme compartirte otro ejemplo.

Imagínate ahora que vas camino a casa después de un viernes en el que has tenido una larga jornada de trabajo e intentas bajar la ventana eléctrica de tu coche para tomar un poco de aire, pero esta no funciona.

Al día siguiente aprovechas que es fin de semana y sales temprano de tu casa para llevar el coche a alguien que arregle el problema de tu ventana.

Honestamente…

¿A qué tipo de mecánico lo llevarías?

¿A un mecánico general? o ¿A un mecánico especialista en coches eléctricos?

¿Lo llevarías a un mecánico especialista en coches eléctricos que tiene un taller en donde solo trabaja con automóviles de la misma marca que el tuyo?

Aunque las respuestas a estos dos ejemplos pueden parecer bastante obvias para quien está sufriendo el problema (El cliente) no son tan claras para quien debe decidir entre qué tipo de negocio poner (El empresario).

Muchos empresarios cometen el error de pensar que, al especializarse, es más lo que pierden que lo que ganan y que con esta decisión, dejarán de ganar muchos dólares de personas que irán hacia otro lado.

Esto es un grave error, ya que sucede exactamente lo contrario, cuanto más te especialices, vas a competir contra menos empresas y serás una mejor opción para tus clientes, podrás cobrar mejor por tus servicios o productos y serás más solicitado por las personas que entienden el valor de trabajar con un verdadero experto y no quieren sufrir las consecuencias de depositar su confianza y su dinero, en improvisados que no están preparados para ayudarlos.

Recuerda este último párrafo mientras realizas los ejercicios de este capítulo.

Ejercicio. Aumentando La Visibilidad De Tu Marca

Reflexiona y responde con franqueza respecto de las actividades que vas a implementar para aumentar la visibilidad de tu marca.

¿Qué vas a hacer para educar a tus clientes?

¿Qué acciones específicas vas a implementar para aumentar tu visibilidad?

¿Con qué expertos vas a generar alianzas para que hablen bien de tu marca, eduquen a tus clientes y más personas te conozcan? Apóyate en los expertos.

¿Qué testimonios de clientes satisfechos vas a compartir?

Capítulo 4. El Poder de la Omnipresencia.

El efecto multiplicador.

No existe estrategia de publicidad que funcione por sí sola y que, de forma unilateral, te permita generar los ingresos, posicionamiento y crecimiento que deseas para tu marca.

Por eso, los empresarios debemos ser muy cuidadosos a la hora de elegir a través de qué medios vamos a comunicarnos con nuestros clientes potenciales, ya que debemos optimizar al máximo los recursos para que nuestro negocio sea cada vez más rentable.

El enfoque correcto que debemos elegir, es colocar nuestro mensaje en todos aquellos medios que nos permitan llegar directamente a nuestros clientes potenciales, con más frecuencia, contundencia y rapidez.

El efecto multiplicador, se logra cuando combinamos todos estos mensajes en diferentes medios, repetidos constantemente, por un período de tiempo determinado, para que tus futuros clientes te vean hasta debajo de las piedras.

No estoy, de ninguna forma, pidiéndote que inviertas un dinero que no tienes en una campaña publicitaria. Lo que te pido que hagas es, reflexionar con detalle para identificar aquellos medios a través de los cuales es más factible llegar a tu cliente ideal y que está a tu alcance usarlos.

Algunos van a requerir una inversión de dinero, otros de tiempo, lo importante es hacer que funcionen para ti, de acuerdo a la realidad que estás viviendo en este preciso momento.

En este nuevo contexto, tienes a tu alcance una gran variedad de herramientas de contacto directo con tus potenciales clientes dentro y fuera de Internet.

Esta gran oportunidad te obliga a mantener una presencia activa, para lograr ese efecto multiplicador que le dará a tu marca la omnipresencia que necesita para aparecer, tantas veces como sea posible, delante de sus potenciales clientes y aumentar así su visibilidad, recuerdo y deseo de compra.

Omnipresencia con Nuevos Lanzamientos.

Una buena forma de siempre estar presente en la mente de tus clientes actuales y futuros, es a través de nuevos lanzamientos de productos o servicios.

Esta estrategia te demandará conocer a tu cliente a fondo, para identificar sus requerimientos, nuevas necesidades y necesidades complementarias a las ya existentes.

También es necesario que te comprometas con la innovación, para estudiar a fondo el mercado, identificar áreas de oportunidad, expectativas no cumplidas y líneas de acción a implementar.

Es importante también, que analices a fondo tu negocio para encontrar esas áreas que tienen el potencial de ser optimizadas mejorar los beneficios y resultados actuales, que tu marca genera para tus clientes.

Un profundo análisis a tus competidores también te permite identificar las oportunidades de innovaciones y mejoras que tu marca puede realizar para mejorar tus resultados.

Llegados a este punto, quiero aconsejarte que no innoves solo en tu producto o servicio. Puedes innovar también en tu marketing, en el servicio posventa, en tus cuentas por cobrar y en la relación que mantienes con tus proveedores.

Innova en cada área de tu negocio y tendrás una oportunidad de tener algo interesante que contarles a tus clientes, para seguir trabajando en aumentar tu visibilidad, generar más confianza, entregar mejores resultados y consolidar tu marca.

Si haces negocios por Internet, la necesidad de realizar nuevos lanzamientos puede durar hasta un período de 3 meses.

La innovación sostenida, te ayudará a desarrollar la omnipresencia que tu marca necesita para estar siempre presente en la mente y el corazón de aquellas personas que encajan con el perfil de tu cliente ideal.

Omnipresencia con Redes Sociales.

Crear Omnipresencia a través de las Redes Sociales es una de las estrategias que se encuentran al alcance de cualquier empresario, sin importar el tamaño, especialidad o tiempo que su negocio tenga en el mercado.

Las Redes Sociales son canales de comunicación directa con miles de potenciales clientes, con quienes se puede interactuar en torno a temas que les interesan, informan y divierten.

Estas valiosas herramientas, te permiten estar diariamente muy cerca de tus clientes para compartirles contenido de calidad, que resuelva situaciones de su vida cotidiana, que les permita mejorar sus negocios o vida o incluso les divierta y les alegre el día.

Las Redes Sociales son canales que demandan un alto nivel de contacto, por ello, muchos clientes las utilizan para comunicar a las empresas las quejas, preguntas, sugerencias o reclamaciones, por el servicio que reciben.

Muchos empresarios cometen el error de no prepararse adecuadamente para responder con la rapidez y flexibilidad que sus clientes demandan y esto es un grave error porque una marca líder, por ningún motivo deja de escuchar a sus clientes y la mejor forma de escucharlos en Redes Sociales es respondiendo y resolviendo sus solicitudes.

Solo por citar un par de ejemplos, Facebook concentra el mayor número de usuarios, lo que habla de su gran popularidad. Por su estructura, Facebook permite y fomenta la interacción entre sus usuarios, quienes pueden intercambiar contenidos a través de texto, imagen y vídeo.

Twitter es otra plataforma que, aunque no es la más popular, es la que tiene a los usuarios más influyentes que, a través de sus opiniones, marcan la agenda noticiosa a nivel mundial.

Solamente con estas dos herramientas puedes estar tan cerca de tus clientes como lo desees, logrando así generar la omnipresencia que deseas para tu marca. Puedes ganar la confianza de tus clientes, informarlos, divertirlos y posicionar, a través de cada publicación, los valores y ADN de tu marca.

Omnipresencia con Publicidad digital.

Las Redes Sociales también han evolucionado para convertirse, algunas de ellas, en medios de comunicación digital que permiten a los anunciantes llegar a un mayor número de personas en menos tiempo y con un costo por impacto, mucho menor al de cualquier otro medio de comunicación tradicional.

Redes Sociales como Facebook, Twitter, YouTube y Linkedin entre otras, están creando productos publicitarios más específicos, que permiten a tu marca segmentar a su audiencia por variables como sexo, edad, ubicación geográfica, intereses, e incluso, comportamientos.

La publicidad digital es, sin duda, una excelente herramienta para construir esa percepción de omnipresencia que tu marca necesita para que sus clientes sientan que está por todos lados.

Sin embargo existe un gran número de empresarios que siguen pensando que en Internet todo es gratis, que solo utilizan las Redes Sociales sin hacer campañas y esperan que los resultados lleguen de la noche a la mañana.

Es verdad que Internet es el medio que está llamado a dominar el mercado, es verdad que le permite a tu marca interactuar con tu cliente ideal en tiempo real, pero también es verdad que, para que esto se logre, necesitas invertir tiempo, dinero y esfuerzo en campañas de publicidad digital, sin las cuales lograrás los mismos resultados, pero en mucho más tiempo.

Como te mencioné anteriormente, el costo de cada contacto es mucho menor al de cualquier otro medio de comunicación tradicional, pero esto no significa que sea gratis.

Los productos publicitarios que cada red social está creando, cada vez son más sofisticados, precisos y cercanos a las necesidades particulares de los negocios de todos los tamaños.

Lanzar una campaña de publicidad digital está prácticamente al alcance de cualquier negocio. Aprovecha esta gran oportunidad y comunica con precisión, emotividad y contundencia, los valores de tu marca para que, día a día, la vayas fortaleciendo y acercando a tus clientes.

A continuación te voy a compartir los pasos que debes seguir, para lanzar exitosamente una campaña de publicidad digital que te permita generar ese efecto de omnipresencia y que, sobre todo, te ayude a obtener un tráfico constante de prospectos altamente cualificados y dispuestos a comprar.

Debes considerar cada uno de estos puntos, sin importar que tu campaña sea para lanzarse en cualquier red social o que se encuentre en auge en el momento en que leas este libro.

Pasos para lanzar una campaña de publicidad digital:

Elegir el tipo de campaña.

Las Redes Sociales evolucionan con demasiada rapidez y cada vez son más los productos publicitarios que se ofrecen en cada plataforma, para ofrecer a los anunciantes mejores oportunidades de cautivar a su audiencia.

Para elegir el tipo de campaña que utilizarás, primero debes establecer los objetivos que deseas alcanzar.

No está de más decir, que aunque en general el objetivo puede ser el mismo (aumentar la cantidad de prospectos calificados) en lo específico, los medios elegidos para este fin pueden variar.

Por eso es importante que conozcas los diferentes tipos de campañas que existen actualmente en plataformas como Facebook y Twitter, con el fin de que puedas elegir la que más convenga para los objetivos que persigues con tu marca.

Tipos de campañas digitales.

Atraer personas hacia tu sitio web.

Esta campaña tiene como objetivo, que tu página web reciba un mayor número de visitantes, como consecuencia de promover el URL deseado a la audiencia.

Aumentar las conversiones en tu sitio web.

Esta campaña tiene como objetivo mejorar la conversión, para que un mayor número de visitantes a tu página web se conviertan en registros o nuevos clientes.

Promocionar tus publicaciones.

El objetivo de esta campaña es, que el mayor número posible de personas, puedan ver una publicación que has creado con anterioridad o que vas a crear en ese preciso momento, en Facebook o Twitter.

Promocionar tu página o aumentar el número de seguidores.

El objetivo que se persigue con esta opción, es que un mayor número de personas se integren a tu comunidad en la plataforma en la que se está lanzando la campaña. Es decir, que aumentes el número de fans en Facebook y de seguidores en Twitter.

Aumentar las instalaciones de tu aplicación.

Tal y como dice el título, esta opción persigue que un mayor número de personas descargue la aplicación que se está promoviendo.

Incrementar la interacción con tu aplicación.

En esta opción lo que se persigue es que los usuarios aumenten la interacción que se tiene con la aplicación en cuestión.

Aumentar el número de asistentes a tu evento.

Esta opción es de gran utilidad para cuando estás promoviendo un evento en vivo como un seminario o el lanzamiento de un nuevo producto.

Lograr que las personas soliciten tu oferta.

Cuando tienes una interesante oferta o promoción que deseas tus clientes conozcan y soliciten, esta opción es la más adecuada para ti.

Aumentar las reproducciones de vídeo.

Por su facilidad, el vídeo es el formato de contenido más consumido en Internet. Sobre todo, si el vídeo es adecuadamente producido para no tener una duración mayor a los 30 segundos y para que, en los cinco primeros segundos, logre captar la atención de la audiencia.

Elige a tu audiencia.

Debes definir con claridad el perfil de personas a las que vas a dirigir tu campaña, con el fin de que hagas el mejor uso posible de tu inversión y generes el mejor resultado, con el menor esfuerzo, en el menor tiempo posible.

Para definir el perfil de audiencia debes elegir con precisión:

Sexo: Hombre, mujer o ambas opciones al mismo tiempo.

Edad: Debes elegir una edad mínima y una edad máxima.

Ubicación geográfica: Puedes escoger las ciudades específicas con rangos de alcance de 20, 50, 75 o 100 kms. o los países en los que deseas lanzar tus campañas.

Idioma: Puedes elegir el español, español de España y el español de todos, como opciones generales del mismo idioma.

Intereses: En este punto es donde eliges las búsquedas que tu cliente normalmente realiza o el tipo de páginas que visita o las personas con las que interactúa.

En el caso de cada campaña digital que creo, procuro establecer claramente en los intereses los nombres de Tony Robbins, Napoleón Hill, Zig Ziglar, Brendon Burchard, Jeff Walker, Frank Kern, así como las palabras coaching, negocios, marketing y marketing por Internet.

Comportamientos: Los comportamientos a elegir en tu campaña digital tienen que ver con lo que la gente hace dentro y fuera de Internet. Por ejemplo, las actividades digitales del cliente, los usuarios de dispositivos móviles y los viajes, entre otras más…

Conexiones: En este punto debes identificar si deseas que tu campaña se enfoque solamente en la audiencia que posees dentro de tu clan, si deseas enfocarla en audiencia que no ha tenido contacto previo con tu marca o si deseas elegir ambas opciones.

Define el mensaje.

Para definir el mensaje, debes primero establecer con claridad lo que deseas comunicar para redactar un mensaje que, no solo sea claro y preciso, sino que inspire a tu audiencia hacia la acción.

Para lograr este objetivo debes preparar los siguientes puntos:

Define una oferta irresistible.

Definir una oferta irresistible no es algo sencillo. Debes primero asegurarte de que tenga un valor para el cliente.

Después, debes verificar que sea una oferta factible de sostener a largo plazo, es decir, que puedas cumplir con ella, sin provocarte problemas de calidad o gestión.

Tu oferta debe ser lo suficientemente contundente para que la gente la escuche una sola vez y se ponga en acción inmediatamente.

Crea una invitación a la acción.

Una vez que ya has creado una oferta que sea imposible de resistir para tus clientes, el siguiente paso que debes de dar, es crear la invitación que moverá a tu prospecto hacia la acción.

Esta invitación es lo que normalmente se conoce como, **la redacción de tu anuncio**. Sin embargo, yo prefiero no llamarla de esa forma porque no redactas un anuncio solo por el hecho de ocupar un espacio, lo haces para generar un efecto, una reacción en tus clientes.

Elegir las imágenes, enlaces y elementos de apoyo.

Para tu anuncio vas a necesitar imágenes que vayan en concordancia con la oferta y la invitación, hacia la acción que estás realizando.

Procura elegir o diseñar con suficiente antelación posible estas imágenes, a fin de que sean las que mejor expresen el mensaje y generen el efecto deseado en tu audiencia.

En este apartado también se incluyen los enlaces que utilizarás para dirigir el tráfico de tus clientes hacia tus sitios web de captura.

Debes revisar que estos enlaces funcionen adecuadamente, ya que si no lo hacen, solo lograrás una gran pérdida de tiempo y dinero.

Programa el lanzamiento.

Aunque parezca algo simple, programar el lanzamiento de tu campaña es una previsión necesaria, ya que tu campaña es parte de una serie de esfuerzos coordinados que te permitirán generar un efecto multiplicador y que lograrán que tu mensaje llegue al mayor número de prospectos, con el menor esfuerzo y en el más corto período de tiempo posible.

Por eso, para definir la fecha de lanzamiento, debes de estar seguro de haber hecho todos los preparativos y dar los avisos necesarios a las personas involucradas en tu campaña, con el fin de que estos esfuerzos puedan alinearse.

Para que el lanzamiento de tu campaña sea un suceso que prácticamente se dé en automático, te recomiendo verificar los siguientes puntos:

Haber creado una poderosa oferta que, no solo sea imposible de resistir para tus clientes, sino que sea factible de cumplir para ti.

Tener preparado el sitio de captura o Landing Page, que recibirá el tráfico de prospectos.

Haber creado un llamado a la acción que inspire a tus clientes y los movilice hacia tu sitio de captura.

Elegir y probar que funcionen adecuadamente las imágenes y enlaces que la campaña necesita para funcionar.

Avisar a todos los aliados, afiliados y personal del área comercial o de servicio, involucrados en el proceso de atención del lanzamiento de dicha campaña.

Elegir un presupuesto que sea sostenible durante el tiempo que la campaña esté funcionando.

Haber definido los principales indicadores con los que la campaña será evaluada.

Define un presupuesto.

Elegir un presupuesto no solo es cuestión de seleccionar un monto al azar, porque se requiere que el monto destinado a la campaña, sea acorde a los objetivos que se han trazado, a las necesidades puntuales del cliente y a la realidad que está viviendo en su negocio.

Cuando es tu primera campaña no tienes referencia alguna, sin embargo cuando ya has lanzado campañas anteriormente, tienes indicadores a considerar que te permiten predecir con cierto grado de exactitud, el costo de impactar a cada persona.

Este costo va a variar en función de las leyes de la oferta y la demanda, ya que si existen varias campañas de otros anunciantes corriendo al mismo tiempo, el precio será mayor, porque será más difícil competir por el mismo espacio.

Omnipresencia con Newsletters.

Otro de los errores más comunes cometidos por un gran número de empresarios, es tratar a sus clientes más antiguos y leales, de la misma forma en la que tratan a aquellos clientes que solo han comprado en una ocasión.

Aunque parezca demasiado simple esta afirmación, es totalmente cierta.

Tus clientes más leales merecen ser recompensados por su lealtad y esto no es un asunto de sentirse bien por hacer lo correcto, es una estrategia que tiene un impacto específico en tus costos de operación.

Te voy a explicar mejor lo que acabo de decir.

Como empresa, 4 de cada 10 clientes satisfechos te recomiendan con alguien más, 6 de cada 10 clientes insatisfechos hablarán mal de ti a su círculo cercano de influencia y es 5 veces más caro atraer un cliente nuevo, que hacer que un cliente actual vuelva a comprarte.

Una de las estrategias más sencillas de utilizar y que funciona muy bien para negocios locales, es la de crear una base de datos con tus clientes actuales, para ir contabilizando sus compras, detectar patrones de comportamientos, identificar posibles necesidades y recompensar su lealtad.

Tu base de datos de clientes, es un verdadero activo que puede servirte para que esos clientes aumenten el monto promedio de compra y la frecuencia con la que lo hacen.

Tu base de datos, también te permite comunicarte de forma personalizada con tus clientes a través de newsletters en las que puedes compartirles valiosa información, dar a conocer las más recientes novedades, interactuar en torno a temas de interés común y detectar nuevas necesidades al abrir un canal de comunicación personal.

Las newsletters, son valiosas herramientas que te ayudan a seguir construyendo la percepción de omnipresencia a través de un contacto directo, personal y cercano, que también te servirá para fortalecer la lealtad de tu cliente y aumentar las utilidades de tu negocio, generando compras recurrentes.

Errores más comunes cometidos por las marcas en Internet.

A continuación voy a compartir contigo, algunos de los errores que con mayor frecuencia cometen las marcas en Internet.

Mi mayor deseo al hacerlo, es que trates de evitar estos errores, con el fin de que tu camino hacia la construcción de una marca que viva en el corazón y la mente de tus clientes sea mucho más sencillo y corto.

Estos errores no son los únicos, por lo que te recomiendo que reflexiones a fondo y trates de crear una lista con los errores que previamente has identificado en base a tu experiencia y criterio, para tener así una mejor base de donde partir y para considerar todos los posibles escenarios con la suficiente antelación.

Sin más rodeos, los errores más comunes cometidos por las marcas en Internet son:

No estar familiarizado con el entorno digital.

Este es un grave pecado, ya que los propietarios, gerentes o directivos directamente involucrados en la gestión de tu marca, deben tener un conocimiento detallado y estratégico del entorno enmarcado por la era digital.

En este momento no existen excusas para no hacerlo, ya que lo competitivo de las industrias no perdona que los novatos y desinformados, tomen decisiones erróneas que perjudiquen a las marcas que representan.

Para tener éxito en el entorno digital, debes comprender los códigos de comunicación, las etiquetas de comportamientos y los principales detonadores de acción para las personas.

No tener una presencia adecuada en dispositivos móviles.

Cuando pienses en Internet, olvídate pensar en una computadora de escritorio o portátil.

Internet ha evolucionado y hoy en día, pensar en Internet es pensar en la movilidad generada a través de dispositivos móviles como tablets y smartphones.

No es posible que existan marcas que permanezcan impasibles, mientras que sus contenidos se mantienen inaccesibles o prácticamente imposibles de navegar a través de dispositivos móviles.

Falta de segmentación.

"No puedes ser todo para todos, porque si deseas ser todo para todos, terminarás siendo nada para nadie".

No, no es otro de mis trabalenguas, es un principio básico del posicionamiento de marcas.

Para poder dominar una categoría del mercado, debes elegir estratégicamente el perfil de clientes en quienes vas a enfocar tus esfuerzos de comunicación para conquistar su corazón y voluntad y para ganar su confianza y lealtad.

Por eso, uno de los errores más graves que las marcas cometen en Internet, es no definir con precisión el segmento de mercado que atacarán a través de sus esfuerzos comerciales.

Las diferentes plataformas que actualmente ofrecen productos publicitarios precisos y fáciles de operar, te permiten elegir el sexo, rango de edad, ubicación geográfica, comportamientos digital, relaciones e intereses de tu audiencia.

Define con precisión a tu target y te aseguro que la respuesta a tu mensaje será mucho más efectiva.

La falta de inversión en los medios digitales correctos.

Todavía existen empresarios y profesionales del marketing, que no comprenden que Internet es el medio destinado a dominar la comunicación personal entre las empresas y sus clientes.

Sin duda, muchos de ellos han disfrutado de los beneficios de poder interactuar con un gran número de potenciales clientes, habiendo invertido un poco de tiempo o unos cuantos dólares.

Sin embargo, es un grave error pensar que en el marketing digital todo es prácticamente gratis y que no es necesario invertir en tus esfuerzos promocionales.

Cuando inviertes en medios digitales estás comprando velocidad, para que los resultados que esperas se generen en el menor tiempo posible. Para lograr que esto sea posible, debes elegir adecuadamente las mejores plataformas para lograrlo.

No se trata de ciencia nuclear, se trata de observar con detalle en qué plataformas invierten la mayor parte del tiempo tus clientes actuales y futuros, para tener mayores probabilidades de que tu mensaje llegue a buen puerto.

Esperar a que los clientes lleguen a tus herramientas de marketing digital.

Todavía existen quienes esperan que las visitas a su página web y Redes Sociales se den por esfuerzo orgánico, por casualidad o por obra del destino.

La realidad es que, para que exista un flujo constante de prospectos cualificados y dispuestos a comprar, tus estrategias de generación de tráfico deben de ser predecibles y escalables.

Y para que esto se logre, debes invertir en tráfico pagado, ya que es la única forma de lograrlo. Ya sea a través de campañas digitales en Redes Sociales, banners o Google Adwords

Olvidarse de lo digital.

La información que mantienes en tus diferentes plataformas, como tu página web y Redes Sociales, debe ser actualizada.

Por ningún motivo debes olvidar que estás en el mundo digital y que en este entorno siempre hay posibles clientes que se encuentran en un proceso activo de compra, en el cual necesitan información para tomar decisiones.

Todas las plataformas digitales, necesitan que se realice un esfuerzo especial para mantenerlas actualizadas y relevantes.

No contar con una estrategia de Redes Sociales

Parece demasiado lógico, pero la verdad es que este punto es de primordial importancia para para evitar errores en Redes Sociales.

Las marcas que no tienen su estrategia bien definida, al final solo generan ruido y malas experiencias para sus usuarios. Por eso, debes contar con un plan que incluya objetivos claros, medibles y cuantificables, así como las estrategias y tiempos, responsables de crear las acciones que te permitirán alcanzar estos objetivos.

Tu plan también debe de incluir el tiempo, dinero y esfuerzo que vas a dedicar a este propósito, ya que este punto no puede ser dejado al azar.

Necesitas invertir estos insumos para generar resultados.

Tu contenido no está a la altura.

Diariamente debes verificar si estás compartiendo contenido de valor y de aplicación práctica para tus clientes.

Tienes que comunicar el mismo mensaje que difundes a través de otros medios y debes de posicionar el ADN, valores y promesa de tu marca.

Tus plataformas digitales son una extensión de tu empresa, que deben mantenerse alineadas y congruentes con los demás esfuerzos que realizas en otros canales de comunicación.

Excesivo interés por la cantidad de seguidores.

Para muchas marcas, es exageradamente alentador tener una gran cantidad de fans y seguidores.

Es verdad que es bueno tener una comunidad, un clan o tribu de personas dispuestas a escucharte, pero también es verdad que el tener un gran número de personas en tu comunidad de seguidores de Facebook o Twitter, no es garantía alguna de que su sola presencia te generará ingresos y crecimiento.

No te equivoques, lo más importante es convertir a esos seguidores y a los que no lo son todavía, en tus clientes y fidelizarlos para lograr crear una relación sólida, basada en la confianza y el beneficio mutuo.

Esperar resultados inmediatos.

También es un error pensar que los resultados en Internet llegarán inmediatamente, como por arte de magia, sin errores, ni frustraciones en el camino.

Internet es un medio que se está construyendo diariamente, en el que muchas marcas están recorriendo caminos nunca antes transitados y realizando esfuerzos de los que no se tienen antecedentes o referencias para tomar como guía.

En Internet debes definir indicadores, medir, analizar y tomar decisiones, para optimizar los resultados. Este proceso no se da en automático ni tampoco de un día para otro.

Si quieres que tu marca tenga éxito, debes estar dispuesto a recorrer la curva de aprendizaje necesaria para lograrlo.

Algunos ejemplos.

En mi trabajo cotidiano he tenido la oportunidad de aprender del lanzamiento de cientos de campañas digitales propias y de mis clientes.

Este aprendizaje me ha permitido identificar los errores que, con mayor frecuencia, se cometen y también los patrones de éxito de las campañas digitales que mejor funcionan.

Es desde esta experiencia, que puedo decirte que, con demasiada frecuencia, las campañas digitales que lanzan un gran número de empresarios, carecen de una visión estratégica que les garantice el éxito.

A lo que me refiero específicamente con esta afirmación es a que, en muchos casos, el empresario pone su mayor atención en elementos tácticos, tecnológicos u operativos de la campaña, como por ejemplo las imágenes a elegir, la redacción del llamado hacia la acción, el encabezado del anuncio, entre otros más y deja de lado los más importantes, **los estratégicos.**

Entre los elementos estratégicos, debes considerar la audiencia elegida con enfoque láser, para que el mensaje no llegue a las personas que no forman parte del perfil de tu cliente ideal, tener una oferta irresistible que despierte un deseo ardiente en el prospecto, que lo haga saltar del asombro y tome acción inmediata, tener todo preparado para lograr la conversión del tráfico que se genere hacia la Landing Page y haber creado una secuencia estratégica de valor, para el seguimiento de los prospectos que registraron sus datos para disfrutar de tu oferta irresistible.

La verdad es que esto no me sorprende, ya que muchas personas y empresarios conciben a Internet y al marketing digital como herramientas que para usarse, se debe tener un dominio pleno de la tecnología.

Es verdad que estos dos conceptos tienen mucha relación con el uso de herramientas, aplicaciones y plataformas tecnológicas. Pero también es verdad que un dominio de todas las variables tecnológicas durante una campaña digital NO ES SUFICIENTE ni GARANTIZA RESULTADOS SATISFACTORIOS.

Una campaña digital es una campaña de comunicación publicitaria, en la que la estrategia, el mensaje y la creatividad que se implementen, serán las piezas clave que inclinarán la balanza hacia uno u otro lado.

Por esto te recomiendo no confundirte ni enfocar tu energía, solamente en los aspectos menos relevantes de la campaña.

Ejercicio 1: Creando Omnipresencia con Tu Marca

Responde con honestidad las acciones que vas a desarrollar en cada apartado, para crear Omnipresencia con tu Marca:

Omnipresencia con Nuevos Lanzamientos.

Omnipresencia con Redes Sociales.

Omnipresencia con Publicidad digital.

Omnipresencia con Newsletters.

Ejercicio 2: Creando Campañas Digitales

El objetivo del presente ejercicio es poner en práctica tu aprendizaje respecto a la preparación de una campaña digital, por eso se han considerado los pasos necesarios para lograrlo, sin importar la plataforma de publicidad o red social que elijas para ello.

Instrucciones: Imagina que cuentas con un presupuesto de 5,000 dólares para promover tu lanzamiento y completa cada una de las etapas necesarias para configurar tu campaña.

Debes hacer los preparativos necesarios, considerando que vas a promover por 15 días tu producto estrella.

Elige el tipo de campaña.

Atraer personas hacia tu sitio web.

Aumentar las conversiones en tu sitio web.

Promocionar tus publicaciones.

Promocionar tu página o aumentar el número de seguidores.

Aumentar las instalaciones de tu aplicación.

Incrementar la interacción con tu aplicación.

Aumentar el número de asistentes a tu evento.

Lograr que las personas soliciten tu oferta.

Aumentar las reproducciones de vídeo.

Elige a tu audiencia.

Sexo y Edad

Ubicación geográfica.

Idiomas.

Intereses.

Comportamientos.

Conexiones.

Define el mensaje.

Definir una oferta irresistible.

Crear una invitación hacia la acción.

Elegir las imágenes, enlaces y elementos de apoyo.

Programa el lanzamiento.

Aliados, afiliados y personal del área comercial o de servicio involucrados en el proceso de atención, del lanzamiento de la campaña.

Principales indicadores con los que la campaña será evaluada.

Define un presupuesto.

¿Y Ahora Qué Sigue?

Bien, hasta aquí hemos hablado largo y tendido de un tema que me apasiona y que considero es una de las estrategias de negocio más efectivas para cualquier empresario, sin importar su experiencia, especialidad o el tamaño de su negocio.

Crear una marca que viva en el corazón y en la mente de nuestros clientes siempre será una aspiración que debe perseguir cualquier empresa que desee liderar su categoría de negocios.

Sin embargo debes ser consciente de que este no es un proceso inmediato, en el que todo es perfecto, divertido y libre de piedras en el camino.

Para construir una marca poderosa debes primero, ganarte la confianza de tus clientes y como en la vida real, la confianza no es algo que se dé porque sí, a cualquier persona que nos la solicite.

La confianza no se pide, se gana y para ganarla debes demostrar diariamente, que eres digno de ella, a través de tus acciones, ya que no importa que hayas tardado años en ganarla, si te equivocas o te descuidas, puedes perderla en cuestión de segundos.

Una estrategia de marca, es una apuesta por crear una relación sólida con tus clientes a largo plazo, desarrollando un fuerte vínculo emocional que los una, creando complicidad, empatía y deseo de ayudarse.

Como en todas las relaciones, habrá momentos inolvidables y momentos difíciles, pero si existe la voluntad de que esta relación perdure, seguramente encontrarán los motivos necesarios para valorar todo lo que se ha recibido a lo largo del tiempo.

No importa que tu objetivo sea crear una marca personal o para un negocio local. Mi recomendación es que apuestes por construir esa relación fuerte y saludable con tu cliente.

Deja de pensar sólo en el beneficio que te da una venta inmediata y apuesta por el valor de un cliente a lo largo del tiempo, el cual podrás medir a través de todas las compras que realizará durante el tiempo en el que te otorgue su confianza y su voluntad.

No desistas ante las primeras dificultades, mantén tu enfoque, corrige lo que debas de corregir y sigue adelante. No te dejes guiar por especulaciones o apreciaciones personales subjetivas.

Escucha a tu intuición, pero déjate guiar por ella una vez que hayas conocido los datos duros y objetivos.

Trabaja con entusiasmo, pasión y compromiso y tus clientes te lo agradecerán.

M + M: La Fórmula que tu Negocio Requiere

¿Marca personal y Mentalidad para los negocios?

Estoy seguro que cuando viste la portada de este libro, su nombre te causó curiosidad e incluso llegó a parecerte algo extraño que estos dos temas estén juntos en un mismo lugar y que sean considerados como pilares fundamentales de cualquier negocio que aspire a ser exitoso.

No te preocupes, si esto te ha sucedido, déjame decirte que es algo normal.

Sí, efectivamente es algo normal, ya que la mayoría de los empresarios desconocen el **gran poder que se encuentra oculto en estas dos poderosas herramientas para los negocios**, sin importar su especialidad, tamaño o tiempo en el mercado.

Sin embargo, el que estos dos temas estén juntos en un mismo libro sea algo, hasta cierto punto, "extraño" no quiere decir que sea también algo "equivocado". Por eso voy dedicar algunas palabras a establecer y darte el porqué de la importancia de la suma de estas dos "M" para tu negocio.

Si has disfrutado o considerado útiles las estrategias que he compartido contigo hasta este momento, *lo que vas a leer a continuación seguramente te sorprenderá e incluso puede que llegue a despertar en ti una fuerte sensación de molestia o de agradecimiento…*

Tengo dos importantes noticias para ti...

Efectivamente, ya conoces esta frase y sabes que una de las dos noticias es "mala" y la otra buena y como soy yo el que está escribiendo estás líneas, voy a tomarme la libertad de elegir cuál de las dos noticias será la primera que voy a compartir contigo.

La primera de estas dos noticias es que **no es "suficiente" crear una marca poderosa y memorable, que sea cercana a tus clientes y te permita marcar una clara diferencia con respecto a tus competidores en la batalla por el corazón de tus clientes**.

Sí, así es.

No es ni será suficiente, ni para ti ni para cualquier empresario que aspire a convertir su negocio en una marca líder. No es suficiente, aunque pueda parecer que he desperdiciado todas las palabras que dediqué a explicarte la importancia de crear una marca, que cumpla con los atributos que le permitirán ocupar un lugar privilegiado en el corazón de tus clientes.

La razón por la que no basta es porque *sin una mentalidad adecuada, estas estrategias no pueden ser implementadas con eficiencia ni llevadas a su nivel más óptimo*.

Esta razón es sencilla, pero esto no quiere decir que sea fácil de resolver, porque no es fácil implementar las estrategias que un negocio necesita, cuando no se tiene la mentalidad necesaria para crear los hábitos requeridos.

Dicho en palabras más simples, "no basta con saber, hay que estar preparados para accionar".

La buena noticia es que tú puedes desarrollar la mentalidad, que como empresario necesitas, para accionar estas estrategias de marca y llevarlas a su nivel más óptimo, logrando así que tu negocio genere mejores resultados.

Seré honesto contigo, <u>la mayoría de los empresarios cometen el grave error de no trabajar su mentalidad</u> por considerar que es algo "esotérico", "cursi", "espiritual" o innecesario.

Estas consideraciones, desde mi experiencia, están bastante alejadas de la realidad, ya que son las personas las responsables de operar los negocios y mientras sean personas, va a requerirse prevenir que estos seres humanos tengan los pensamientos, actitudes y sentimientos, que les permitan realizar su trabajo de la mejor forma posible.

Necesitas retomar el control de tu vida.

Sí, leíste bien y para evitar dudas lo repetiré de nuevo: *"Necesitas retomar el control de tu vida".*

Voy a hacerte una revelación con todo respeto y con la mejor intención de que esto sea algo que te permita crecer como profesional y como persona. Esta revelación es, la mayor parte de las decisiones del día son tomadas por nuestro subconsciente.

Esto implica que no son necesariamente decisiones razonadas, objetivas tomadas en forma consciente, por ello, es muy importante para ti que estas decisiones que tomas a nivel del subconsciente sean las que tú y tu negocio necesitáis para prosperar.

Un empresario exitoso no permite que otras personas tomen las decisiones que a él le corresponden.

Es aquí donde tú tienes la oportunidad de garantizar que las decisiones que tu subconsciente tome durante el día, jueguen a tu favor, te ayuden a accionar las estrategias que has creado para tu negocio y así llevarlo al lugar que deseas, logrando tus metas financieras y personales.

Ahora, <u>no basta sólo con que seas consciente de la importancia de trabajar en tu mentalidad para los negocios</u>, ya que esto sería el equivalente a la persona que es consciente del daño que las drogas, el alcohol y el cigarro generan en su organismo y sigue consumiéndolas sin mesura.

No, no basta.

Y sé que, como empresario, sabes que las cosas buenas no se regalan ni se generan de un día para otro, sin necesidad de esfuerzo. *Como empresario sabes que hay que trabajar, hacer algo al respecto para que las cosas sucedan, para alcanzar las metas que deseas.*

Esto quiere decir que si ya eres consciente de la importancia de tu mentalidad para los negocios, entonces el siguiente paso es que trabajes en fortalecerla.

El recurso más valioso de tu negocio.

Tú eres el recurso más valioso de tu negocio y con esto me refiero a ti como propietario de tu negocio, porque es bastante frecuente que como empresarios nos, pongamos en "segundo lugar" para dar prioridad a otras personas o problemas que requieren ser resueltos primero.

No trato de decirte que dejes de cuidar a tu equipo de trabajo, la relación con tus proveedores o que dejes de atender los problemas que requieren de tu presencia o tus decisiones para ser solventados.

Sé por experiencia propia, que en un negocio local, el propietario juega un rol estratégico en la toma de decisiones e incluso en la ejecución de algunas acciones necesarias para que el negocio marche bien.

Lo que te quiero pedir, desde mi experiencia trabajando con clientes de todo tipo y tamaño, es que trabajes en desarrollar tu mentalidad para que puedas accionar las estrategias que he compartido contigo, para que desarrolles un nivel de consciencia superior, para que puedas crear los hábitos que a través de la repetición cotidiana y continua, te permitirán mejorar dramáticamente los resultados de tu negocio.

Tener una mentalidad poderosa no es algo que tenga un botón de apagado.

Sabes bien que nada importante sucede de la noche a la mañana, que no hay fórmulas mágicas y que, para lograr metas ambiciosas e importantes, seguramente te caerás y deberás ser capaz de levantarte y seguir luchando.

Por eso es importante que tu mentalidad sea la más adecuada para los negocios, por eso es más importante que sea tu mejor aliado para ayudarte en lugar de sabotearte y jugar en tu contra.

Conozco a *Miguel Ángel Santos* y por experiencia propia, sé que es un Profesional con las competencias y la Experiencia necesarias para ayudarte a desarrollar una mentalidad apta para los negocios. **Una mentalidad ganadora.**

A partir de este momento trabajará codo a codo contigo y hará su mejor esfuerzo para que en forma práctica y sencilla puedas desarrollar tu mentalidad para los negocios.

Expande tu mente, ten la humildad para ser "enseñable" y acciona todo lo que te comparta, porque te sorprenderás al descubrir las "joyas" con las que te enseñará y te moverá hacia la acción.

Deseo de todo corazón que disfrutes este viaje.

Tu Amigo,

Mario Corona.

La Mentalidad y la Psicología en los Negocios

Nota Aclaratoria antes de Comenzar:

Antes de comenzar con toda esta apasionante parte sobre la Mentalidad los Negocios, quiero hacerte un marco de referencia que creo que es importante que tomes en cuenta.

El Marketing y la forma de hacer publicidad ha cambiado, aunque algunos "expertos" todavía no se han dado por enterados al parecer, dado la arcaica y anticuada forma que tienen de hacer Marketing.

Efectivamente, nosotros hemos cambiado, los clientes han cambiado, sus formas de compra han cambiado, la tecnología por la cual nos asomamos ha cambiado y otras muchas cosas más. ¿No es cierto?

Por lo tanto, parece más que lógico, que las formas de acercarnos y las estrategias para que nuestros productos y servicios sean atractivos para nuestros clientes hoy y con estos cambios, cambien y sean diferentes a las que se manejaban anteriormente en marketing y/o publicidad.

Lógico. ¿No es así?

Sin embargo, es cierto que *los principios* de marketing son inmutables. Por todos los que hemos estudiado realmente marketing, es sabido, que *los principios del marketing, estos sí en verdad, no cambian.*

Lo que significa, que tal y como bien ha recogido en todo su trabajo en la primera parte mi estimado Amigo y Socio, Mario Corona, debes diferenciar ciertos conceptos, estrategias y formas de actuar, dependiendo del negocio que tengas, tanto si tienes una gran empresa, como si tienes un negocio convencional en la calle o si es un negocio online.

Efectivamente, dependiendo del tipo negocio que tengas y también a lo que te dediques, tienes diferentes variables y diferentes necesidades. No se puede tratar a todos exactamente por igual. ¿Verdad? Y por ello, las pequeñas distinciones para cada negocio y sitio, son necesarias.

Aun así, aparte de estas "pequeñas" distinciones, que de nuevo remarco, es necesario incrementarlas, los principios del marketing son inamovibles y estos no cambian en nada, tengas el tipo de negocio que tengas y te dediques a lo que te dediques. Lo que significa, que los principios en sí de marketing, se pueden aplicar a todos.

Digo esto, para aclararte que, al igual que los principios de marketing sí son aplicables a todo tipo de negocios, todo el trabajo que vas a descubrir en las siguientes páginas sobre la Mentalidad de los Negocios, son los principios fundamentales que tiene que tener un **EVE (Empresario de Verdadero Éxito).**

Después de años de estudio y de ir tras las mejores mentes que tenemos en el mundo sobre los negocios y junto a los más de 16 años de experiencia en diferentes proyectos y tipos de negocios, he podido comprobar por mí mismo y en mis clientes, que los principios de la mentalidad de los Grandes Empresarios son los mismos.

Y da igual que hayan sido propietarios de grandes corporaciones, empresarios de negocios locales o emprendedores online que se tiran horas y horas delante de la luz de una pantalla en su habitación casi oscuras hasta altas horas de la mañana, como si de la cueva de "Gollum" se tratara (sí yo también estuve ahí y se lo que es).

Por ello, quería hacer este marco de referencia antes de comenzar, para que supieras que todos los principios que vas a ver y aprender en las siguientes páginas y que todo el trabajo emocionante y apasionante que estás a punto de descubrir, se va adecuar al tipo negocio que tengas.

En el caso de la mentalidad, esto no es lo importante. Lo importante es tu persona y tu mente. Lo que significa que se va adecuar y acomodar perfectamente, como un guante, al negocio que tengas entre manos.

¿Estás preparado para tomar de la "pastilla azul" (Matrix) y descubrir y adentrarte en un nuevo concepto de lo que son los negocios, que van hacer que lleves el tuyo a otro nivel?

Una advertencia antes de que sigas adelante, según leas cada vez más y más este apartado, vas a poder descubrir la importancia de este y más asombrado te vas a quedar, con todo lo recogido aquí y más ganas vas a tener de profundizar en ello y hacer lo que haga falta para Mejorar y llevar al Siguiente Nivel tu Mentalidad en los Negocios. Tal y como a mí me pasó.

Una vez que entres, no hay vuelta atrás. Pues una vez que conozcas todo lo que vas a descubrir en las siguientes páginas, estoy seguro de que no pensarás de la misma forma en tu negocio y de cómo actuar en él…

Y es más, te darás cuenta de cosas, no sólo del tuyo sino de los negocios de otros también, que quizás hasta ahora haya pasado por alto…

¿Preparado e Intrigado entonces?

¡Pues adelante!

¡Abróchate el cinturón porque allá vamos!

PRIMERA PARTE: TOMA DE CONSCIENCIA Y CONOCIMIENTO DEL "ENEMIGO SILENCIOSO"

<u>¿Por qué la Mentalidad y la Psicología son tan Importantes, y por qué Debería Tener esto Muy en cuenta y Hacer algo al Respecto, desde Ahora mismo?</u>

¿Sabes? Pienso que esta es una muy buena forma de comenzar. Porque seguro que a estas alturas, te estarás preguntando precisamente esto.

¿Por qué ahora, después de todo lo que hemos visto y aprendido, vamos a ver cosas sobre la mentalidad y la psicología?

"¿Qué tiene que ver la mentalidad y la psicología con mi negocio o empresa?"

"¿Por qué este tipo de cosas son importantes para mí?"

Y "¿Por qué debo hacer algo al respecto ahora mismo?"

Estoy seguro de que una o varias de estas preguntas rondan tu cabeza, lo cual es totalmente lógico, pues por alguna razón, vemos que son dos cosas muy diferentes.

Por un lado, el trabajo en un negocio o en los negocios y por otro lado, como si no tuviera nada que ver, la mentalidad, la psicología y todo ese tipo de cosas "raras". ¿No es así?

Sí, es posible que hayas leído entrevistas o que hayas escuchado en televisión a ciertos deportistas de élite o quizás a otros, hablar y hacer referencia a la importancia de la mentalidad, de la motivación, la psicología en el juego, etc. Aun así, eso está lejos de estar relacionado con un negocio, como el que tienes.

Si esta es tu forma de pensar con respecto a ello, no te culpo, es totalmente comprensible y normal pues, como apuntaba antes, de una forma u otra, a lo largo de los años y el aprendizaje que hemos tenido en los negocios, tanto universitariamente, como de forma académica o como la gran mayoría, a raíz de la experiencia en el "campo de batalla", en el día a día, de poner un negocio e ir fluyendo con los retos que van surgiendo, la mentalidad y la psicología han sido algo que no nos han relacionado con esto y que difícilmente por nuestra cuenta la hemos relacionado y vislumbrado la tremenda importancia que tiene cultivarla.

Sobre todo, cuando se quiere pasar de un negocio normal o que está decayendo, a un negocio próspero y que deje beneficios cada año y es más, que hasta tú creces con él.

Quizá esto de "crecer" no te interese. Quizá lo único que te interese de verdad, sea ganar dinero y punto.

Totalmente comprensible, te entiendo perfectamente. Pues efectivamente, para eso tienes su negocio, para ganar dinero con él ¿no es así?

Aun así, desde mi experiencia te puedo contar que estas dos cosas, dinero y crecimiento, están mucho más que relacionadas entre sí.

Déjame compartirte una frase de uno de mis mentores en el área de los negocios y la mentalidad necesaria para ellos, el cuál luego se transformó también en uno de mis clientes, el multimillonario *T.Harv Eker*, que cuando la oí por primera vez, me caló muy hondo, pues vi de forma inmediata una gran verdad en ella y es algo que realmente me ha acompañado a lo largo de mi vida. Y es la siguiente:

"Tus Ingresos Solo Podrán Crecer Hasta Donde Crezcas Tú"
(T. Harv Eker)

¿Qué te ha parecido esta frase? ¿Hay algún "click" que hayas visto dentro de tu cabeza o algo que se haya movido en tu interior?

Es una frase muy poderosa y que realmente encierra una gran verdad y que he vivido en primera persona.

He podido experimentar en mi propia vida, en mis proyectos y negocios, como éstos iban creciendo de forma exponencial en el momento que yo crecía como persona. Y además, al ser un *Neuro-Coach de Negocios* y tratar con todo tipo de negocios y todo tipo de personas, he podido ver también y comprobar todo lo contrario. El cómo la falta de crecimiento personal/mental de esa persona/empresario, le estaba limitando en su crecimiento Empresarial y Económico.

Esto me ha hecho darme cuenta de que <u>el crecimiento personal y los ingresos, están intrínsecamente relacionados.</u>

"Tiene sentido. Sin embargo no entiendo cómo crecer como persona, cómo ser mejor persona y demás, me va a mejorar mis ingresos" -intuyo que te preguntas.

Bien, déjame que me explique un poco más. Aunque iremos viendo a qué me refiero conforme vaya desarrollándose este libro, en este apartado solo quiero darte unas pinceladas para que puedas hacerte una idea de todo lo que vas a aprender y experimentar y de la importancia que tiene todo lo que vamos a tratar a continuación, que verdaderamente, ¡va a ser muy emocionante!

¿Acaso hay algo más emocionante y retador que el cambio y el desarrollo de uno mismo y ver y probar hasta dónde podemos llegar?

"¿Queeé? ¿Has dicho cambio...?

Estoy interesado y muy intrigado en todo lo que propones, sin embargo, esa palabra no me gusta ni un pelo" -quizás pienses.

Sí, lo sé. He tocado un tema y una palabra un poco "peliaguda" y en algunos casos hasta incomoda. ¿No es verdad?

A mucha gente esta palabra no le gusta nada y a algunos, hasta le aterra o la consideran una palabra "tabú".

Lo he hecho conscientemente. Pues mi objetivo aquí, tanto en este libro como en mis talleres y seminarios o sesiones en privadas, es transportarte y llevarte quizá, a otra parte en la que no hayas estado, estirarte más allá de tus "límites" de lo que "das por sentado".

Y efectivamente no es cómodo, pero lo compensa cuando compruebas y ves por ti mismo, los resultados en tu negocio y en tu vida.

Aun así, no adelantemos acontecimientos. Vayamos por partes…

Estabas preguntándote, qué tiene que ver eso de crecer como persona, ser buena persona y que crezcan tus ingresos. ¿Verdad?

En efecto, puedes crecer como persona y ser buena persona. Sin embargo, no es a lo que me refiero en los Negocios.

Cuando me refiero a crecer como persona, no hago referencia a crecer tus bondades, aunque estas ayuden a que tus clientes y tu equipo tengan un mejor servicio y una mejor percepción de ti y de tu compañía o negocio.

Es más, aunque este apartado es bien importante también y algo que siempre aconsejo, pero no me meto en las cuestiones morales de cómo cada uno lleva su negocio, es muy recomendable, sin embargo, no estrictamente necesario. Lo que significa que no tiene por qué asustarte, no te voy a pedir que seas "el padre Damián" o te registres en el siguiente seminario de monjes budistas que veas en tu ciudad. Nada de ello.

Cuando hablo de crecimiento personal, me refiero, a **que seas el mejor tú que has sido hasta ahora**.

Interesante concepto ¿no es cierto? Este es un concepto que me acompaña a lo largo de toda mi vida.

Desde que empecé mi entrenamiento cuando era adolescente en las artes marciales y ahora como instructor de ellas o cuando estuve en el ejército, mi meta y objetivo, nunca era la de competición, que tanto se llevaba en esos terrenos, competir para ver quién era el mejor haciendo X o tal técnica, quién era mejor soldado o tenía mejores puntuaciones en X tema o ser quién gana una medalla...

Ese nunca fue mi objetivo, no me atraía en absoluto ganar medallas en ninguno de los dos terrenos, Militar/Artes Marciales. Lo tenía muy claro e interiorizado desde muy pequeño. La competición <u>CONTRA</u> otros, nunca me agradó y hacía lo imposible por alejarme de ello.

Lo que siempre me atrajo, era la constante e incesante "competición" <u>CON</u>migo mismo.

Me apasionaba y me sigue apasionando la idea de ser cada vez mejor que ayer y ese es mi último objetivo y más importante en mi vida y en los Negocios, tal como debería ser para ti. Cada vez ser mejor Tú y tener un mejor negocio que ayer.

Y "curiosonamente", esta actitud mental y de enfoque de no competencia con los demás, sino conmigo mismo, siempre me ha hecho conseguir y destacar, "ser la mano derecha" de mis Maestros de Artes Marciales y posteriormente, un Destacado Instructor y ganarme "las medallas" de mis Altos Mandos en el Ejército, terminando mi Servicio en él, condecorado y titulado como "Soldado Ejemplar" junto a una Carta de Recomendación Personal por el mismísimo *Teniente Coronel de la Base Militar más Destacada e Importante de las Fuerzas Armadas de Toda España.*

Te expongo esto, desde fuera totalmente del ego. Hago referencia a ello, para que te hagas una idea de algunos de los muchos Espléndidos Resultados que me ha generado tener esa actitud mental en varios ámbitos de la Vida.

Por ello…

"Sé el mejor Tú que puedas Ser" y en todos los sentidos que te permitas Ser.

Pues tú eres el único que te lo va a permitir o que te lo va a obstaculizar. Ese eres tú, no otros u otras cosas. Es fácil buscar culpables fuera para hacerlos responsables de las decisiones que tomamos o de las que no tomamos.

Y aunque por mi propia experiencia y la experiencia que tengo al ser Master Coach de Negocios ayudando y entrenando a otros, efectivamente esto no es en el 100 % de los casos, pero sí somos los responsables directos del resultado o podemos serlo, de más del 98 %.

Esto es a lo que me refiero con "crecer a nivel personal". **"Ser el mejor Tú que puedas Ser".**

Y lejos de filosofías, o de ser palabras bellas y bonitas para adornar un libro, nada más lejos de mi intención, pues no me gusta adornar las cosas cuando puedo ser directo. Es algo práctico y que puedes y de hecho debes, poner en práctica en tu día a día, en tu negocio tanto si es un negocio pequeño, una multinacional u online, si de verdad quieres pasar al siguiente nivel.

No puedo ser más claro.

Es, así de importante no, de vital importancia.

Pues ya no sólo es mi experiencia, sino la de cientos de personas con las que tenido la ocasión de reunirme, de aprender de ellos, estudiar y profundizar en sus negocios, en sus vidas y en sus formas de pensamiento con respecto de nuevo, a los negocios y en la vida por más de 10 años, lo que me ha hecho darme cuenta de la gran importancia que tiene el apartado de la mentalidad y la psicología de los Negocios.

Esto hizo que en estos 10 últimos años me haya convertido el literalmente un devorador de este tipo de conocimiento y cuanto más profundizaba en ello, más me apasionaba.

Hoy por hoy continúo con ello, buscando las formas más rápidas y más efectivas para mejorar la mentalidad y la psicología de los Negocios y en mi vida propia. 10 años que han llevado consigo cientos y cientos y cientos de horas hasta la madrugada, investigando y buscando las mejores tecnologías y yendo tras el rastro de las mejores mentes de gran éxito en estos sentidos y después también de varios miles y miles de euros invertidos en aprender y poner en práctica todo este conocimiento.

Por ello, hoy y después de todo esto, creo indispensable que conozcas toda esta valiosísima información de años y de cientos de miles de euros de valor total, que he recopilado para ti y <u>sobre todo, que hagas algo al respecto y la pongas en práctica.</u>

No la dejes como una cosa interesante más, que has leído en otro libro. Pues de nada servirá si lo dejas como teoría/filosofía y no lo pones en práctica. Algo muy común también en nuestros días.

Si estás leyendo este libro, no es una casualidad, como nada lo es en el mundo.

Si estás leyendo este libro, es porque verdaderamente quieres cambiar tu negocio, quieres saber qué puedes hacer más o dejar de hacer quizá, pues muchas veces no es lo que no haces sino lo que haces, lo que debes cambiar o tomarlo desde otro punto de vista, para conseguir grandes resultados en tu negocio y que éste te lleve al siguiente nivel de economía y de libertad para ti y los tuyos y que tenga este una Gran expansión, pues estoy seguro que todo ello o una combinación de lo anterior, es lo que queremos la gran mayoría ¿no es cierto?

De hecho, para finalizar ya con esta introducción de contarte sobre el porqué de la vital importancia que tiene este apartado en tu negocio para que lo tomes seriamente y antes de comenzar con todo lo interesante y apasionante de este tema (que seguro que estás ya deseando), déjame compartirte otra de mis frases favoritas.

Esta vez de la mano de *Jim Rohn*, millonario empresario y autor de grandes obras.

Ha sido uno de los mentores, no el único como algunas veces se lee por Internet, del famoso Coach Personal *Tony Robbins* (alguien del que también he tenido la suerte de Aprender directamente y el cual, más tarde, se convirtió en otro de mis Clientes) y conocido también, por ser uno de los más grandes propulsores de la mejora personal y en los Negocios. Así que creo que algo que enseñarnos tiene ¿No crees?

Aquí te dejo con esta maravillosa frase, que viene a hacer de estupendo broche para esta sección y continuar con la siguiente, que es donde viene todo lo más emocionante, donde vas a conocer, investigar e indagar, como un investigador o científico en su laboratorio, con tu Pensamiento, Creencias y tu Mentalidad y a ponerlo en práctica en el terreno de trabajo e implementación: tu Mente, tu Negocio.

Espero que la siguiente frase te deje reflexionando sobre todo lo anterior expuesto...

> *"La mejor recompensa de convertirte en Millonario no es la cantidad de dinero que ganes.*
>
> *Sino es, en la clase de persona en la que te tienes que convertir para llegar a serlo"*
>
> *Jim Rohn.*

Tu Enemigo "Silencioso" en los Negocios

Tu mente, esa maravillosa "máquina" de procesamiento mental, creativa, calculadora, perspicaz y otras muchas cosas más, que hacen que sea tu mejor aliado en el transcurso de tu vida, para tomar decisiones, aprender, memorizar y millones de cosas más, tan necesarias para tu día a día. Por lo que podríamos deducir, que tu mente es tu mejor aliado, tal y como comentamos al principio de este apartado.

Y en verdad así es.

Sin embargo, como todo en la vida, tiene dos caras y en verdad, puede ser nuestro mejor aliado para conseguir lo que queremos en nuestra vida e impulsarnos con sus capacidades hacia ello o ser el asesino más efectivo, eficaz y silencioso de nuestros sueños, de nuestros proyectos, de nuestros negocios y de nuestras vidas.

"¿Y cómo entonces algo tan increíble como mi mente, que en teoría está para ayudarme, puede hacerme esto a mí?

¿Cómo entonces, en vez de ayudarme, me sabotea y me lleva por un camino que no quiero, poniéndome trabas y obstáculos y hacer un doble creer cosas que quizás no son como tal?" -Te preguntarás

Pues esto tiene "fácil" explicación.

Y es que tu mente, no tiene vida propia como tal, aunque en parte sí, como para decidir por sí misma al 100 % de eficacia lo que es "bueno" o es "malo" *en verdad para ti.*

Primero, porque estos baremos de "bueno y malo", como siempre, son muy interpretables.

Estos dos polos aparentemente opuestos, son difíciles de categorizar al 100 % como tales en el 100 % de las ocasiones. Por lo que necesitas una *conciencia* "inteligente" que decida en qué momento es una cosa u otra. Y esa, mi estimado amigo, no es la última, única y holísticamente.

"¡Pero cómo! Entonces, si no hace esto ¿qué hace mi mente?" – te oigo preguntarte de forma inquieta

Tu mente, junto a tu cerebro como apuntaba anteriormente, se encarga de procesar, analizar, memorizar y varias cosas más y de tomar decisiones, es correcto. Sin embargo, no tiene la capacidad de juzgar en lo "más alto".

"¿Y entonces quién lo hace?"- adivino que respondes

Pues tú, amigo mío. Tú eres quien lo hace.

"Pero espera un momento… ¿Es que yo no soy mi mente?" -Puede que te preguntes.

En efecto, no.

Tú no eres tu mente al completo. Al igual que tú no eres tu estómago, tú no eres tu páncreas, tú no eres tú pulmones y tú, creo que tampoco eres un brazo. Todos esos, son órganos o partes de tu cuerpo y aun así no son tú, sino partes de ti.

No quiero meterme muy en profundidad en este tema en específico, pues aunque me apasiona, siento que, primero, no es el tema que nos acoge en este libro y segundo, tendría que explicar mucho más en profundidad todo lo anterior que he explicado de una forma muy superficial, con la intención de que solo captes la idea que quiero comunicar.

Mi pretensión con esto, era darte la idea, el concepto, de que *tu mente es una "parte" holística de tu cerebro*, una parte "en más alto estado" de tu cerebro y que efectivamente puede tomar decisiones y mi propósito era que pudieras observar y percibir que <u>hay "algo" más</u> <u>por "encima" de ello y que es el que verdaderamente toma las</u> <u>decisiones y ese eres tú, tu verdadero Tú. Tú eres el comandante, tú</u> <u>eres el jefe. Y que "por debajo", están los soldados a los cuales tú</u> <u>comandas.</u>

¿Sigues sin comprender del todo el concepto que te acabo de presentar?

Si es así, es normal, no te preocupes. Entiendo que es algo muy "abstracto" con lo que tratar y puede ser un tema escurridizo de comprender para nuestro cerebro, que no está acostumbrado a pensar en esos términos... Sin embargo, creo importante que comprendas esto, al menos en esencia, para lo que viene más adelante.

Y para ello… ¿Qué te parece un ejercicio para experimentarlo?

"¿Experimentarlo? ¿Puedo experimentar lo que me acabas de decir?" - Te oigo decir sorprendido.

Sí. Podemos hacer un ejercicio que puede darte una comprensión de lo anterior.

Muchas veces cuando lo hago, la persona tiene un "ajá" que le deja perplejo, como fue mi caso cuando lo hice y como mínimo, te dejará con una comprensión mayor, estoy seguro. Al menos te dejará con la idea – concepto en la cabeza.

Pues sí. Vamos a hacer un ejercicio para poner en práctica esto. Por ello, este libro es diferente a muchos que hay en la materia que son solamente teóricos.

¿No te ha pasado en alguna que otra ocasión que asistes a un curso o seminario, lees un libro y te deja con un buen sabor de boca, te comenta y trata temas muy interesantes, pero cuando sales del mismo o terminas el libro, te preguntas: "Ehhh... Y ahora cómo pongo esto en práctica en mi sistema de negocio o en mi día a día"?

Te ha pasado alguna vez. ¿No es así?

En mi caso, muchas, muchas veces.

¿Te gustaría saber cómo comencé a impartir Cursos? Pues precisamente, esta fue la razón por la que comencé a dar mis propios cursos y conferencias.

Asistía a infinidad de cursos de toda índole (siempre he sido un apasionado del Conocimiento), leía grandes cantidades de libros y documentos, asistía a una gran cantidad de seminarios y cuando salía de esos cursos entusiasmado con las "promesas" que me habían hecho sobre lo que obtendría, llegaba el final del curso y del fin de semana, y cuando me despertaba el Lunes por la mañana, me preguntaba:

"Ok, ¿y ahora qué narices hago? ¿Qué puedo Aplicar de esto en mi Vida o en mi Negocio? ¿Cómo puedo ponerlo en práctica para ver los resultados que decían en el libro/curso?"

Todas estas preguntas y varias más, inundaban y paralizaban mi mente por la mañana como una tormenta oscura que se avecinaba por encima de mi cabeza.

Y después de reflexionar, me daba cuenta de que no había mucho donde "rascar". No había mucho que poner a trabajar para mi negocio o para ayudar a otros.

Al principio, me echaba la culpa a mí mismo. "Bueno, no lo habré comprendido bien. Parecían tan inteligentes... y ellos son los "expertos...".

Sin embargo, ya con el tiempo, la madurez y más conocimiento, me di cuenta de que no era cuestión mía y/o de mi comprensión, pues el patrón, de una forma u otra se repetía una y otra vez y cuando no se repetía, que era en una minoría de ocasiones, me daba cuenta de que efectivamente no era yo, sino de que el contenido y la forma en que lo impartían, no era aplicable o práctico.

No hay mejor forma de saber qué es el Día, como experimentar la Noche.

Lo cual me llevó a pensar: "*Hay muchas cosas que no se están dando y menos, de una forma práctica. Así que si no lo hay o escasea, lo haré yo*".

Y así es cómo comencé a recopilar todos los mejores y más Efectivos conceptos, enseñanzas, tecnologías y técnicas que había aprendido durante años, los empaqueté y comencé a enseñarlos en Cursos y Seminarios presenciales o directamente a la empresa o negocio en sí.

Quería hacer algo que, verdaderamente, la persona pudiera al día siguiente o incluso en el mismo seminario, implementar, aplicar o tener una idea de cómo aplicar eso a sí mismo, a su Negocio o a su estrategia de Marketing.

Lo que significa que en este libro, tanto Mario como Yo mismo, hemos puesto toda nuestra intención y esfuerzo dirigido para que sea práctico. Incluso en un tema como este que, aunque hemos empezado con algo quizás poco tangible, vas a comprobar cómo más adelante, veremos conceptos y temas que vas a poder aplicar a tu negocio o empresa MUY TANGIBLES y palpables y que ves en tu día a día con tus clientes, con tu equipo y con tu Negocio en sí.

Vamos allá con este Sencillo pero Apasionante ejercicio sobre cómo "experimentar" que Tú eres "algo más allá" que tu cerebro y que tu mente y que estoy seguro, que no te dejará indiferente.

Quiero que cierres o los ojos, siempre ayuda, y te relajes por un momento. Para ello, toma un par de respiraciones profundas...

Bien. Una vez hecho, sólo quédate tranquilo y deja que los pensamientos vengan.

Tu mente, en poco más de unas décimas de segundo te mandará uno seguido de otros más, a no ser que seas un experto Gurú de la Meditación. Pero no hay inconveniente, déjalos que vengan y obsérvalos. No los juzgues, no los analices, sólo obsérvalos y *sé consciente* de ellos.

Estupendo. Puedes comprobar cómo tu mente te envía o está llena de pensamientos ahora mismo, ¿no es cierto? y los estás observando y dándote cuenta de ellos, ¿no es así?

Que si esto, que si aquello, etc. que si no estoy seguro de si lo estoy haciendo bien, qué debo hacer ahora, o cosas así. ¿Verdad?

IMPORTANTE. Antes de continuar leyendo lo siguiente, haz el ejercicio.

Ahora, en medio de todos esos pensamientos... Déjame preguntarte algo:

¿Quién está observando y dándose cuenta de esos pensamientos?

*Detente un momento a pensar en la respuesta antes de seguir adelante…

¡¡AJA!! Ahí tienes la respuesta a quién es "ese" que está por "encima" de tu mente y has podido comprobar que hay "algo" ahí, que está observando esos pensamientos.

No los ha creado, sino que los está observando desde una posición más elevada, como "observador"...

¡¡Increíble!! ¿No es cierto?

¿Qué te ha parecido? Toda una experiencia de consciencia de uno mismo, de quién o qué eres tú en Verdad. No tu cerebro, no tu páncreas, no tu estómago.

Resumiendo, lo que quiero decir es que tu mente necesita de TI para ser comandada, ahora que comprendes que hay una Verdadera diferencia y está separada.

Tu mente, necesita que tú la dirijas y le digas qué debe hacer y por dónde tiene que ir. Pues de lo contrario, como tiene capacidad de decisión también, como te comentaba anteriormente, Ella elegirá por ti.

Y normalmente no lo hace muy bien que digamos. ¿No es cierto?

Muchas veces nos mete en líos, en situaciones o toma decisiones, que en verdad no te gustan y que tú no hubieras elegido.

¿Ves? Aquí está el punto que quería que comprendieras. "El que Tú no lo hubieras elegido", conscientemente al menos, claro está.

Con esta frase anterior, nos hemos dado cuenta de que, efectivamente, si hubiese sido por TI, no habrías elegido eso que final y aparentemente "tú" has elegido y sin embargo no lo querías.

Eso nos dice que, a no ser que tengas un problema psicológico o mental y elijas y reacciones de una forma incoherente a lo que quieres, hay "algo" que no eres tú en verdad y ha decidido por Ti.

Y esa es nuestra mente junto con nuestro cerebro, pues tienen la capacidad para ello. Por lo que, si no es comandada y dirigida con mano afectuosa pero firme y bajo una constante vigilancia, hará lo que a ella le resulte más "fácil - cómodo" o a lo que está acostumbrada o lo que es lo mismo, *a lo que la has acostumbrado tú.*

No nos quitemos responsabilidad, porque así es .Pues ella es como un niño o como un soldado que hace lo que le decimos y/o a lo que le acostumbramos, nada más.

Y de nuevo, como si de un soldado o un niño se tratara, *una vez enseñado, dirigido y entrenado/acostumbrado a ciertas cosas, así responderá en sus acciones y decisiones* y aun así, como apuntaba antes, nunca podemos quitarle el ojo de encima y dejar de supervisar lo que hace, sobre todo al principio, hasta que veamos que es perfectamente autónomo.

Aunque como jefe, director o como comandante, no estaría de más que, aunque tenga y le demos **libre autonomía cuando ya ha sido bien entrenado**, supervisemos sus decisiones antes de que estas sean ejecutadas, aunque sea de vez en cuando.

Interesante todo esto. ¿No es así?

Ahora entiendes el por qué tu mente, puede ser tu mejor aliado y tu arma más poderosa, para llevarte a conseguir cualquier cosa que quieras en la vida, hacia tus objetivos y metas en tu negocio y hacia límites que ni siquiera te hayas imaginado. O, por el contrario, la peor de las herramientas o el enemigo más poderoso para sabotear tus sueños y tus proyectos, hasta hundirte literalmente.

"¿Y cómo hacer esto?"-Te puedes preguntar.

Ya lo sabes muy bien, tomando decisiones por ti, como antes veíamos, tomadas de otras decisiones que en el pasado has tomado y haciendo tus propios cálculos de lo que ella cree mejor para ti.

Como hemos visto antes, eso de lo "mejor para ti o bueno" es muy subjetivo y no fácil de equilibrar dependiendo de qué situaciones, pues como está tan arraigada en ti y es parte de ti, cree ser tú, pues tú, de forma inconsciente claro está, le has dado esa creencia y ese poder.

Por lo tanto, ella elige como bueno, lo que es bueno para ella y que, como antes exponíamos, muchas veces no es lo mejor para ti. ¿Verdad? Pues su elección de lo "bueno", está sujeta muchas veces a lo más fácil/más cómodo o a un montón de emociones de las que quiere huir como por ejemplo el miedo. Miedo a enfrentarse a una situación incómoda o desagradable.

Y aunque a nivel consciente, tu Yo sabe que lo mejor para ti es enfrentarte a esa situación para obtener después un resultado positivo, ella elige en muchos casos la respuesta más fácil y cómoda, que es, no enfrentarse a esa situación que le causa miedo o es incómoda, pues, de nuevo, es lo más fácil.

Y aunque no siempre toma las decisiones bajo estos baremos, de lo más fácil, de lo más rápido, de lo más cómodo, de no confrontación, de placer, etcétera. Sí me sirve como ejemplo para que te hagas una idea de cómo en gran parte y en la mayoría de las veces, tu mente elige por ti las decisiones que Tú, en teoría, deberías tomar y en base a qué y cómo, ella las elige o evita.

"Pero bueno ¿cómo es esto posible?"-Te preguntarás.

Primero porque es así como funciona tu mente y tu cerebro, así que no es culpa de nadie.

No busques un culpable nuevo al que señalar. Tampoco es culpa tuya, pues esto no lo sabías. ¿No es cierto?... Y además, es muy fácil "dejarse llevar" por el día a día y por esa *vocecita que nos susurra en el interior de nuestra cabeza y que decide por nosotros*.

No, no es tu culpa. Aun así, no es una cuestión de culpa, es una cuestión de responsabilidad. Y eso lo que tienes que tener y tomar desde ahora. Responsabilidad por tus decisiones.

¡Eres tú el que comanda tu vida! O… ¿Quizá no es así?

Déjame hacerte una pregunta y me gustaría que la respondieras.

No la respondas muy rápidamente. Quiero que la masculles dentro de ti. Quiero que pienses un poco acerca de ella antes de responder.

Ahí va la pregunta:

¿Quién verdaderamente manda en tu vida?

En serio. No respondas rápidamente. No respondas lo primero que te venga la cabeza.

En este apartado del libro, en el cual vas a estar conmigo, te voy a hacer cuestionarte y te voy hacer plantearte, nuevas cosas o cosas que ya tenías de por sí tomadas como "correctas" y te voy a llevar por un camino de descubrimiento en tu mentalidad de los negocios, que quizá no hayas visto y experimentado hasta ahora, gracias a "preguntas inteligentes", reflexiones y ejercicios que te voy a pedir que hagas, para que al final, tengas un gran resultado y tu mente y Tú, vayáis en una misma dirección hacia lo que quieres conseguir en tu negocio y que no te sabotee por el camino.

Así serás, un *empresario completo*, pues ya no sólo tendrás una empresa o negocio con el que lidiar, sino que tendrás **la mente que requiere un Verdadero Empresario** (tal como la de los más grandes Empresarios a nivel Mundial tienen) para llevar a su negocio físico u online o a su empresa, a lo más alto en todos los sentidos, humana, psicológica y económicamente.

Por ello quiero que hagas todos los ejercicios que te propongo y reflexiones en todos los apartados que te expongo. <u>Pues la única forma de que haya un cambio en tu vida y en tu negocio, es haciendo</u>, no solamente con ideas inteligentes o filosofías o conceptos que escuches, leas y/o te digas: "esto es muy interesante" y nada más. Con eso nunca se cambia.

La gente dice que el conocimiento es poder. Bueno, es una parte de verdad, pero sólo una parte. **El conocimiento en sí no es nada,** es filosofía, y la filosofía, filosofía es.

"¿Pero cómo que no?"-Te oigo decir – "Siempre he oído que el conocimiento es poder."

No es del todo así. A esa afirmación, le falta una parte de la ecuación.

El Conocimiento, es poder <u>en potencia.</u> Lo que significa que tiene la potencialidad de ser poder.

Sin embargo, sin la ACCION, se quedará de nuevo en filosofía.

Y esto en los negocios no lleva a mucho, por no decir casi a ninguna parte. Lo que significa que el conocimiento es muy bueno, no me mal entiendas, soy un defensor acérrimo y un Apasionado del conocimiento y el constante aprendizaje.

Es sólo que el conocimiento sin la acción es poco más que nada en los negocios, al igual que en la vida, se podría decir.

Te insisto con todo esto, porque quiero que comprendas la importancia de que no sólo leas sin más este libro y luego lo dejes en tu mesita de noche o en tu librería diciendo: "¡Qué libro más interesante! Hay muchas grandes ideas que me pueden servir para mi negocio o empresa" y luego no hagas nada.

Sino que según vayas adquiriendo este conocimiento, ponlo en práctica de la forma más inmediata posible, todas las estrategias y ejercicios que tanto mi estimado amigo y socio de negocios Mario como Yo, te proponemos.

Así que, quiero que detengas la lectura por un momento y antes de pasar a la siguiente página, te plantees seriamente la pregunta que te hecho con anterioridad y te la respondas:

¿Quién verdaderamente manda/dirige en tu vida?

¿Ya has respondido a la pregunta?

¿Qué te ha parecido la respuesta?

Si ha sido una respuesta meditada, después de una buena reflexión y no anticipada, estoy seguro de que habrá sido muy interesante la respuesta que te has dado a ti mismo.

> *"Hemos sido por tanto tiempo no el comandante o el jefe de nuestras vidas, que hasta se nos ha olvidado quién es el Verdadero jefe"*

No sé cuál habrá sido tu respuesta en tu caso particular. Sin embargo, conozco la respuesta de decenas y decenas de personas a las que he preguntado lo mismo y que al final todas, quitando algo de "paja" de por medio, van a un mismo lugar….

Y es que la cuestión es bastante más grave de lo que parece.

"¿Por qué bastante grave?"-Te preguntarás.

Pues es bastante grave porque, **no hemos sido por tanto tiempo el comandante o el jefe de nuestras vidas, que hasta se nos ha olvidado quién es el jefe**.

Déjame ponerte un ejemplo que siempre pongo en todas mis conferencias, cursos o sesiones de Neuro-Coaching personal, cuando quiero ejemplificar esto una forma más palpable y clarificadora.

Y es que, hemos dejado o hemos sido tanto tiempo inconscientes de esto, que no sabemos quién verdaderamente dirige el coche o carruaje, si el cochero o el caballo.

Hemos dejado tanto tiempo, por tan largo tiempo, el control del coche al caballo, hemos dejado que vaya por donde quiera, que haga lo que quiera, que tome el camino que él crea conveniente o que le apetezca, que verdaderamente ya se ha adueñado del carruaje…

Y se nos ha olvidado, que hay un cochero, que es el que, en teoría, *debería dirigir al caballo por dónde tiene que ir al carruaje, y no al revés.*

Y claro, le hemos dejado tanto tiempo tener las riendas y ser el dueño del carruaje, que ahora o en los momentos en los que queremos tomar las riendas y ser los pilotos y el verdadero conductor de nuestro carruaje, se comporta como un niño rebelde y malcriado, que casi se vuelve hacia nosotros y nos hace un corte de mangas, revelándose contra esas nuevas órdenes que, para nada le hacen gracia, pues ya está acostumbrado a tener él siempre el control.

Por ello, una vez más, déjame preguntarte algo para que lo contestes de una forma auténtica y honesta:

¿Quién maneja el carruaje de tu vida, el cochero o el caballo?

Si tu respuesta honesta ha sido el caballo, no te sientas mal.

Al igual que la tuya, es la respuesta del más del 96 % de las personas que conozco o con las que he tenido oportunidad de hablar o trabajar, tanto a nivel personal como empresarial.

Por desgracia, es de lo más normal.

Aun así, tengo una Gran Noticia muy Positiva para ti.

El haberte dado cuenta de esto, el que hayas sido consciente de ello, hace un antes y un después.

Esto ha hecho que se abra una grieta muy grande que nunca volverá atrás, para que esto no siga así.

<u>El hecho de ser consciente de esto, va a hacer que puedas empezar a recuperar tu poder y así, poder ser el que verdaderamente dirige tu vida</u> y que el caballo solamente sea la maquinaria que te ayuda a llegar adonde te has propuesto, sea lo que sea, lo que esto signifique para ti.

"Hemos dejado o hemos sido tanto tiempo inconscientes de esto, que no sabemos quién verdaderamente dirige el coche o carruaje, si el cochero o el caballo. Hemos dejado tanto tiempo, por tan largo tiempo, el control del coche al caballo, hemos dejado que vaya por donde quiera, que haga lo que plazca, que tome el camino que él crea conveniente o que le apetezca; que verdaderamente ya se ha adueñado del carruaje... Y se nos ha olvidado, que hay un cochero que es el que en verdad debería dirigir al caballo, por donde tiene que ir el carruaje y no al revés."

¡Si Quieres Conseguir Trabajo, Habla con el Jefe, no con la Señora de la Limpieza!

La Mente Consciente y la Mente Inconsciente

Las Artes Marciales siempre han sido una de mis grandes pasiones y amores.

Respetaba y admiraba a mis Maestros y todo esto, pasión, amor, admiración y otras muchas cosas más, me provocaban estar en un estado constante de aprendizaje, lo cual siempre me hacía estar alerta de nuevas enseñanzas que salieran de mis Maestros y Mentores.

Recuerdo que hace muchos años, cuando practicaba un Arte Marcial milenario llamado "Ninpo TaiJutsu", una de las cuatro Artes Marciales en las que tengo el orgullo de ser Instructor, tenía un buen profesor que ya me enseñaba este concepto que quiero compartir contigo.

De forma simpática, me explicaba con esta frase un concepto tan interesante y tan sutil que si no ahondas en él, es fácil que se te escurra de las manos como el agua.

"¡Si Quieres Conseguir Trabajo, Habla con el Jefe, no con la Señora de la Limpieza!" - exclamó un día mientras teníamos otra de nuestras largas e innumerables charlas sobre las Artes Marciales y todo lo que las rodeaba.

Y en verdad, esta frase tiene muchísima razón, encierra una gran verdad en ella, además de ser un buen ejemplo para lo que vamos a ver a continuación. Déjame que te explique…

Desde hace varios años de mi vida, otra de mis pasiones es el estudio del cerebro y del comportamiento humano. Lo que me ha llevado a estudiar Neurociencia, Neurobiología y Psicología del comportamiento entre otros.

Según estudios, como ya habrás oído anteriormente, la mente se divide en dos: Mente Consciente y Mente Inconsciente o Subconsciente como la llaman otros también.

Aunque no vamos a tratar aquí este tipo de temas, ya que nos estamos encargando más concretamente del apartado o área de los negocios.

Baste decir a modo de simplificarlo, que la mente consciente, es la parte de la mente en la que tú tienes consciencia y con la que, valga la redundancia, conscientemente eliges qué hacer o qué no hacer. Haces planes, sopesas, haces cálculos y demás, como ya sabes.

Y la mente inconsciente, es la que se encarga de todo lo demás. De controlar todo tu cuerpo a nivel interno y todo el vasto campo que conlleva ello, las emociones como el miedo, inseguridad, incertidumbre, etc. y muchas de las reacciones y emociones y también, como veíamos anteriormente, tiene el poder de decidir en tu vida, en base a toda la información que has recibido y otras muchísimas cosas más.

Para que te hagas una idea, la mente consciente puede registrar y manejar alrededor de **40 bits** de toda la información que está a nuestro alrededor. En cambio, la mente inconsciente, es capaz de registrar y manejar alrededor de **¡¡varios millones de bits!!**

De hecho, según estudios, nuestra parte consciente es alrededor de un 5 % (hay estudios que dicen que es menos aún) y nuestra parte inconsciente, es de alrededor del 95 %.

Es más, se ha demostrado en muchos experimentos, que conscientemente no podemos hacer bien más de dos cosas al mismo tiempo. Lo siento si eres de los que crees que eres "multitarea" y que rindes igual. Siento decirte que no es así.

Se ha demostrado que, dependiendo del individuo, el promedio máximo de diferentes cosas que se pueden hacer al mismo tiempo es de 1 a 3, bajando la efectividad, eficacia y rendimiento en más de un 40 % cuando hacemos una segunda cosa al mismo tiempo.

Sin embargo de forma inconsciente, podemos hacer muchas más.

Por lo que me pregunto, ¿Qué narices estamos haciendo, intentando hacer todo de forma consciente?

Intentamos planificar metas, objetivos, tener medido esto y aquello, planificar X, sopesar, analizar, planificar qué y cómo hacer/conseguir, planificar conscientemente todo lo que podemos…

No me mal entiendas, soy un gran defensor de la planificación. Soy de los que piensan: "la mejor forma de fracasar, es no tener un Plan". Soy un gran creyente de hacer una estrategia, una planificación para llegar a X objetivo o conseguir X o tal cosa. Ponerme metas y objetivos con un "mapa del tesoro" a seguir, que me vaya guiando en los pasos que debería tomar.

Créeme cuando te digo que es así. Me encanta y conozco el poder de ello.

De hecho, en mi experiencia como Neuro-Coach de Negocios y como Coach Personal, junto a muchas personas que contactan conmigo para que les asesore o les sirva como coach en sus vidas o sus empresas, siempre, siempre, siempre les aconsejo y trabajamos en una planificación que les lleve a conseguir aquello que se han propuesto.

Sin embargo, no podemos obviar todos los datos y evidencias que se han comprobado a lo largo de los años y que he mencionado más arriba. Por lo que sigo preguntándome: **¿Qué narices estamos haciendo, intentando hacer todo de forma consciente?**

Recuerda que la planificación, es parte de la parte consciente. Por lo que estamos echando mano de sólo el 5 % como máximo, de todos nuestros recursos.

Por lo que te repito la frase que decía mi profesor de Artes Marciales: "*¡Si quieres conseguir trabajo, habla con el jefe, no con la señora de la limpieza!*".

Lo que significa que, si queremos hacer algo para conseguir un resultado en nuestra vida o con nuestro negocio, ¿por qué narices hablarle y solo tener en cuenta a la persona de la limpieza, a ese 5 %?

¿No sería mejor acaso, ir con el que verdaderamente controla casi todo, con el jefe?

"Bueno Miguel, ¿sabes qué? Todo esto me parece muy interesante y creo que los estudios estarán en lo correcto, pues para algo son estudios que se han comprobado bajo experimentos y demás" -me dirás- "aun así, tengo mis dudas de que esto sea así en mi vida o en mi persona."

Te entiendo perfectamente en tu pequeño escepticismo inicial.

¿Te gustaría que te diera un ejemplo más claro y no con estudios, sino con tu propia vida para que puedas verlo, experimentarlo y entender la veracidad de estos estudios y cómo se aplican a ti?

Por mí, encantado.

Vamos a poner un ejemplo de lo más sencillo con el que te vas a dar rápidamente cuenta de lo que estamos hablando.

Imagina que es 1 de enero y te propones, como todos los años, hacer algo nuevo y diferente para comenzar bien el año.

¿Qué puede ser en tu caso?

Te propones hacer más ejercicio, quizá dejar de fumar, bajar de peso, estudiar inglés… Lo que sea.

Digamos que has escogido estudiar inglés, cosa que ya has comenzado mal.

"¿Queeé? ¿Por qué?"-Te preguntarás.

Pues porque en principio deberías proponerte Aprender inglés, no estudiar inglés.

¿Entiendes la diferencia semántica de esta frase? *Sutil*…y MUY IMPORTANTE.

Bien, aunque no es el contenido al que nos vamos a dedicar en este libro, es algo que trato en otros de mis libros como "Los 7 Minutos para Cambiar Tu Vida" y otros, pero quería que lo tuvieras esto en cuenta, pues es algo que merece la pena que tengas en mente, que **solo una palabra o una frase y tal como te la pongas en tu mente y como objetivo, cambiará radicalmente tu forma de planteártela y de tomar acción.**

Seguimos con nuestro ejemplo de que quieres y te has propuesto Aprender inglés el 1 de enero, para este año.

Comienzas a buscar escuelas, para cuadrar sus horarios con tus horas libres de trabajo, ves y escuchas a diferentes profesores, buscas referencias en Internet sobre las mejores escuelas, etc.

Sopesas también la idea de hacerlo por ti mismo, por tu cuenta, buscas los mejores métodos para aprender por uno mismo en Internet, buscas información de un profesor particular y ves sus precios, y finalmente, analizas cuál de los dos métodos te saldría más caro o más económico y cuál te daría mejor resultado.

Haces un planning de días y horas que le vas a dedicar a la semana, cuánto deberías estar entendiendo dentro de un mes, tres meses y todos lo demás.

¡Estupendo! ¿Verdad?

Llega el día de presentarte a la escuela o de ponerte con ese método que al final has encontrado para estudiar por tu cuenta o con ese profesor nativo que te va a dar clases particulares y comienzas muy entusiasmado.

"¡Qué bien! Voy aprender inglés"-te dices a ti mismo.

Y un día, más pronto o más tarde, normalmente más pronto que tarde, decides no ir.

Te dices a ti mismo que estás cansado, que has tenido mucho trabajo, que no vale la pena, que no ves progresos… Y comienzas a sentirte desganado y a no querer ir más.

Lo mismo pasa con el ejemplo eterno de bajar de peso.

Miras gimnasios, sopesas precios y la calidad de las instalaciones, piensas qué actividad te gustaría hacer y cuál es la más efectiva para bajar de peso, te haces un planning de ejercicios, te propones ir x días a la semana durante x horas, haces un plan de dieta y vas todo entusiasmado.

Sin embargo, un día sin más, comienzas de nuevo a no tener ganas de ir, sin motivación, no te apetece, comienzas a saltarte la dieta y mil y una cosas más.

¿Te suena de algo?

Has hecho cantidad de planes, sopesado varias ideas y calculado un montón de variantes y opciones y después de haber hecho toda una estrategia para conseguir tu propósito, algo dentro de ti, te ha saboteado.

"Algo" dentro de ti, no te ha llevado hacia el camino que habías planeado. Por lo que toda tu planificación, tu estrategia y demás, se ha ido a la basura y sigues estando poco más allá de donde estabas el día 1 de enero.

Estoy seguro de este ejemplo te ha hecho entender y darte cuenta de que sólo contar con la parte consciente no es suficiente.

¿Importante?

Sí, muy importante. Sin embargo, no suficiente.

Si no contamos con nuestra parte inconsciente, que es el otro 95 %, de una forma u otra nos sacará de nuestros planes y finalmente no conseguiremos lo que nos hemos propuesto, sea bajar de peso, sea aprender inglés o sea incrementar nuestros beneficios y nuestras ventas.

Todo es lo mismo. Así que, o nos comunicamos directamente con el jefe para que todos vayamos remando en un mismo sentido o ganará siempre él, sí o sí.

Recuerda, **tu parte sólo es un 5 % contra su parte que es el 95 %**.

Tú decides si le quieres tener en tu equipo o no y si crees que necesario tenerle contigo y de tu parte o no. Pero eso sí, una vez decidas, debes decirlo alto y claro ¿no es cierto?

¡Vaya muy Interesante! Todo esto es muy revelador.

"Entiendo ahora la importancia de todo ello y sí, es algo que debo tener en cuenta urgentemente" - puede que te digas a ti mismo – "Sin embargo, ¿cómo hago esto? ¿Cómo hago para trabajar al unísono con mi parte inconsciente y que no me sabotee por el camino para llegar hacia la meta u objetivo que me propuesto en mi vida o mi Negocio o Empresa?"

Me alegra muchísimo que me hagas esta pregunta, en serio.

Me alegra mucho cuando alguien se plantea el "cómo" puede hacer algo. Pues yo no sé tú, pero yo, como te decía anteriormente, me harté de que me dijeran "Qués" y no me dijeran "Cómos" (y ahí es cuando comencé a hacer y enseñar con mis propios cursos).

Y es por ello que me alegra y por lo que este libro es diferente a muchos libros que hay alrededor de este tipo de materias sobre negocios, que te dicen mucho sobre qué hacer o que deberías hacer, pero pocos o ninguno cómo hacerlo. Y menos aún, un libro que te diga cómo trabajar la Mentalidad necesaria en los Negocios. Esto es algo que lo hace casi *único*, por lo que aquí sí que lo vamos a tratar.

Ahora sólo te estoy dando las bases y los conceptos para que comprendas el porqué de la importancia de todo esto, de lo cual ya te estás dando cuenta y por dónde vamos a ir. Y después, en los siguientes capítulos, iremos al cómo podemos hacer todo esto. Ya verás, va ser un viaje Apasionante y Revelador.

Toma las riendas de tu vida.

Bien, por todo lo que hemos tratado en el apartado anterior y todo lo que hemos visto, te habrás dado cuenta de cuán importante es tomar las riendas de tu vida y tomar el control de ti mismo y de tu mente.

Como en el ejemplo que veíamos, el cual me parece muy correcto para usarlo como ejemplo, quiero que dejes de ser la marioneta de ti mismo, que no dejes ir al caballo por donde quiera y ser tú el director del coche, el que verdaderamente toma las riendas, el que en verdad tiene las riendas.

No dejes que ese niño malcriado, que has malcriado tú, por supuesto, te maneje. Has de tomar totalmente la responsabilidad, como decíamos también anteriormente.

No es culpa tuya, claro está. No tenías este conocimiento, al menos a nivel consciente. Has hecho lo mejor que has podido con el conocimiento y las herramientas que has tenido hasta ahora.

Sin embargo, ahora que tienes este conocimiento y vas a tener las herramientas, es tu responsabilidad hacer algo al respecto, tomar cartas en el asunto, tomar las riendas de tu vida de una vez por todas y cambiarlo.

Y esto no es diferente. Así que llegó la hora. **¡Reclama tu poder!**

Reclama el derecho a dirigir este gran y eficiente coche que tienes, este coche que es tuyo por derecho, que te ha dado Dios, el Universo, la Energía, o cualquier otra creencia que tengas, eso es indiferente.

Pero es tuyo, así que dirígelo tú. Reclama el poder de lo que es tuyo. No seas una marioneta o un títere que sólo se deje llevar por las situaciones, experiencias o necesidades básicas.

"¿Y qué hay entonces de la fluidez?" -me preguntarás.

Mira. Aunque aquí no vamos a tratar cierto tipo de temas más "filosóficos o internos", es inevitable nadar dentro de un tipo de tema un poco más interno de la vida, aunque estemos tratando de negocios. Pues en verdad, como todo empresario o emprendedor que se precie, sabes que al final, los negocios y la vida son casi lo mismo.

Las grandes personalidades dentro de los negocios saben esto, que *la vida y los negocios están intrínsecamente relacionados* y que se tratan de maneras muy similares, por no decir casi idénticas. Aunque, por supuesto, hay pequeñas excepciones, como es lógico.

Y ahora vamos a tu pregunta. ¿Qué hay de la fluidez entonces? ¿Qué hay sobre ir fluyendo en la vida?

La fluidez, es algo que yo tenía muy presente en mi vida hace varios años. Eso no quiere decir que hoy por hoy la haya desterrado. Por supuesto la sigo teniendo en cuenta, porque *la fluidez es importante tenerla en cuenta*.

No se puede estar estancado o ser como un trozo de madera rígido. No se puede ser como este juguete de niños, que es una especie de puzzle con figuras geométricas, por los cuales tienes que meter piezas de la misma forma geométrica. Y no podemos meter por el hueco del cuadrado, la figura del triángulo. No hay que ser rígido, hay que amoldarse y ser fluido por supuesto, adaptarse.

No me refiero a eso.

La fluidez y la adaptabilidad, no solamente son importantes en la vida, sino también en los negocios.

Es vital que fluyamos con la economía, con los mercados, con las nuevas tecnologías, con las tendencias que marca la vida y los clientes y con todo lo demás.

Sin embargo, hay que tomar una determinación también, porque la fluidez importante, pero hay gente que la lleva al extremo tal, que dicen, "yo vivo en el día a día".

Si quieres mantener esto en tu vida personal como concepto, lo respeto. No lo comparto, pues es una forma limitada de vivir, aunque parezca todo lo contrario. Pues se están cerrando con ello, opciones y sobre todo posibilidades, aunque parezca todo lo contrario, que estamos abiertos a que surja cualquier cosa, luego ese concepto no se ajusta totalmente a la realidad de la vida.

Aun así, como te decía, lo respeto sin problemas. Cada uno es libre de hacer con su vida lo que quiera, faltaría más.

Sin embargo, en los negocios esto no funciona.

Como seguramente ya sabrás si verdaderamente eres un empresario/emprendedor serio, se puede fluir en un negocio, sin embargo no se puede vivir en el día a día. Hacerlo, es la muerte de cualquier empresa o negocio. El "bueno, vamos tirando, vamos yendo según va surgiendo el día a día, vamos yendo según van surgiendo las cosas…" ¿Te suena de algo?

Por desgracia, me encuentro más empresarios y emprendedores de los que me gustaría, con este tipo de actitud/filosofía frente a los negocios.

Al igual que tratan su vida y viven en el día a día según va surgiendo las cosas, tratan a sus negocios y por ello, así les va como les va.

Sí, efectivamente, la fluidez es importante, sin embargo no debes tomarla como el principal "concepto" en tu negocio, sino, como veíamos anteriormente, debes tomar las riendas y ser el que dirige hacia dónde quieres que se dirija tu empresa o negocio.

"¿Y cómo hago eso?" - quizá te preguntes.

Tomar las riendas no es otra cosa que, aparte de la actitud, tener PLA-NI-FI-CA-CION.

Planifica. Ten un plan.

Hay una frase famosa que dice: *Una de las mejores formas para fallar, es no tener un plan*

Te cuento una historia personal muy breve, que me hizo darme cuenta de hasta qué punto era importante este tipo de concepto entre fluidez y planificación.

Como te contaba anteriormente, soy instructor de Artes Marciales. No sólo soy un profesor, sino también un eterno estudiante que *Ama las Artes Marciales*.

He practicado más de 22 artes marciales diferentes (sí, hay más de 22 Artes Marciales, ¡muchas más!) y no solamente las he practicado, las he estudiado a fondo.

Me encantaba estudiar todo lo relacionado con ello, me empapaba de su historia, de su filosofía, de sus grandes ancestros, de cómo y por qué fueron creadas, de cuáles eran sus especialidades, de por qué se habían especializado en ello, cuáles eran sus secretos, sus virtudes y sus deficiencias, cuáles eran sus tácticas, estrategias y su mentalidad a la hora del combate... Era y es, todo una pasión para mí.

De hecho, mis amigos, en tono jocoso, se referían a mí sobre ello, como, "Una enciclopedia con patas de las Artes Marciales".

Cuando comencé, hace ya más de 18 años en el mundo de las Artes Marciales, era poco más que un niño.

En toda mi niñez y adolescencia, incluso más allá, siempre me tomaba las cosas al pie de la letra.

Recuerdo que de muy joven comencé a trabajar, si no recuerdo mal, a los 15 años. Y en este primer trabajo, en los descansos, mientras comía, me llevaba un libro sobre un Arte Marcial que estaba practicando en ese momento. Un libro sobre los grandes maestros. Era uno de los libros que más ha impactado mi Vida.

Era un libro, con un montón de técnicas y sobre todo de conceptos sobre el Arte Marcial que por aquel entonces estaba practicando.

Era totalmente apasionante, con un montón de historias y de conceptos que estaba muy lejos de comprender, pues hablaban para un entendimiento y mentalidad que por aquel entonces todavía no tenía.

Sin embargo, me apasionaban las historias, la filosofía y los temas que trataba y cómo eran tratados. Es una de las cosas maravillosas de las artes marciales, toda la estructura interna, toda la riqueza interior, toda la filosofía y conceptos que manejan.

Por desgracia, la gente, como es lógico, sólo ve la parte externa. Sólo ve la parte de los golpes, patadas y demás. Lo cual hace que sólo parezca algo físico, además de agresivo. Pero la verdad, es que no tiene nada que ver con eso. Eso es sólo la punta del iceberg, la que se ve, la que asoma.

Lo que no se ve, son todas las cosas que te da la práctica de las Artes Marciales.

No se ven cosas y conceptos, algunos de ellos ya olvidados hoy, como el Compañerismo, la Amistad, la Lealtad, Honor…

"¿Lealtad?, ¿Honor? ¿Qué es eso?"

Responsabilidad, Juicio, Dedicación, Pasión, Disciplina, Respeto, mejor conocimiento de ti mismo y de tus posibilidades, Espiritualidad y podría seguir con muchos más…

Quizá ahora entiendas, por qué las amo tanto y han sido tan importantes en mi vida, pues hizo de mí un niño y hoy en día un hombre que, quizá sin ellas, estoy seguro de que hubiera sido hoy, una persona totalmente diferente. Por eso, siempre les estaré tan agradecido a las Artes Marciales.

La cuestión y por lo que venía todo esto, es que este libro, que leía en los descansos repetidamente, una y otra vez (creo haberlo leído más de nueve veces) manejaba conceptos y palabras que dada mi juventud no comprendía, pues trataba temas internos, filosóficos, conceptos tácticos y sobre la mentalidad, la actitud y el corazón de un guerrero.

Sí, hablaba mucho del corazón del guerrero, algo que en verdad, me tenía totalmente ensimismado.

Intentaba comprender, pero aunque no lo entendía todo dada mi juventud de aquel entonces, eso no me quitaba las ganas de seguir leyéndolo una y otra vez y seguir aprendiendo, hasta que en algún momento dado lo comprendiera, *pues yo o mi mente hubiera crecido en compresión, conocimiento y/o aceptación.*

Y recuerdo hoy, con una sonrisa que se esboza en mis labios, conforme lo recuerdo, que había un apartado que decía: "para comprender verdaderamente este libro y descubrir sus secretos, hay que leer entre líneas".

¡Te vas a reír!. Pues efectivamente, ahí me veías mientras comía ensimismado con la lectura, buscando desesperadamente los secretos, ¡¡LITERALMENTE entre las líneas de los párrafos!!

Te lo digo totalmente en serio, ¡así lo hacía!. Sí, yo también me estoy riendo ahora mismo.

De hecho, te vas a reír más aún y no te lo vas a creer, por que desenfocaba la vista para leer, pues creía que era un truco, ya que el Arte Marcial que practicada por aquel entonces y del que trataba el libro, era un sistema que tenía muchos trucos y que jugaba y engañaba la mente del adversario.

Y como yo sabía esto, pues trataba de una forma o de otra de buscarle el truco o la vuelta para poder vislumbrar esos secretos que decía que contenía ese "mágico" libro. Y me decía a mí mismo, "hummm… Seguro que esto tiene algún truco, pero me estoy perdiendo y no sé cómo hacerlo. Pero sea como sea, lo haré".

Mi intención era entrever todos los secretos que prometía ese libro, también llevado por la magia del cine de aquel entonces y esa maravillosa ingenuidad de la infancia o adolescencia, que te hace creer en la magia y otras muchas cosas que, por desgracia, cuando somos mayores y nos hacemos adultos, perdemos. Cosa que no deberías permitir, pues ser un poco niño, te va hacer estar en contacto con esa ilusión y esa creatividad, algo muy importante en los negocios y más en el siglo que estamos.

No sé si te has dado cuenta, pero en el siglo pasado era todo trabajo duro y perfeccionismo. Sin embargo, en este siglo, lo que más se premia y por lo que más se paga no es precisamente eso, es valorado sí, sin embargo, <u>lo que más se busca, se premia y se valora en este siglo es la creatividad, las ideas nuevas, la innovación, soluciones creativas</u> y todo ese tipo de cosas que lo rodean. ¿No es cierto?

Sólo tienes que mirar alrededor, para darte cuenta de ello, por lo que, de vez en cuando, saca "tu niño" a pasear.

"Pero yo ya no soy un niño, eso lo dejé atrás. Soy un adulto y no tengo tiempo para jugar y debo tomarme las cosas como un adulto, las cosas hay que tomárselas en serio" - quizás estés pensando.

Si ese es tu pensamiento, te invito y te aconsejo a que lo cambies ¡desde ya!

Por todo lo que te comentaba anteriormente, si este es tu concepto de cómo actúas, deberías cambiarlo para obtener las ideas y formas que se valoran en este siglo en el que estás.

No puedes vivir en el pasado o de lo contrario morirás junto con tu negocio o tu empresa.

No estoy diciendo que debas hacer idioteces o que actúes de forma irresponsable o inmadura, ni que tomes decisiones sin sopesarlas y de forma impulsiva. Nada más lejos de mi intención. No es el punto que estoy tratando de exponerte.

Se puede actuar de forma madura y responsable, dejando salir la mentalidad juguetona y la creatividad de un niño. Pues cuando uno tiene la mentalidad juguetona, curiosa, abierta, creativa y creyente en posibilidades, encuentra formas de solucionar y hacer cosas totalmente diferentes y quizás que hasta ahora nunca hemos hecho o no nos hemos planteado.

Esto te puede ayudar en muchas ocasiones a solucionar problemas en tu negocio o para crear nuevos proyectos, productos o servicios.

Debes estar abierto y receptivo a nuevas ideas y formas de nuestro tiempo y de los clientes actuales y no estancarte en ideas antiguas que ya no están funcionando, por mantener esa mentalidad anticuada de, "esto es lo que le gustaba la gente antes, esto es lo que siempre he hecho, esto es lo que siempre vendido, esto es lo que me han enseñado, esto es lo que sé hacer bien…"

La vida se mueve, mi querido lector. Está en constante evolución y movimiento y para ello, la adaptabilidad y la creatividad de soluciones a problemas y servicios, es vital en este siglo en que estamos.

Cuando somos muy serios en nuestra forma de pensamiento en los negocios, no vemos lo que verdaderamente está pasando, pues nos arreglamos a lo que nosotros creemos como verdad. Y al no tener esa actitud "curiosa", ni investigamos nuevas formas de hacer cosas, ni investigamos verdaderamente lo que está pasando a nuestro alrededor. *Lo cual hace que estemos en una burbuja y que un día nos despertemos preguntándonos qué narices ha pasado, por qué la gente cambiado tanto y por qué ya nadie nos compra…*

¿Te suena Familiar?

Si quieres que tu negocio o tu empresa sobrevivan hoy en día, debes cultivar esto y empezar a tomarlo en cuenta y ponerlo en práctica desde ahora mismo.

La cuestión, volviendo al libro que leía cuando era adolescente, es que lo intentaba y lo intentaba, pero nada, no había manera. Aun así seguía, pues podía más mi pasión por descubrir sus "secretos", que la frustración y la confusión que me creaba el no encontrarlos.

Sin embargo me decía, "*bueno, creo que hay algo que me estoy perdiendo y que no comprendo ahora. Pero más tarde o más pronto lo descubriré*".

Lo que nos lleva a lo que te quería contar/ejemplificar con esta historia.

El cómo ciertos conceptos, los he llevado a mi vida personal, a situaciones extremas o al pie de la letra. Y uno de ellos, el concepto de la fluidez, pues en las artes marciales, se maneja mucho este concepto de la fluidez de mentalidad, de movilidad y de pensamiento, para tener una mejor respuesta tanto mental como física y fluir/responder con la respuesta del adversario.

Y ese concepto, lo llevé a todas las áreas de mi vida. Y con los años, comencé a estudiar filosofía oriental, en la cual, también está muy presente el concepto de la fluidez. Lo cual hizo, que todavía se arraigara más eso, en mi forma de pensar y por ende, de Ser pues, como explico mucho mejor y con más detalle en el libro, *"Los 7 minutos para cambiar tu vida"*, así como piensas, generas un comportamiento, con ello una personalidad y por ende, tu Ser.

Interesante ¿No es así?

Así que llevé este concepto de la fluidez a todo en mi vida y cada vez que oía a alguien hablar sobre ponerse metas y objetivos, lo calificaba como algo rígido, algo que es inamovible, algo que no estaba fluyendo porque era algo rígido y directo.

Para mí era una línea recta y no una línea fluida con curvas que se adaptaba al camino. No era algo flexible para mí, pues había arraigado demasiado en mi vida este concepto de las artes marciales de la fluidez. Para mí era mi vida, yo comía, dormía, respiraba Artes Marciales.

Era mi vida y formaba parte de lo que era, y por desgracia, no juzgaba y no fluía con la vida, no me daba cuenta de que no estaba fluyendo en verdad.

Lo estaba tomando al pie de la letra, a rajatabla, o sea, algo rígido. Pero mi juventud y mi falta de madurez, como es lógico por aquel entonces, hacían que no me diera cuenta de ello. Y no tenía <u>la sana costumbre que tengo hoy en día, que es la introspección y la reflexión.</u>

Algo que te aconsejo que hagas con todas las cosas que estés haciendo la vida y en tus negocios.

Reflexiona sobre lo que estás haciendo y cómo lo estás haciendo. Es la mejor forma y la más positiva para llegar al camino que quieras y no sólo porque tú la has ideado es la mejor, sino verdaderamente reflexiona y quítate de la ecuación.

Deja el ego a un lado, pues de lo contrario, siempre creerás que estás en lo correcto o que estás haciendo lo correcto.

Es sólo cuando nos quitamos de la ecuación cuando lo vemos y lo tratamos desde fuera del ego, cuando nos damos cuenta y podemos juzgar más correcta, sabia e inteligentemente.

Esto pasa también cuando es tratado desde fuera, o sea, cuando tus clientes y tus trabajadores, son los que se dan cuenta de las cosas que no funcionan o que te pasas haciendo incorrectamente, antes que nosotros.

Y esto sucede, precisamente porque lo ves desde tu punto de vista sólo o desde tu ego.

Sería muy positivo para tu negocio, si ves que no puedes quitarte de la ecuación y tener un juicio verdaderamente neutral sobre lo que estás haciendo y cómo lo estás haciendo sin que tú mismo te interpongas, lo cual no es sencillo, que siempre te dejes guiar por las opiniones y lo que dicen de ti, de tus servicios y/o productos, tus empleados y tus clientes.

Haz encuestas para tus clientes, reúnete de vez en cuando con tus empleados y pídeles su sincera opinión.

Y si eres un Líder y no un jefe (en un apartado posterior vamos a tratar la diferencia entre un líder y un jefe, algo apasionante y muy revelador, ya lo verás), compartirán contigo sus ideas y experiencias y esto, junto con tu conocimiento y tus ideas, harán que tu negocio, sea del tipo que sea, o tu empresa crezca y avance al siguiente nivel, al tratar todos los puntos a mejorar y tener todas las variables en cuenta y <u>no sólo una que cree ser la única correcta</u>, que suele ser, la tuya…

Por todo ello y remarcando el concepto del que estamos tratando, la fluidez es algo que, tal y como hemos dicho antes, es importante, repito, muy importante a tener en cuenta en tu negocio.

Sin embargo, si dejas que ésta sea la mayor parte de tu actitud y de nuevo comande tu forma de actuar como un empresario y pensar como empresario y te dejas llevar por la típica frase de, "bueno, iremos haciendo según vaya surgiendo la cosa...," y otras muchas más, no sólo no avanzará tu negocio, sino que será también el punto y final a tu crecimiento económico y a tu empresa, con todo lo que conlleva ello también a nivel personal.

De esto último, sí estoy seguro de que te puedes hacer una idea de lo que significaría.

Por ello, ***debes de planear y planificar.***

Debes tener un punto de partida y un punto al cual quieres llegar. Y además, una estrategia esbozada en un plan, que si bien no hace falta que contenga todos los puntos al milímetro sobre "cómo" vas a conseguir eso, es importante que sí que tenga los puntos clave, unos pasos concretos y "lógicos", que creas que te van a llevar a ti o a la empresa o negocio, hacia el objetivo que te has marcado.

Y luego, ir fluyendo con lo que vaya surgiendo entre medias que pones en práctica ese plan para, en vez de toparte con la barrera, saltarla, rodearla o hacer un hueco por el que pasar por debajo cuando te la encuentres.

Así es como puedes aplicar los dos conceptos de planificación/estrategia y fluidez entre medias de la planificación.

Juntos funciona muy bien para conseguir tus objetivos y metas. Por separado, uno te hará estrellarte constantemente sin capacidad de reacción ante ello y otro no te llevará casi a ningún lado.

Espero que te haya quedado muy claro el por qué es importante que tengas los dos conceptos y los apliques desde ya, desde hoy mismo, en tu vida y en los negocios.

Así que no me cansaré de repetirlo. Planifica, haz tus estrategias y planifica.

"¿Y qué tiene que ver todo esto, lo de la fluidez y demás, con lo de tomar las riendas?" -te preguntarás.

¡Pues todo, tiene que ver todo!

Sé que nos hemos tomado un tiempo y varias líneas para ejemplificar todo esto, aun así, ha sido interesante, ¿verdad?

La Intención y el objetivo de remarcarte ciertas ideas con ejemplos e historias, ha sido que se enciendan ciertas neuronas en tu cerebro y se entrelacen y conecten entre ellas, para despertarte esos "¡Ajás!", esos "Hummm", ese "¡Vaya!" o incluso alguna veces, esa "bofetada" que a todos de vez en cuando nos hace falta, para que despiertes de ese trance hipnótico que te provoca tu día a día y tu rutina.

Un trance hipnótico en el cual, en algunas ocasiones, vivimos todos y que del cual necesitamos ser despertados y que una mano suave y delicada, muchas veces no lo consigue cuando estamos profundamente dormidos ¿no es cierto?

Hay mucha gente a la que no le gusta este tipo de "bofetadas intelectuales", pues *se sienten tremendamente ofendidos y atacados* (lo que no es mi intención), pues dañan/atacan al ego... Y aquí tienes dos opciones:

O te lo tomas como un niño, como una pataleta, te enrabietas y como si de un animal se tratara, sólo reaccionas ante eso con una negación rotunda y un estado defensivo o algún de ataque como respuesta, algo muy normal en nuestro sistema primario y más básico de nuestro cerebro más primitivo.

O, en vez de reaccionar a una respuesta con tu cerebro de la forma "más primitiva", **ELIGES** comportarte como un ser evolucionado, un adulto y una persona madura e intentas ver más allá y comprobar

cuál es la intención detrás de esa "bofetada" y si en verdad es tal o no lo es; y sobre todo, *qué es lo que puedes aprender de ello, cuál es el mensaje que intenta mostrarte/comunicarte para mejorar.*

Reacción = Cerebro primitivo, Instinto Animal.

Reflexión/Auto-Reflexión, Conocimiento, Juicio = Ser Evolucionado.

La reacción es un instinto y parte de nuestro cerebro más primitivo, importante para nuestra supervivencia. Sin embargo, para tu aprendizaje, no es así.

Para el aprendizaje, es importante, no la reacción animal, "**he creído percibir** un ataque y ataco", sino la reflexión, el autodescubrimiento, el sopesar diferentes variables que puedes tomar y demás.

Por ello, desde hoy te invito a que, antes de dejarte llevar por el instinto a lo que te ha parecido ser un ataque verbal o psicológico hacia tu persona, profesionalidad, o cualquier otra cosa, respires profundamente, hagas una pausa para así no dejarte llevar por esa parte del cerebro más primitivo y te tomes unos milisegundos para pensar, qué es lo que realmente te está queriendo decir esa persona, si verdaderamente es un ataque directo hacia ti o en verdad es algo que te está queriendo decir con el objetivo de ayudarte...

"¿Y qué tiene que ver esto de plantearse metas y objetivos, estrategias, proponerse sitios a los que quieres llegar y todo lo demás con "tomar las riendas"?" - puede que sigas preguntándote.

Bueno, seguramente con todo lo que hemos comentado, ya te estás haciendo una idea del por qué esto es de vital importancia cuando sólo "fluyes" y te dejas llevar por ese "otro tú" que está dentro de ti, cuando no eres el "capitán" del barco y le dejas a él que tome las riendas de tu negocio, de tus decisiones en la empresa o incluso de tu vida.

Sin embargo, cuando tú seas el capitán y la mano que opera el barco en primera persona y de forma directa, no te dejaras llevar más.

Irás hacia donde **Tú** quieras ir. Tú eres el que elige el objetivo que quieres conseguir. Hacia mejorar tus ventas, mejorar tu presencia en Internet de las Redes Sociales, mejorar tu marca y expansión de tu empresa en diferentes ciudades o países, mejorar la calidad de tus servicio o de tu producto final, etcétera.

"Bueno Miguel, eso ya me lo propongo" - quizás respondas.

Bien, eso está muy bien. Precisamente a eso me refiero. Por eso es importante que tomes las riendas.

Aun así, tomar las riendas de verdad, no significa marcarse un objetivo y ya está. Eso lo hacemos todos, pero permíteme decirte que, no hacer nada al respecto o dejarte llevar solamente, no es un objetivo, es un sueño, un anhelo, algo que te gustaría conseguir...

"Pero eso es lo que hago Miguel, me propongo como objetivo lo que quiero." - intuyo que respondes - "Pero aun así no consigo lo que quiero, no veo los resultados que me he propuesto o que me gustarían."

Sí, efectivamente tienes razón, el primer paso y muy importante es marcarse un objetivo que quieres cumplir este mes, este año o en el período tiempo que te pongas.

Sin embargo, déjame decirte por qué la gran mayoría de los objetivos que se proponen las personas en sus empresas y negocios son solo un Sueño y es por ello por lo que no se consiguen.

Déjame compartirte una frase que salió de una charla con un conocido que me pidió ayuda diciéndome, "Miguel, tú que sabes de la psicología del comportamiento, de cómo funciona el cerebro y de por qué de diferentes cosas que hacemos, la mentalidad y todo ese tipo de cosas... ¿Por qué no conseguimos las cosas que queremos conseguir, las metas u objetivos que nos proponemos?"

Y esta fue la frase que le di como respuesta, una frase que hoy se ha esparcido y ha tenido una gran expansión en las Redes Sociales:

> *"Una de las Diferencias entre un **Sueño** y un **Verdadero Propósito** en la Vida o en los Negocios, es que en uno de ellos, <u>haces algo al respecto</u> para que se lleve a cabo y se haga **Realidad.***
>
> *La otra cosa es, un Fuerte y Gran **Compromiso** de llevarlo a cabo"*
>
> **Miguel Angel Santos**

Bueno, creo que las frases anteriores, hablan por sí solas. ¿No es así?

*"Una de las Diferencias entre un **Sueño** y un **Verdadero Propósito** en la Vida o en los Negocios, es que en uno de ellos, <u>haces algo al respecto</u> para que se lleve a cabo y se haga **Realidad"***

Ahí, en las palabras clave de esas líneas, está el "secreto" del por qué se consiguen o no se consiguen las cosas. Y por supuesto la diferencia es, que <u>muchas veces lo que nos planteamos es un sueño y no un verdadero propósito</u>.

Y la clave de todo esto que hace que separe uno del otro (sueño y verdadero propósito) es que **"HACES ALGO AL RESPECTO"**. Eso, amigo mío, eso es la clave.

Mucha gente cree que, con el simple y mero hecho de planteárselo, ya se han marcado un objetivo. Y por supuesto no es así, esto lo que es, *es un sueño*. Algo que ha *pedido* a Dios, al Universo o al Hada Madrina y que quieren que suceda.

"Quiero mejorar mis ventas" - reclama un empresario.

Y luego, se pone hacer lo mismo de siempre, sin cambiar ni un ápice de lo que está haciendo hasta ahora.

Y mi pregunta es, ¿por qué si, haciendo lo que estás haciendo, no has conseguido mejorar tus ventas, crees que ahora es diferente, por qué crees que ahora haciendo lo mismo que estabas haciendo antes, vas a mejorar tus ventas? ¿Sólo porque te lo has planteado?

Una meta o un objetivo es tal, cuando te marcas algo a conseguir que sea "lógico", aunque también es importante soñar.

Puedes plantearte metas que te parecen "imposibles" y te harán estirarte más de lo que creías que podías hacer, algo que puedas medir en cantidad/porcentaje, tiempo o espacio y luego, proponte **hacer algo al respecto, con una metodología detrás de ella y/o un plan de Acción**.

No solo el hecho de decidirlo o de proponértelo va hacer que consigas nada. Ésa la diferencia, o te trazas un plan, o sigues como siempre.

El seguir como siempre, no va hacer que consigas cosas diferentes u obtengas resultados diferentes a los que estás teniendo en este momento. El seguir como siempre y/o no tener un plan, es no tener el control, es dejar que el caballo vaya por donde él quiere, como siempre.

Tomas el control, cuando trazas un plan en el que decides tú por dónde ir. Eligiendo tú, trazando un plan para ver cómo puedes llegar a X con menos costes, más rápidamente, ahorrando recursos, de forma más eficaz, etcétera.

Aquí es donde Tú trazas un plan, una estrategia y diriges al caballo diciéndole: "OK, antes íbamos por aquí, pero ahora vamos por acá, luego vamos a usar este puente, más tarde vamos a tomar este camino hacia la derecha y no hacia la izquierda como siempre y después, según esté el tiempo, elegiremos de qué manera o si pasamos por este bosque o no".

¿Ves? Tú tienes el control de decisión de por dónde ir en todo momento, pues ya te has trazado un mapa y una estrategia que seguir, la cual por supuesto, siempre tiene que estar fluctuando a cambios de último momento o imprevistos que puedan surgir. Aquí está la fluidez, entre medias, según vas recorriendo la planificación que te has marcado.

La fluidez en este apartado es muy importante, pues la vida no son matemáticas, la vida no siempre obtiene el mismo resultado con las mismas variables haciendo X + X.

En la vida y en los negocios, A no siempre es igual al mismo resultado, como ya sabrás. Porque todo está vivo y cambia. Por ello, *Planificación primero y Fluidez en el camino*.

Márcate una meta y un objetivo a conseguir en tu negocio, haz una estrategia, un plan de acción y luego, cuando veas un obstáculo o cuando veas un inconveniente que no hayas planeado, pues muchas veces no se pueden planear todas las variantes, o un obstáculo, fluye y ve en otra dirección que te pueda llevar a la siguiente etapa o al siguiente punto en tu estrategia o plan que has creado.

No tienes que desanimarte y tomar una actitud derrotista, como mucha gente toma, justificándote en: "para que voy a planear, si luego no pasa o no salen las cosas como yo he planeado". Estoy seguro de que conoces mucha gente así, ¿verdad?

Bien, déjame decirte, *que tu enfoque no debería estar en conseguir las cosas **como** quieres y más en un negocio, sino en conseguir las cosas **que** quieres.* ¿Entiendes y percibes la Gran diferencia?

Una cosa es controlar ciertas áreas y otra cosa es tener el control de la vida en sí.

El control de la vida no existe como tal al 100 %, como ya seguramente habrás experimentado, y el control en los negocios, al fin y al cabo como ya apuntábamos antes, está intrínsecamente relacionado con la vida y tampoco se puede controlar.

Se puede controlar el dónde o hacia dónde quieres ir y qué puedes hacer al respecto de si el control es sobre la elección y tu decisión.

Precisamente, un plan es para darte una idea de por dónde ir y un planteamiento para llevarte a la acción y que no solo sea de nuevo fluidez y que luego no sepas ni por dónde ir y que al final, como veíamos anteriormente, solo sea el caballo tirando de ti hacía donde él quiera.

Un plan o una estrategia, es un boceto detallado en el lienzo, no la pintura final. ¿Me explico?

Todo dibujante y pintor, primero hace un boceto de la estructura de cómo va ser su pintura y luego, una vez que ya tiene el mapa y las pautas, va rellenando, dando forma y coloreando, cambiando ciertas cosas por otras según vayan surgiendo y dependiendo de lo que tiene en su mente y del resultado que está obteniendo.

¿Ves? De nuevo, planificación primero y luego fluidez según vamos recorriendo el camino.

"Todo esto me resulta importante e interesante Miguel. Sin embargo, lo de la planificación, lo del planear cosas y demás, no es para mí, no me gusta, no es lo mío" - puede que me respondas.

Pues bien, déjame decirte que una de las razones por la que no estás teniendo el éxito que quieres tener, es precisamente por esto, porque no tienes una planificación, no estás planeando nada de **hacia dónde** quieres ir y **qué quieres** hacer y/o **cómo hacer** para conseguir eso que deseas en tu negocio o en tu empresa.

De nuevo, solo te dejas fluir y te pones un sueño o una esperanza a la que llamas "propósito u objetivo." Pero si no haces nada al respecto, no se verá, ni obtendrás el resultado final que estás buscando.

"¡Pero si hago algo al respecto!" - te oigo responder.

Sí, estoy seguro de que es así. No estoy diciendo que no hagas nada, por supuesto que no. Es sólo que hemos acordado, <u>que hacer lo mismo de siempre, no es hacer algo al respecto</u>. ¿Verdad?

Si quieres ir de un estado a otro o de una ciudad a otra, que estén separadas varios kilómetros de distancia y andando, será mejor que tengas un mapa de carreteras o el GPS conectado en todo momento, si no quieres perderte en más de una ocasión y tomar calles o sitios por los que vas a dar más vueltas.

No digo que no lo consigas al final, es posible que lo consigas, si no has abandonado antes por la frustración de no tener claro por dónde ir y cuál es la mejor ruta para ir hacia donde te diriges, y de ver que pasan los días e incluso los meses y aún no has llegado adonde pretendes o no has obtenido el resultado que quieres…

No digo que tengas que hacer un una planificación exhaustiva. Es solo un plan de donde estás y adonde quieres ir, el resultado que tienes ahora y el resultado que quieres conseguir y luego ver qué pasos lógicos y qué acciones puedes tomar por ti mismo, con tu equipo, decisiones, etcétera, que te vayan llevando de forma escalable y lógica hacia el resultado que te has propuesto conseguir en X determinado tiempo y con qué recursos, con qué ideas, con qué personal, con qué departamento/s, etc.

Con las cosas con las que cuentas que te van a ayudar o te pueden ayudar para realizar esos pasos que tienes que hacer, esas pequeñas sub-metas con sub-objetivos que tienes que ir consiguiendo y dirigiéndote, para ir escalando posiciones hasta llegar hacia el resultado que te has propuesto.

Así de "simple", nada más.

Y luego viene la fluidez.

Cuando, en un momento dado, estás siguiendo tu plan y X persona, x departamento o X proveedor, no ha cumplido o ha fallado en la ecuación y tienes que estudiar otra variable para seguir escalando, con o sin la ayuda de este recurso con el que contabas y solucionar/saltar este obstáculo que ha surgido.

Ahí está la "magia" de la fluidez.

Y para rematar todo esto, la otra parte de la frase que compartía contigo anteriormente, **"lo que hace la diferencia, es un gran y fuerte compromiso"**.

Sin él, nos quedaremos sin gasolina y de nuevo se quedará en un idílico sueño de lo bonito que sería o hubiese sido si...

Hay gente que, cuando les cuento y les guío por todo esto en una de mis sesiones de Neuro-Coaching personal privado, me dicen: "Vaya...Todo esto es muy interesante Miguel, aunque ya lo he intentado todo, de verdad, he intentado todo y sigo estando donde estoy o cada día peor. Lo intentado todo y no ha mejorado nada, no he visto verdaderos resultados".

Normalmente, cuando oigo esto de un cliente, asiento con la cabeza y digo: "entiendo". Y después, si veo que este cliente me deja retarle, ese es el acuerdo. Ya que, con palabras suaves y dejándote que sigas en lo que te es conocido, en lo que te es confortable o diciéndote lo que quieres oír, no vas a conseguir llegar hasta dónde quieres llegar y ver los resultados que quieres en tu empresa.

Recuerda lo que decíamos antes, cuando uno está dormido profundamente, no se le despierta con una cariñosa, dulce y sensible caricia. Esta no es la mejor forma de despertar a alguien que está profundamente dormido. ¿No es así?

Por lo que mi respuesta suele ser esta, *"¿lo has intentado todo en verdad? ¿Cuánto es todo?"*. Y después de un indagar un poco, compruebo en una vasta mayoría, que aquello a lo que esa persona llama "todo", se reduce a dos cosas; en serio, un par de cosas es todo lo que ha intentado. ¿Te lo puedes creer?... Seguro que sí.

¿Conoces a alguien que te ha dado esta respuesta a algo que le está pasando en su vida, ya sabes, lo de: "lo intentado todo, he intentado de todo y aun así nada" y en verdad sabes que no ha hecho nada apenas?

Sí, ¿verdad? Pues entonces, ya sabes de lo que te estoy hablando.

Sí, esta suele ser la respuesta o mejor dicho, la excusa que me suelen poner.

Y mi respuesta después de indagar suele ser, *"disculpa, pero no lo has intentado todo"*.

Y después de ver en su rostro cómo se forma una expresión de incomodidad e incredulidad por tal verdad, la cual también lleva implícita la pregunta interna, "¿cómo sabes que no lo intentado todo?", prosigo con lo siguiente, *"¿Que cómo sé que no lo has intentado todo? ¡Porque si lo hubieses intentado todo, ya lo habrías conseguido!"* - exclamo remarcando las cuatro últimas palabras, las cuales veo que, de inmediato, hacen un cambio interior de la persona, provocando que ésta haga en poco menos de un segundo una introspección que concluye en su foro interno, dándose cuenta de que es la verdad...

Algunos responden después diciendo, "Es cierto, no lo intentado todo. He intentado todo lo que sé".

Y aquí, les doy la razón, es posible que hayas intentado todo lo que sabes. OK, muy bien. Pero eso no es todo lo que puedes hacer para tener el resultado que andas buscando.

Para ello, expande tu conocimiento, asesórate, lee y contrata a un Coach de Negocios que te dé las pautas, que te dé otro punto de vista, que te guíe en el camino, te empuje, te dé aliento y te lleve hacia dónde quieres. Lo que sea, pero ve más allá de lo que sabes, si lo que sabes, no te ha solucionado lo que necesitas solucionar o lo que quieres conseguir. Lo cual, es lógico y normal, no es culpa tuya, no tienes por qué saber de todo.

Lo que tienes que ser, es un buen director de orquesta y dirigir correctamente. **Y lo que no sepas, o lo aprendes o mejor, lo externalizas o te rodeas y te dejas ayudar y guiar por la gente que Sí sabe y que Sí tiene ese conocimiento para llevarte a alcanzar la meta y el objetivo que te has propuesto. Ahorrarás tiempo, quebraderos de cabeza, una gran energía y mucho dinero en el proceso.**

Todo ello se consigue, como apuntaba antes, siendo el director de orquesta, pues en general es a lo que venía todo esto, toma las riendas de tu vida y de tu negocio. Y eso, empieza por tu mente, tomando las riendas de ti mismo.

Cuando tomas las riendas y dices "no por aquí no voy, sino por el otro lado", es cuando comienzas a ser consciente de que hay "algo" que te está constantemente tirando hacia el lado que no quieres, es el "piloto automático" que has dejado encendido por tanto tiempo.

Quizás estés pensando, "bueno Miguel, sí, tienes razón. Sin embargo, ¿cómo lo hago? Efectivamente, sé que muchas veces funciono en piloto automático y hago las cosas por inercia. Incluso algunas veces no pienso y cuando me despierto, estoy en una situación que no sé cómo he llegado a ella, por no haber conseguido el resultado que quería y no sé muy bien cómo ha pasado, porque la verdad que yo pongo todo mi empeño, mi conocimiento y todo lo que sé. Lo que pasa es que la gente no me apoya y…"

No, no, no. Un momento, espera.

No comiences a echar "balones fuera", no empieces a buscar responsables o culpables fuera, no es culpa de la noche ni de la lluvia, (haciendo alusión a la famosa canción de los Jackson 5) no es culpa de tu equipo. Tú eres el jefe, es tu responsabilidad.

¡Ojo! No he dicho tu culpa, pues no lo es. He dicho tu *Responsabilidad.*

No digo que quizá haya elementos, como tu equipo u otros, que quizá no hayan cumplido con su cometido y por supuesto, eso no es culpa tuya. Sin embargo, sí es siempre tu responsabilidad, si eres el jefe, si trabajas por tu cuenta y tienes un equipo, el que cumplan con su trabajo, Y más si eres un emprendedor y trabajas solo.

Si no han cumplido con el objetivo, la tarea o el proyecto que deberían haber hecho, es tu responsabilidad, pues eso quiere decir, que no has sabido comandarlos correctamente para que cumplan el objetivo que les has propuesto.

No es tu culpa que el caballo se vaya hacia el lado o por donde quiera, sin embargo, sí es tu responsabilidad tomar las riendas y dirigir el caballo por el camino, puente o sendero que quieres ir y llegar hacia donde te has marcado llegar.

Eso no quiere decir, que debas convertirte en un tirano. ¡Ni mucho menos! De hecho, la mejor forma de que se te rebele el caballo es golpeándole constantemente.

Hace tiempo, en mi incansable estudio sobre la motivación y diferentes áreas que la rodean, me encontré con un estudio sobre entrenamiento de caballos.

Las mejores formas de entrenar a un animal que no entiende y aprende de la misma forma que nosotros, con lógica, razonamiento, introspección y cosas así, son las mismas por las que nos "movemos" los seres humanos a nivel más profundo, o para alejarnos del dolor o para acercarnos al placer. Y además, el condicionamiento mental.

Pues bien, para acondicionar/entrenar un animal a que haga cierto tipo de cosas cuando no quiere, hay que castigarle de alguna forma (por desgracia debe ser así) y/o darle algún premio.

Así que, cuando entrenaban al caballo, una de las formas para que aprenda es infringiéndole un pequeño dolor con la fusta.

Sin embargo, el autor del estudio declaraba, que no se puede abusar de ello. Pues sí, de manera constante, fustigamos y provocamos dolor al animal, pasarán dos cosas, o *hacemos que se enrabiete y enloquezca y se vuelva contra nosotros, haciendo que sea todavía más rebelde* más furioso y nos provoque un serio accidente o *que mermemos tanto su autoconfianza y le dejemos tan sumiso, que no tenga casi personalidad*.

¡Qué estudio tan revelador e interesante! ¿No crees?

Pues es lo mismo con los seres humanos… Y Ninguna de las dos variantes anteriores nos conviene ¿no es cierto?

Por ello, Sí, puedes tener mano firme si esa es tu forma, pero no demasiado dura.

Ya trataremos más adelante, el cómo dirigir correctamente a un equipo para que cumplan sus objetivos y estén motivados y la diferencia entre un Líder y un Jefe.

Ya verás, aprender cuál es la diferencia entre un líder y un jefe, va ser un capítulo muy interesante. Sé que a muchas personas les va a resultar muy Retador y sobre todo, sé que este capítulo va sorprender a muchos.

Pero no adelantemos acontecimientos. Este libro ha sido estructurado de una forma específica y por una razón de pasos lógicos que te va guiando hacia este descubrimiento y a que tengas la mentalidad de un verdadero empresario o emprendedor, de los más grandes. La mentalidad de los negocios.

Por ahora recuerda, sé consciente y toma las riendas de tu vida, toma las riendas de tu mente.

Este es el primer concepto que debe quedarte claro y debes poner en práctica desde ya, hasta que forme parte de ti. Disociándote, separándote, tomando consciencia en todo momento de la percepción entre el cochero y el caballo. Pues cuando consigas esto, veas esa separación y seas consciente de ella, no te dejarás llevar más por el piloto automático y tomarás cartas en el asunto en todas tus decisiones de forma consciente hacia el objetivo que te has marcado.

Una vez lo logres, lo acompañarás con una planificación de las metas y objetivos que quieres alcanzar y del verdadero propósito que te has propuesto obtener como resultado para un determinado tiempo en tu negocio.

Y por último, llevarlo la acción y fluir cuando surja un obstáculo e inventar/crear otra forma de llegar al siguiente paso, a la siguiente etapa de la estrategia que has planificado anteriormente.

"¡Estupendo Miguel!" - te oigo exclamar - "Todo esto es muy interesante y verdaderamente quiero aplicarlo a mi vida y a mi negocio desde este momento, voy a tomar serias cartas en el asunto con ello. Aun así no sé por dónde empezar. ¿Qué hago?"

Como te dije, este libro va ser un libro totalmente diferente a los demás.

Muchos libros, ya se hubiesen quedado aquí, se hubiesen quedado tan anchos y tan contentos de que te han explicado una serie de cosas muy interesantes y reveladoras, (toma consciencia de ti mismo, motívate…) como muchos libros y cursos de motivación hacen, pues estando motivado, es como consigues las cosas y bla, bla, bla… Y luego viene la pregunta de: "Muy bien, ¿y cómo @%&* me motivo?" ¿No es verdad?

Como decíamos, toma conciencia de ti mismo, plantéate metas, estructura una estrategia, toma las riendas, sé el capitán del barco.

Y tú respondes entusiasmado, "¡Sí, eso es, estupendo!, ¡Eso lo que voy hacer!, ¡Sí, voy a tomar las riendas de mi vida, es cierto!, ¡No voy a dejar que mi caballo me mande más, efectivamente estado mucho tiempo subyugado por él y le he dejado ir por dónde quería y no es eso lo que yo quiero, ahora lo tengo claro! Tomo las riendas de mi mente y de mi vida ¿y qué? ¿Ahora qué?"

De nuevo, esto puede parecer un concepto sólo psicológico/filosófico no fácil de aplicar, ¿verdad? Y surge la pregunta de, "¿cómo lo hago o qué hago?

¡Ajá! Ahí está el quid de la cuestión.

La gran mayoría de los libros ya se hubiesen quedado contentos aquí. Sin embargo, tanto Mario Corona como Yo, en nuestros cursos y talleres vamos más allá, lo hacemos diferente, eso es lo que hace la diferencia en nuestras enseñanzas y conocimientos que impartimos, con respecto a otros.

Y esto no pretende ser una crítica, es simplemente una observación. Pues como sabes, ya que seguramente no es el primer libro de esta índole que lees o curso al que asistes, una mayoría te dan pocos "cómos" por no decir, casi ninguno.

Y tienes que estar como si buscaras entre el río y la basura con un colador, dejándote la espalda en ello, congelándote las manos y acabando con tu paciencia, para quitar los desperdicios y *encontrar las pequeñas perlitas de oro,* tal y como un buscador de oro del antiguo y lejano Oeste haría.

De ahí la gran diferencia entre lo que impartimos y el cómo lo impartimos. *Nuestro esfuerzo, intención y enfoque para que sea verdaderamente práctico.*

Así que, en breve vamos a ir a ello.

Vamos a ver el cómo, con sólo unos pequeños y muy sencillos ejercicios que puedes implementar en tu día a día y desde ya además, (de hecho deberías hacerlos desde ya y todos los días) estar constantemente alerta y remarcando tanto los ejercicios como los conceptos. Pues es la única forma de que forme parte de ti, se incorpore en tu Neurología, en tu forma de Ser y de actuar y por ende, seas el gran empresario o emprendedor que deseas ser y así conseguir los objetivos y los resultados que quieres, esperas y deseas.

Aunque, antes de ello, vamos a descubrir un apartado muy apasionante, que te va hacer comprender de una manera increíble cómo funciona todo esto, para luego ponerlo mejor en práctica. Y este es...

Descubriendo el Patrón - Proceso "Oculto" de tu Mentalidad (P-POM)

Quizá estés pensando, "Todo esto verdaderamente me resulta muy interesante. Aun así, me gustaría saber y entender mejor qué tiene que ver esto, con la mentalidad de empresario de éxito o con mi mentalidad como empresario".

Es lógico y normal que te estés preguntando esto y me parece estupendo que ya quieras ir hacia al siguiente nivel, pues hasta ahora solamente hemos empezado a rascar la superficie y a comprender lo básico del cómo y el porqué de la mentalidad.

Esto es algo que se requiere en los negocios y que, una persona como tú, avispada e inteligente, estoy seguro de que ya tienes pues si no, no estarías en el mundo de los negocios.

Eso no quiere decir, que la gente que no esté en el mundo de los negocios no sea inteligente y avispada. Es sólo que si estás en el mundo de los negocios, tienes que serlo.

Y por ello sé, que ya has sacado tus perlas de lo que llevamos dicho hasta ahora y hasta tus "cómos".

Seguro que a estas alturas, has descubierto muchas cosas que puedes ir aplicando desde ya, a tu vida empresarial.

Y también estoy convencido, de que ya has empezado a vislumbrar y a encontrar patrones o "pequeñas" cosas, que quizá deberías cambiar o sustituirlas por algo más efectivo, si eres una persona que se permite reflexionar y pensar un poco sobre todos los conceptos y las cosas, que van entrando a su vida y que no sólo engulle la comida como los pavos. Que traga sin más.

Aunque si estás aquí, algo me dice que, efectivamente, no es así.

Eres de los que se toman el tiempo y buscan la información para mejorar y quieren mejorar. De los que no sólo leen el libro, sin más, de una pasada, sino que te tomas y te permites el momento y el tiempo de reflexionar sobre lo que estás leyendo, de cerrarlo por un momento, dejarlo en tu regazo y pensar sobre ello.

O quizá, de hacerlo mientras vas conduciendo hacia tu empresa, lo que quiera que sea, el caso es que te tomas tu tiempo para hacer un poco de introspección y ver cuánto de esto tienes dentro de ti, dentro de tu mentalidad, para ver cómo manejas tus negocios y tu forma de ser y/o actuar…

¿Que cómo lo sé? Porque de lo contrario, ni siquiera estarías leyendo este libro.

La gente que se cree perfecta, es la que nunca o casi nunca, se toma el tiempo de mejorarse a sí misma o mejorar lo que hay a su alrededor y de buscar donde sea necesario hasta encontrar lo que le haga mejorar su negocio.

Y curiosamente, esta gente es, en <u>una gran mayoría, los que más necesitan mejorar y los que peor les van los negocios. Y que curiosamente, creen que lo están haciendo correctamente y que, como siempre, el problema radica fuera de ellos, en los demás, en los otros, nunca en ellos, ni en lo que ellos hacen o cómo lo hacen.</u>

Por lo que ya has podido observar y caer en la cuenta, si has llegado aquí, esto es un problema - limitación de… Efectivamente, muy bien. De Mentalidad.

Por ello, sé que todos estos conceptos ya están dando vueltas en tu cabeza y se están macerando en ella.

Y esa la pretensión de todo esto, este es el objetivo principal de este libro. El que estés consciente, despertarte esa idea de que quizás debas cambiar cosas, no sólo a nivel estratégico, como nos ha contado Mario Corona en la primera parte de este libro, lo cual es muy importante y es lógico que sea lo primero a lo que hay que poner atención.

Sino también, a nivel estratégico mental, cuál es la psicología con la que estás manejando tu negocio, cuál es la psicología que hay también dentro de un negocio que quizás no esté funcionando de la forma correcta y cómo ponerla a trabajar por ti y para ti para que tanto la estrategia física como la psicológica sean parte de un engranaje engrasado y que funcione todo correctamente para que avances hacia el objetivo de forma fluida y no a trancas y barrancas.

Aun así, entiendo que todavía no tengas todo el "puzzle" entero para ver y comprobar por ti mismo la importancia de todo esto, pues como te decía anteriormente, sólo estamos rascando la superficie aún, ya que estamos en la primera parte de este apartado del libro, la de la psicología y la mentalidad del empresario. Y te prometo que va ser un viaje y un descubrimiento todo este apartado.

Va a ser, Muy revelador y de autodescubrimiento si pones en práctica todos los apartados, todos los procesos, todos los conceptos y todos los ejercicios que te voy proponer y te prometo, mi respetado empresario, que si los haces, no serás el mismo empresario o el mismo emprendedor y quizá ni la misma persona que empezó a leer este libro. Por supuesto, seguirás siendo tú. Pero mucho mejor. Estoy 100% seguro de ello.

¿Por qué estoy tan seguro?- Quizá te preguntes.

Porque primeramente lo he visto en mi propia persona y he podido experimentar los cambios en mis propios negocios y proyectos y por supuesto, en mi propia mentalidad.

He sido testigo de cómo mi mentalidad como empresario ha ido cambiando desde que comencé, hasta el día de hoy. Y cómo este cambio de mentalidad, ha mejorado al empresario que soy y por supuesto, han mejorado tremendamente los resultados que tenido en todos los proyectos que he gestionado tanto para mí como para otros.

Y a la par he visto el cambio, ya no solamente mí, sino también en decenas y decenas de empresarios y negocios con los que tenido la oportunidad de trabajar como Neuro - Coach y Asesor de negocios.

Aun así, entiendo que desees ya ir hacia las cosas más prácticas y a los cómos más prácticos, más tangibles y más "físicos". Si ese es tu caso, lo entiendo perfectamente. Yo siempre he perseguido también este tipo de cosas, pues como antes te comentaba, es una parte muy importante, el que puedas poner algo práctico en tu negocio.

Sin embargo, has de comprender que este apartado de la mentalidad y la psicología "no es tan físico", sino que es más un trabajo interno, es más un trabajo con tu mentalidad, a nivel psicológico, es un trabajo más de introspección, de reflexión y de pensar qué estás haciendo, cómo lo estás haciendo y qué podrás hacer para realizarlo de forma más efectiva, más rápida, o mejor. Lo cual lo hace un trabajo "menos palpable" a priori. Lo entiendes, ¿Verdad?

Sin embargo, te voy a dar varios ejercicios, varias herramientas y técnicas, con las cuales, vas a poder palpar perfectamente los cambios en tu negocio.

Para ayudar a que todo esto tome forma y sea más esclarecedor, del porqué y el cómo de la mentalidad y qué tiene que ver con tu mentalidad en los negocios, vamos a ver el siguiente apartado, que si no lo conoces aún, te va a dejar perplejo de asombro como lo hizo conmigo.

El P-POM (El Patrón-Proceso Oculto de tu Mentalidad).

Voy a pasar a detallarte, algo, que muy poca gente sabe y que, cuando lo conozcas *y lo comprendas*, marcará un antes y un después. Marcará una gran diferencia en tu personalidad y en cómo manejas los aspectos de tu vida y de tu negocio.

¿Estás dispuesto a aceptar la responsabilidad de conocer esto?

Sí, digo responsabilidad, pues **una vez que conozcas esto no vas a poder tener excusas.**

Vas a tener que ser el responsable, lo que significa que no habrá otros responsables en la gran medida de las cosas que suceden en tu entorno, pues ya sabrás de dónde viene todo el patrón y el proceso que genera, si no todo, una gran mayoría de lo que pasa y concierne en tu vida personal y empresarial.

Unas de mis pasiones, como sabes, son la Neurociencia y la Neurobiología, las cuales han sido mi enfoque de estudio en los últimos años.

El cómo afecta lo que pensamos a nuestro cerebro, a nuestro ser y a nuestro cuerpo y cómo se procesa todo ello, cómo funciona, el cómo actuamos y los porqués, cuál es la estructura (en caso de que la hubiera) y un sin fin más de todo lo que esto engloba, me fascina.

Pero puedes estar tranquilo, relájate, no te voy a dar aquí ninguna clase de Neurociencia ni nada por el estilo. Voy a explicártelo todo de una forma sencilla y clara y con los menos tecnicismos que me sea posible.

¿Estás preparado? Pues agárrate Dorothy porque el Increíble Viaje dentro de tu cerebro y cómo éste funciona, va a comenzar… ¡Y va a ser apasionante!

Vamos a ver la estructura de pensamiento de algo básico que puede suceder en tu día a día, en el cómo te desarrollas a nivel personal o cómo te desarrollas en tu empresa o en tu tipo de negocio.

El mecanismo o el proceso interno es más o menos este:

El cerebro tiene un **pensamiento** o piensas algo, este pensamiento provoca a través de unos Neuro-químicos una **emoción**, esta emoción que ha creado este pensamiento que has tenido, hace que se esparzan más torrentes de Neuro-químicos por todo tu cuerpo, haciendo así que te sientas de X manera o lo que es lo mismo, provoca un **sentimiento**.

A su vez, este sentimiento que ahora sientes en tu Ser por completo, hace que tengas una **acción o reacción** cualquiera.

¿Me sigues? Bien.

Este tipo de acción que te ha provocado este sentimiento o esta forma en que te sientes de forma repetida o lo que lo mismo, si esta acción o reacción la repites una y otra vez, genera en ti un **hábito o un comportamiento**. Y un hábito, un comportamiento repetido, es lo que al fin y al cabo genera como consecuencia, un **resultado** en la vida real. Estarás conmigo en que, cuando repetimos una cosa una y otra vez, lleva a un Resultado X.

¿Qué te ha parecido? ¿Interesante?

Voy a ponerte un ejemplo que estoy seguro de que te hará comprenderlo mucho mejor.

Imagina por un momento que tengo un **pensamiento** muy común en estos días, en los cuales estoy escribiendo este libro. Un pensamiento de crisis. Mi pensamiento puede ser: "hay crisis", "estamos en crisis", etc.

Este pensamiento, me provoca una **emoción** de *pesar, incertidumbre, duda* y todas esas cosas. ¿No es así?

Esta **emoción** a su vez y de forma casi instantánea, provoca en mí un **sentimiento** más arraigado y fuerte de *miedo, inseguridad* y demás.

Este **sentimiento**, de forma inherente e inevitablemente, va a provocar en mí unas **acciones - reacciones**.

¿Qué es lo que hace una persona cuando siente miedo, incertidumbre o inseguridad?

¿Qué reacciones o qué acciones toma una persona que tiene este tipo de sentimientos?

Pues precisamente ninguna acción, una acción de quedarse quieto, de no hacer nada por miedo a que las cosas salgan mal o a perder el dinero.

El miedo provoca parálisis y la no acción. ¿No es cierto?

O puede provocarle el huir, el no afrontar las cosas y huir de ellas, huir de la situación, otra cosa muy normal cuando tenemos un sentimiento de miedo.

¿Qué haces en tus negocios cuando actúas o tienes un sentimiento de miedo, de incertidumbre o de inseguridad?

Pues te encierras, no actúas y no inviertes o lo mínimo posible, por miedo a perderlo.

No inviertes en desarrollar nuevos productos o servicios, no inviertes en mejorar, no inviertes en marketing y publicidad (algo de vital importancia si quieres ver un retorno y un crecimiento de tus beneficios).

También un sentimiento de miedo puede hacer que estés más irascible con tus empleados, con tus clientes o con tus proveedores, y por ello tengas una peor atención y relación en tu negocio y todo lo que conlleva ello, como seguramente ya sabes…

Así, hasta que esta irascibilidad provocada por un sentimiento de miedo la lleves también, por desgracia, a la relación con tu familia. Algo muy común también. Por lo que todo este sentimiento, se vuelve en contra tuya como un huracán y arrasa todo lo que te envuelve a todos los niveles.

Y estas reacciones - acciones que te provoca este sentimiento de miedo, las retroalimentas y las repites una y otra vez al cabo de los días, de las semanas y de los meses…

Las repites una y otra vez con tus clientes, con tus trabajadores y demás. Luego, al hablar con amigos o compañeros de negocios, vuelves a tener las mismas reacciones y vuelves hablar de ello, lo cual retroalimenta de nuevo cómo te sientes y crees que eso es terapéutico; que, el hablar de ello, te va hacer sentir mejor.

Y normalmente, en la mayoría de los casos, lo que hace es totalmente lo contrario. Lo que hace es retroalimentar ese sentimiento de miedo y hacer que el monstruo se haga cada vez más grande y más gordo, por todo con lo que lo alimentas, y que cada vez sea una bola más grande de nieve difícil de parar.

Constantemente estás hablando "sobre lo mal que va la cosa", "todo va mal", "todo el mundo está igual"... Junto a un sinfín de cosas más, que ya conoces y como consecuencia, sintiéndote de esa manera.

Y por si fuera poco, cuando llegas a casa, vuelves a hablar con tu pareja o amigos de lo mal que va, de la crisis y aquí tienes de nuevo, todo el círculo retroalimentándose y haciendo que tus sentimientos de miedo, irascibilidad y tus acciones "de no acción", de escasez, de que cuando te presenten o veas una oportunidad para hacer o implementar X en tu negocio, en vez de verlo como tal, tu reacción a ello sea decir algo así, "¡Tú estás loco! Ahora no es momento de *gastar*, ahora es el momento de ahorrar y de aguantar a que pase todo esto y no gastar ni un centavo o lo menos posible". ¿Te suena de algo?

Hacer todo esto anterior, de forma repetida, provocará que cada vez sea más grande, se transforme en un **hábito** y *se afiance más en tu forma de ser y de actuar.*

Y ¿cuál crees que será tu **Resultado** si tienes la actitud de retraerte, de no mejorar, de no avanzar, de no invertir, de sólo estar a la defensiva y a esperar y aguantar el chaparrón, de sólo resistir y si tienes un hábito de escasez?

¿Cuál crees que será tu resultado si estás en constante actitud irascible con tus trabajadores, con tus clientes y te enfocas solamente en no invertir dinero, en el "no tengo para..." y demás?

¿Qué resultado crees que vas a tener así?

¡Pues negativo totalmente! Claro que Sí.

¡¡Vas a obtener un resultado NEGATIVO!!

Vas a tener resultados negativos económicos, no vas a tener más clientes, no vas a hacer que tu empresa crezca ni se expanda, tus clientes no hablarán muy bien de ello, tus trabajadores no van a estar contentos, ni van a trabajar a gusto y sólo van a estar pensando: "En el momento que pueda, me largo de esta empresa o de trabajar ¡con el tipo este!"

Sabes de lo que te estoy hablando, ¿verdad? Quizás no por ti, pero seguro que conoces casos así.

Y, ¿sabes lo peor de todo? (no ha acabado aquí, no creas) Que **estos resultados, van a retroalimentar tu pensamiento (recuerda, donde empieza todo)** de crisis que tenías al principio.

Va a decir una cosa así, "¿ves? Efectivamente, aquí están los resultados, ¡no funciona! ¡No hay dinero! ¡Este no es un momento para invertir, no puedo gastar ni un céntimo, los clientes no vienen, no tienen dinero, no hay esto, no hay otro, estamos en crisis!, ¿Ves? ¡No tengo más clientes! Y bla, bla, bla…"

Y adivina qué…

Cuando comiences a **pensar** así de nuevo (como es lógico) por los resultados que has obtenido, despertarás de nuevo una **emoción** que provocará un **sentimiento** de miedo y todo lo demás, la cual, de nuevo te hará tener **acciones o reacciones** de retraimiento, de estancamiento y de no acción, que a su vez terminarán en un **resultado** de nuevo negativo. Lo que otra vez, te hará tener un pensamiento negativo y terminarás envuelto en un círculo vicioso o mejor dicho, en una infinita espiral descendente y convertido en un monstruo que se retroalimenta a sí mismo, sin parar…

¿Puedes darte cuenta de lo importante que es esto, ahora que ya has visto todo el círculo del patrón completo de cómo se comporta un pensamiento y toda la estructura que conlleva hasta que se retroalimenta a sí mismo?

No sé si te has podido ver en este ciclo de alguna manera u otra o conoces a alguien muy cercano que está en un proceso, si no igual o idéntico, sí muy parecido. Pues todo está aquí. *Todo el "secreto" está en este proceso-patrón que te acabo de compartir y describir.*

¿Qué te ha parecido? Es algo totalmente revelador ¿verdad?

Bien y aparte de tremendamente esclarecedor que te haya parecido el P-POM (Patrón-Proceso "Oculto" de tu Mentalidad) ¿para qué te sirve todo esto?

Pues muy sencillo. Te sirve porque, una vez que sabes cómo funciona todo esto, sabes qué es lo que está fallando y dónde debes cambiar las piezas para sustituirlas por otras que funcionen mucho mejor.

En el momento en que sabes cómo funcionan las cosas y cuál es su proceso, te permite comprenderlo y por ende, cambiarlo a tu antojo para hacerlas funcionar de forma más efectiva para tus objetivos.

"Digámoslo claramente. Si en un momento dado haces un proceso interno de reflexión y de análisis para saber de dónde está viniendo tu problema con respecto a X cosa en tu negocio, observando que el

resultado que estás teniendo no es el que tú quieres y una vez localizado de dónde viene el problema y conociendo donde empieza, puedes interrumpir el proceso que acabas de conocer para que no llegue al resultado que no quieres.

Puedes interrumpir el patrón en la parte adecuada del proceso, en una de estas partes o "acciones" de las que se compone todo el patrón, provocando así que el proceso no se llegue a completar y por lo tanto, no llegue a ese resultado que no quieres, <u>como consecuencia, los resultados cambiarán y serán totalmente diferentes a lo que estabas obteniendo hasta ahora.</u>"

O dicho de forma más simple, si a un círculo, lo cortas por una parte específica, harás que no termine donde estaba haciéndolo hasta ahora; interrumpiendo el patrón y haciendo que éste no sea un círculo vicioso que dé vueltas una y otra vez sobre el mismo sitio. Y por lo tanto, no te llevará al mismo sitio-resultado, sino a otro.

Hmmmm. Interesante ¿no es así?

Lo que significa que, **si quieres cambiar los resultados que estás obteniendo en X área de tu negocio, comienza a cambiar una de las variantes que conforman este proceso**.

P-POM (Patrón-Proceso "Oculto" de tu Mentalidad)

Ahora, tengo una pregunta para ti, vamos a ver si has estado atento y lo has comprendido correctamente.

¿Cuál de estas anteriores "variantes/procesos" es la mejor para hacer un cambio?

¿En cuál crees que es más efectivo actuar o hacer el "corte" para obtener un resultado diferente al que estás obteniendo?

Echa un vistazo al gráfico anterior, tomate unos momentos y respóndeme.

No, no pases al siguiente renglón o el siguiente párrafo hasta que no hayas respondido.

Echa un vistazo al gráfico y si no lo terminas de comprender, relee de nuevo todo lo relacionado a este, que he escrito en la página anterior, sobre cómo funciona todo este proceso y cuáles son los procesos que se van desencadenando uno a otro.

Cuando lo comprendas y veas que tienes una respuesta, respóndela y luego ya pasa al párrafo siguiente, no antes.

Bien. ¿Ya tienes la respuesta?

Si tu respuesta ha sido, en la primera variante/proceso, estás en lo correcto.

La mejor manera, la más rápida y sobre todo, la más efectiva para interrumpir este patrón es empezar por el primero. No esperes a que el proceso continúe y tengas una emoción negativa o una reacción que no te conviene y mucho menos, un hábito que te aleja de lo que quieres.

La primera variante, es la mejor para interrumpir el primer proceso.

¿Y cuál es este?

Efectivamente, el pensamiento.

Hay que interrumpir el proceso, cuando estás en el apartado del pensamiento y no después, pues puede que, para entonces, ya sea un poco tarde o te cueste mucho más reconducirlo hacia donde querías.

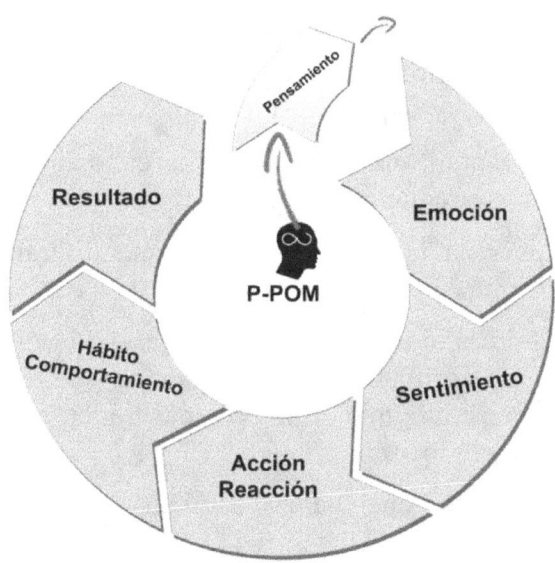

Has de erradicar este patrón de pensamiento negativo y cambiarlo a uno que sí te lleve hacia dónde quieres.

No estoy hablando de que tengas que mentirte y decirte cosas que no son ciertas. No, nada de eso.

No estoy hablando aquí del pensamiento positivo estúpido sin más, del que hablan muchos libros, has de ser consciente de la *realidad.*

Pero, si te das cuenta, *la realidad*, no es para todos la misma. ¿No es así?

Y si no, siguiendo con el ejemplo que pusimos anteriormente, ¿por qué en esta economía que tenemos ahora mismo "de crisis" (como la llaman algunos), hay mucha gente que tiene más dinero que antes y otras, en cambio, han perdido sus negocios por completo?

¿Por qué a algunos les va mejor que nunca o les va bien y a otros, en cambio, les va peor que nunca o han tenido que cerrar sus puertas?

Esto es algo extraño y no debería estar pasando, si la realidad es la misma para todo el mundo. ¿Verdad?

Estoy seguro, de que conoces casos de personas que son empresarios y les va mejor que nunca o que les va bastante bien. Lo cual significa, que *la realidad*, siendo "una", no es para todos la misma. ¿No es verdad?

Aunque *la realidad* en sí es la misma, aun así, no es absolutista. Pues si así lo fuera, sería la misma para todo el mundo y todos viviríamos bajo el mismo prisma y bajo el mismo resultado.

"Vaya y entonces, ¿por qué es diferente la realidad para unos y para otros?" - Te podrás preguntar.

Porque es la persona la que actúa de forma diferente, aunque la realidad es la misma.

Porque *la realidad* es individual al fin y al cabo. Por ello, cuando una persona tiene una forma diferente de actuar, tiene *una realidad* (Resultado) diferente a la que otras personas tienen en esta economía en que vivimos ahora mismo.

Es por esto, por lo que debes cambiar la primera parte, el pensamiento.

Porque si cambias el pensamiento y te dices a ti mismo, "OK. Entiendo que el momento por el que estamos pasando es diferente que el anterior, esta es una nueva economía a la que nos enfrentamos, es diferente a lo que yo estaba viviendo anteriormente. Lo entiendo. Ahora, **¿Qué puedo hacer al respecto para** llevar mi negocio hacia donde yo quiero con esta economía que tenemos en este momento?"

¿Puedes ver, puedes percibir y notar la diferencia de pensamiento cuando te diriges a ti mismo y te planteas esta pregunta, a diferencia de un pensamiento negativo como el que antes recogíamos?

Esto forma parte de un apartado que vamos a ver más adelante, el cual es muy simple pero muy efectivo como todo lo que te proponemos aquí. Y este apartado es el de: "Las preguntas inteligentes". Eso sí, será un poco más adelante. Estate muy atento a este apartado cuando venga.

Cuando cambias tu **pensamiento** de crisis y demás cosas negativas a, "¿qué puedo hacer al respecto?" o "vamos a ver qué podemos hacer al respecto de…" La **emoción** que te va a provocar este pensamiento, será positiva o por lo menos no negativa, pues te está anunciando que tienes opciones.

"Podría hacer esto, podría hacer aquello, voy a ver si puedo hablar con X persona para ver si podemos asociarnos juntos y así compartir beneficios pero también gastos e inversiones y atraer a más clientes juntos, voy a pensar si puedo sacar algún producto nuevo o incluir un nuevo servicio..." o decenas de cosas más, lo cual te provocará una **emoción** de esperanza y de oportunidad. Una emoción positiva.

Y aquí lo tienes, ya estás cambiando radicalmente, pues son dos extremos totalmente diferentes el tener un pensamiento que te provoca una emoción y **sentimiento** de miedo, de no acción y de estar retraído, a otra que te provoque una emoción de esperanza, de ver oportunidades, pensar salidas y de comunicar con otros y a otros las posibilidades que podrías hacer para salir y obtener un resultado diferente al que estás obteniendo hasta ahora. Un sentimiento que te mantiene con energía, vivo y activo.

Y esto provocará que tomes **acciones** o que **reaccionarás** de forma proactiva.

Te mantendrá en movimiento, en busca de soluciones y si esto lo mantienes y lo repites en varias ocasiones, al final se convertirá en tu forma de pensar, en tu **hábito** de pensamiento y de forma de actuar.

Siempre estarás pensando en "cómo puedo hacer X, con quién tengo que hablar para X, con quién me tengo que asociar para X, qué nuevo producto o qué nuevo servicio puedo desarrollar para X, qué estrategia puedo hacer para atraer más X,, a qué profesional debo buscar o contratar para que me resuelva o me ayude en X, etcétera." Lo cual, inherentemente, te va llevar a un resultado radicalmente diferente al que estabas teniendo antes.

Y con un resultado diferente, retroalimentarás a tu pensamiento de forma positiva.

Sea o no sea el resultado exactamente como el que andabas buscando, verás que las cosas ya se han movido y ya son diferentes a las de antes, como mínimo, o quizá hayas tenido el resultado deseado o te has acercado mucho.

Cualquiera de estas variantes, va a recargarte positivamente ese pensamiento inicial y de nuevo va a seguir la espiral, sólo que esta vez, no creando el monstruo que se coma tus sueños y tus objetivos, sino un gigante que te eleve y te ayude a conseguir lo que te has propuesto y que también te dé la fuerza y la gasolina necesarias para llevarte hasta allí.

Entiendes ahora por qué es tan importante todo esto que te contado, ¿verdad?

¿Comprendes ahora el porqué de mi insistencia en que prestes atención muy de cerca a esto y actúes en consecuencia desde YA MISMO?

El Cerebro es un Niño que se lo Cree Todo

Quizás el enunciado de este capítulo te haya sorprendido bastante, porque crees que tu cerebro es muy inteligente, y para nada, es como un niño pequeño que se deja engañar fácilmente, como has podido comprobar con el ejemplo anterior.

Además, estoy seguro, de que has visto innumerables cosas en Internet o en televisión de cómo se puede engañar al cerebro y lo fácil que es.

De hecho, como ya sobradamente sabes, los magos son unos auténticos maestros en engañar al cerebro.

Y espera, agárrate. Pues si la anterior afirmación del enunciado de este apartado te ha sorprendido, agárrate fuerte porque lo que estás a punto de leer puede ser que te haga caerte de espaldas.

El cerebro, no distingue la realidad de la ficción.

Sí, sí has leído bien y lo voy a repetir, por si acaso crees que ha sido una errata de nuestro traductor y/o corrector.

"El cerebro, no distingue *la Realidad* de la Ficción"

Y esto, lejos de ser una opinión que me he sacado de la manga o algo metafísico contrariamente a todo lo que puedo pensar, lo respaldan y corroboran los últimos estudios y científicos en Neurociencia.

Sin embargo, antes de pasar a una explicación más lógica y científica, quiero que hagas un sencillo y divertido ejercicio conmigo. Y necesito que te impliques de verdad para que funcione.

Quiero que cierres los ojos por un momento (siempre ayuda más) o con los ojos abiertos como tú prefieras y te imagines tu postre favorito…

Métete en el papel, vívelo para que el ejercicio salga correctamente.

Quiero que lo veas frente a ti, lo tomes con tu mano y notes su tacto, lo huelas y te lo metas mentalmente en la boca y lo saborees…

Nota la sensación de placer y cómo sonríes en tu interior mientras te deleitas con otro de sus bocados. Hmmmm. Siéntelo.

Déjame preguntarte ahora, ¿Verdad que tu paladar y tu boca han comenzado a salivar y ahora te sientes deleitado y mejor y hasta quizá has notado que tenías un leve sonrisa de verdad?

Pues aquí tienes un ejemplo de cómo, sin "ser verdad", tu cuerpo lo ha experimentado como si fuera verdad. Le hemos contado una mentirijilla piadosa ¡y se la ha tragado literalmente!

Déjame que te explique de forma breve el porqué de todo esto.

Tu cerebro no distingue la diferencia que hay entre "la realidad" que te rodea, el entorno, el mundo "real" que te rodea, por decirlo alguna forma (lo que puedes ver, sentir, tocar, lo que puedes percibir, etc.) y ese mundo que imaginas o también llamado, esa "realidad" que te creas dentro de tu imaginación, de tu mente o cerebro.

Lejos de quererme ponerme metafísico o muy científico, depende como se lo tome uno, déjame decirte en palabras básicas y con una explicación más superficial, qué es "la realidad" en sí, en referencia al tema que estamos tratando, por supuesto.

La realidad, no es más que un sistema, algo que experimentamos a través de nuestros sentidos.

No hay más. Algo que experimentamos de forma visual, sensorial, auditiva y demás. Por lo que si eres capaz de tocar algo, para ti real, es porque tienes una sensación táctil en este caso.

¿Y qué es esa sensación, qué es una sensación?

Es algo que es transmitido como un impulso cerebral.

Tu cerebro transmite una información que puede contener o decirte qué tipo de textura tiene, la temperatura, si es agradable o no y cientos de cosas más, de eso que has tocado. ¿Me sigues? Estupendo.

Por lo tanto, si quieres tocar algo físicamente, que es la sensación de tocar algo y experimentar eso como real, este es un impulso neuronal que se transmite desde la punta de la parte de la piel con la cual hayas tenido ese contacto, hasta tu cerebro. El cual nos dice: "estoy tocando algo" y piensa, "OK, estoy tocando X cosa que es de X manera, textura, etc.".

Lo mismo pasa con la vista.

Mientras estoy escribiendo este libro en uno de mis entornos favoritos que me ayudan a relajarme, concentrarme y a estar más enfocado e inspirado, la naturaleza, estoy viendo un camino y rodeado de árboles y esto lo experimento en este caso a través de la vista.

Como sabes, los ojos son una lente que transmite esa imagen que "ve" al cerebro. Y mi cerebro piensa, "OK. Veo un camino y muchos árboles, estoy en un bosque o en un parque". Y esa es la Realidad.

Bien. ¿A dónde quiero llegar a parar con todo esto? - te preguntarás.

Como te decía, lejos de querer dar explicaciones muy técnicas, dada la temática del libro que se enfoca a los negocios y no al cerebro en sí, (por lo que si hay algún experto en el tema leyendo esto, espero que comprenda el porqué de la sencillez de lo que he expuesto y del cómo) mi intención con esto es que comprendas, por lo menos, los conceptos básicos, para que entiendas cómo funciona tu mente y qué repercusiones tiene en tu persona y en tu negocio y en cómo los manejas.

La cuestión y el punto adonde quiero llegar es, que cuando imaginas algo en tu mente, cuando te imaginas teniendo una discusión con tu cliente o te imaginas teniendo una fuerte charla con un empleado o te ves a ti mismo con un montón de facturas a tu alrededor que no puedes pagar y te dices a ti mismo que no puedes hacer frente a X pagos, te imaginas y te ves a ti mismo diciendo "no tengo dinero suficiente para pagar a mis proveedores o a mis empleados, o mi auto-respondedor, etc." sintiéndote en un estado de preocupación intenso que recorre todo tu cuerpo y que no te deja tranquilo cuando estás con tu familia.

O por el contrario, cuando te imaginas teniendo más ventas o cuando te imaginas a ti mismo teniendo ese éxito que quieres en un proyecto que tienes entre manos, las sensaciones que te provoca son de alegría y de esperanza todo lo que estás imaginando, etc.

Cuando imaginas algo de todo lo anterior, ¿qué estás haciendo?

Estás viendo una película en tu cerebro, la cual, cómo has podido comprobar, provoca sentimientos, sensaciones y emociones.

Cuando estás preocupado por algo, da igual que sea por un agente externo o por una persona o alguna situación que tengas en tu cabeza y que te estés imaginando en ese momento, tú experimentas lo mismo. ¿No es cierto?

La preocupación es la misma, da igual que nos la provoque una persona o un evento externo o que sólo la imaginemos internamente. ¿Verdad?

O por el contrario, te sientes feliz, contento, radiante, entusiasmado, cuando te imaginas que un proyecto va salir adelante y te ves a ti mismo obteniendo al final el resultado que quieres, obteniendo el resultado económico que al final te ha dado ese proyecto y lo feliz que te va hacer una parte de ese dinero, la cual vas a invertir y otra quizá, la vayas a disfrutar con tu familia en unas grandes vacaciones y escuchar a tu hijo lo contento que está, disfrutar con su sonrisa y verle feliz y a tu pareja también sonriéndote y mirándote con orgullo… Vas a sentir todo esto ¿no es verdad?

Entonces déjame preguntarte, ¿Cuál es la diferencia entonces entre un evento exterior que te ha puesto en un estado de ánimo, contento, preocupado, o triste y un evento que te has imaginado y que no es "real"?

¡Pues ninguna!

Para el cerebro, ¡no hay ninguna diferencia! ya que, como puedes comprobar, él experimenta lo mismo. Las mismas emociones, los mismos sentimientos, los mismos estados, activa los mismos centros nerviosos, activa los mismos Neuro-químicos, hasta se activan las mismas partes del cerebro que se activan cuando es "real".

¡Increíble! Pero así es.

¿Por qué te digo esto?

Para enseñarte que, **efectivamente, para el cerebro no hay diferencia entre un evento que experimentes de forma real (externa) y un evento o situación que experimentes de forma "interna"** (esa realidad que te estás construyendo a ti mismo, ese teatro con los personajes y la historia que tú estás construyendo).

Tu cerebro, todo esto que tú has construido en tu imaginación, lo toma como real porque, de nuevo remarco ya que me parece de vital importancia esto, experimenta las mismas cosas, activa los mismos centros nerviosos y las mismas partes, que si fuera "real".

Por lo que para él y recuerda que es el que "manda", no hay diferencia entre lo real y lo imaginado por ti. Él no entiende cuál es la película real y cuál no es la real de las dos películas que está viendo/experimentando. Para él, las dos son ciertas.

"¿Pero cómo es posible que no lo entienda y no vea la diferencia? Pues Yo sí sé cuál es la diferencia entre las dos y cuál es cuál." - Te oigo quejarte.

¡Aja! Ahí está de nuevo la diferencia.

Tú no eres tu cerebro, ¿recuerdas? Quedamos, en que tu cerebro es un órgano. Y tú eres otra "parte" distinta.

Por eso tienes toda la razón del mundo. Tú, sí distingues la realidad de lo imaginado. Pero "él-tú", no lo puede hacer.

Él es una computadora, es un ordenador y como tal, computa.

Solo que no se le puede pedir que perciba la realidad al igual que a un robot o a tu laptop o a tu teléfono inteligente. ¿Verdad?

Si no pueden distinguir algo como la ironía, pues imagínate un concepto tan complicado como "la realidad". Ellos sólo entienden de unos y ceros, nada más.

Al fin y al cabo, es una computadora.

$2 + 2$ siempre será igual a 4. Por lo que si le damos como comandos a nuestro cerebro $X + X$ siempre será igual a X resultado.

Él no entiende que este 2 no es el mismo que el otro 2, que en este caso este 2 primero, es un poco diferente. ¡Un 2 siempre va ser un 2 para un ordenador! (a grandes rasgos).

Pues esto es básicamente lo mismo. Un ordenador no puede interpretar, solo toma términos absolutos o se rige por ciertos patrones o variables de esos patrones y si esos patrones se cumplen, va a dar siempre el mismo resultado X <u>que le hayan programado</u>.

Hace años, estudié programación de ordenadores y es básicamente lo mismo, lo que se podría llamar, "una programación orientada a eventos". Cuando pase X evento, entonces Z y entonces igual a B resultado.

En tu cerebro es básicamente lo mismo. Cuando experimentas X evento, entonces quiere decir que estás experimentando Z, lo cual va a provocar en tu fisiología, en tu forma de ser, de comportarte, etc. un cierto resultado Y, que toma como la Realidad.

¿Ves la gran similitud?

Espero que te haya quedado más claro con este ejemplo de las computadoras u ordenadores. Pues aunque correcto, es solo un ejemplo que me facilita la explicación de lo que quiero exponer y decir.

Lo que nos dice finalmente es que, para el cerebro no existe lo real o lo no real. Existe lo real y punto.

De hecho, te dejo con un estudio (de los muchos que hay en la materia y que por falta de espacio no creo conveniente poner aquí, aunque todos son públicos y puedes buscarlos) que leí hace tiempo, cuando comencé mis estudios en Neurociencia y que hicieron ya hace tiempo sobre lo que estamos tratando, en el cual vas a poder ver la veracidad de todo esto y hasta qué punto puede llegar a ser cierto lo que creemos como realidad y lo que no.

Hay grandes universidades, grandes científicos, una gran cantidad de laboratorios y una grandísima cantidad de dinero invertido en estos estudios, que correlacionan el cerebro, la mente, el pensamiento y demás y cómo estos afectan a nuestro día a día y a la realidad que vivimos, tanto en nuestra vida personal como en los negocios.

Como el estudio (YUE COLE K.L Journal Neurophysiology 1992. 67(5):1114-1123) que registraba que varias personas sometidas a diferentes pruebas, se visualizaban levantando algo pesado durante un cierto tiempo y un número determinado de veces y de tiempo, con un dedo de su mano.

Y lo que más tarde y sorprendentemente comprobaban es, que en ese dedo que imaginaban, luego de ser sometido a varias pruebas y tests, se comprobaba un muy significativo porcentaje fortalecimiento. Con sólo "imaginarlo" en su Mente.

Sorprendente. ¿Verdad?

Yo tampoco salía de mi asombro, con los ojos abiertos como platos y boquiabierto, como queriendo decir algo que no podía ni expresar, cuando leí este y otros muchos estudios y experimentos que hay sobre la materia desde que, hace ya bastantes años, comencé a "juguetear" y a adentrarme en el apasionante universo de la Neurociencia y la Neurobiología.

"Es muy interesante. Aun así ¿para qué puede servirme conocer esto?" - puede que te preguntes.

¿Ves? Siempre me estoy cuestionando si va a haber un para qué, un porqué, un cómo, etc.

Siento, comprendo y puedo respetar (aunque no lo comparta) que la filosofía sin un "para qué me sirve esto" o un "cómo puedo hacer X" o el "conocimiento sin más", sea la forma de otros de cómo enseñar y comunicar las cosas. Sin embargo, no es mi forma de comunicar y enseñarte.

Aquí no hay lugar para el conocimiento sólo en sí mismo, o para la sola filosofía, por muy bonita e interesante que ésta sea. Lo siento mucho, pero esa no es mi forma de enseñar, pues creo que no es lo que tú necesitas, ni lo que a ti te gustaría. ¿No es así?

Pienso que lo más adecuado para que aprendas de una manera efectiva es que te den y te enseñen cosas y conocimientos *que tengan un porqué. Que tengan un para qué útil y práctico que puedas aplicar y lo antes posible.* **No solamente conocimiento intelectual de libro como les pasa a muchos otros autores. ¿No es cierto?**

Aquí, en los negocios, no hay lugar para filosofía/conocimiento sin más o poco aplicable y en este libro tampoco.

Quizá en una charla en un bar o en un restaurante, mientras disfrutamos de una buena comida, se puede hablar de filosofías y de conocimientos que nos resulten interesantes tratar o hablar de ello. Pero en este libro y en todo lo que enseño en Cursos, Talleres, en Conferencias o en las Sesiones de Coaching Personal/Empresarial y demás, sólo hay cabida para el conocimiento práctico. Lo cual, estoy seguro que agradeces, ¿cierto?

Entonces, ¿para qué te sirve todo esto? ¿Por qué es interesante tener en cuenta todo esto anterior?

Pues, aunque aquí vamos a tratar más el área de Business que la parte personal, ya te aviso de que tengas cuidado con lo que piensas o con lo que mantienes en tu pensamiento, porque tu cerebro, lo toma como tal.

"¿Y qué significa eso?" - Te puedes preguntar.

Significa, que si tienes un pensamiento de preocupación después de hablar con un cliente, si tienes un pensamiento de enfado, de ira, etc. y lo sigues retroalimentando en tu mente como una película, viendo los posibles escenarios que pudieron ser, que si esto que si lo otro, y repitiéndolo una y otra vez en tu cabeza, una vez ya haya pasado ese suceso y comentándoselo a tu pareja cuando llegues a casa, comentándolo con amigos o socios, comentándoselo incluso, a otros clientes y viviéndolo de nuevo y pensando en ello según vuelves a casa, te va a provocar un gran estrés como mínimo (que después puede degenerar en una enfermedad).

Una mentalidad enfocada a la negatividad más que la resolución de la situación y como sabes otras muchas cosas más, no te va a beneficiar en absoluto.

¿Cuántas veces has vivido esta experiencia?

Puede que tu percepción sea que lo has vivido sólo una vez.

Sin embargo, para tu cerebro, lo has vivido 10.000 veces al repetirlo una y otra vez, pues cada vez que lo imaginabas, cada vez que pensabas en ello, cada vez que hablabas de ello, cada vez que se lo repetías a alguien y demás, tu cuerpo y tu cerebro estaban experimentando las mismas emociones, los mismos sentimientos, los mismos pensamientos y hasta veías los escenarios posibles y te veías a ti y a esa persona o situación.

Así que ¿entonces para el cerebro hay alguna diferencia?

¡No! No la hay. Por lo que tu cerebro cree que has vivido esa experiencia una, otra y otra vez…

No te sorprendas entonces, de que cada vez tengas más estrés, cada vez tengas menos energía y cada vez tengas más nivel de preocupación en tu vida o en tu negocio.

De que cada vez te sientas más abatido y con menos ganas de nada, de que cada vez estés más irascible y de no muy buen humor, de que tengas ciertas enfermedades o ciertos síntomas corporales, de que te sientas tan mal X día…

¡Pues lógico! ¡<u>No haces más que plantearte X situaciones negativas o problemas y vivirlas no una vez, sino 10.000 veces!</u>

Así que es lógico que tengas todo este tipo de situaciones y problemas en tu vida y más y luego todo esto, no sólo desencadene en tu negocio sino, como sabes, al final lo acabas llevando muchas veces a tus relaciones personales con tus amigos, a casa con tu familia… ¿No es cierto?

Te entiendo perfectamente. Es cierto, no es fácil controlarlo.

Aun así, tienes que hacerlo y espero que todo esto que he escrito te sirva para prestar más atención a lo que piensas en todo momento, a engancharte a ti mismo desprevenido cuando estás pensando sobre algo que no te beneficia, pararlo y cambiarlo de inmediato por otro tipo de situaciones pensamiento.

Como mínimo, para tener una mejor calidad de vida y estar menos preocupado.

Porque cuando estás menos ocupado, aparte de mejorar tu salud, tu vitalidad y energía, aunque no te preocupe esto mucho, (aunque debería también, pues sin salud y energía no vas poder manejar ningún negocio próspero) cuando estás menos preocupado e irritable, cuando estás más tranquilo y positivo, puedes afrontar mejor cualquier tribulación, impedimento, obstáculo o reto que se ponga en tu negocio, ya que piensas mejor con una mentalidad mucho más clara y más funcional, no desde una mentalidad con estrés, preocupada, con negatividad y cabreada o enojada.

Algo totalmente lógico. ¿No te parece?

Seguramente has experimentado en tu vida que, cuando estás preocupado, irritable o enfadado y demás, tomas en la mayoría de los casos, decisiones que luego no han sido muy positivas. ¿No es así? Pues es lo mismo en tu negocio. *Con una mentalidad no correcta se toman las peores decisiones para tu negocio.*

Por ello, te animo a que vigiles de forma constante tus pensamientos para así tener un cerebro despierto, claro, correcto que se expande ante las posibilidades, no que se encierra y se encoge ante las preocupaciones por retos que te surjan en el camino y sólo ve a problemas en vez de centrarse en las soluciones que puedes hacer, para solucionar ese obstáculo que tenemos entre manos o ha surgido.

¿Comprendes la diferencia?

Si sólo ves problemas, al final, problemas y obstáculos es lo único que te rodeará en tu negocio. Y luego te preguntarás sorprendido, qué narices está pasando para que no haya más que problemas en tu negocio últimamente o para que no esté marchando como tú quieres o como debería.

Y <u>esto no es nada más que una consecuencia de, si en problemas es en lo que más piensas, lo que más comes y es casi lo único que respiras.</u>

"Esto en verdad me preocupa, por ello me gustaría saber, ¿Qué puedo hacer al respecto entonces Miguel?" - de nuevo te preguntarás.

Y yo de nuevo te vuelvo a insistir, que lo más importante para ello, para poner remedio a todo esto, es empezar por controlar tu mente, controlar tus pensamientos, observarte y engancharte/atraparte a ti mismo cuando estás teniendo un pensamiento que no te beneficia para nada.

Y la segunda cosa que debes hacer, es *enfocarte después en soluciones, no en el problema.*

Ese es el quid de la cuestión. Pensar qué podrías hacer al respecto para solucionar ese problema o esa situación que ha surgido.

Sé que muchas de las cosas que te habías propuesto hacer e incorporar en tu negocio y en tu mentalidad, son tan fáciles y simples conceptualmente, en su idea, que al mismo tiempo son complicadas, pues a tu cerebro, le encantan las cosas complicadas.

Con las cosas fáciles o simples, se aburre. Por ello le apasiona y le divierte hacer cosas complicadas y si no lo son, hace que lo sean para poder así "entretenerse". Quizá a ti no te gusten, pero a él sí. Él tiene que buscar cinco pies al gato.

> "Si sólo ves y piensas en problemas, al final, problemas y obstáculos es lo único que te rodeará en tu negocio"

Así que, cuando le damos algo tan simple como el mecanismo de un chupete, él dice: "¿ya está? ¿Eso es todo?" Se aburre. Le gustan las cosas complicadas y tener que estar pensando constantemente en cosas, no algo que no le dé nada en qué pensar. Así que, si no lo hay lo busca o lo inventa.

Así de simple.

Él no se va a quedar sin hacer nada ya que, como sabes, tiene que estar en constante parloteo y haciendo algo y si ve algo muy simple para él, lo complica para mantenerse ocioso (coloquialmente hablando).

¿No es cierto que cuando vemos algo muy fácil siempre nos decimos, "no puede ser, seguro que no puede ser tan fácil, alguna complicación ha de tener, seguro que si…"?

Y así empiezan sus pesquisas para investigar y elucubrar qué otras posibles maneras más complicadas podría tener o funcionar eso que le parece tan fácil. Te suena de algo ¿verdad?

Por ello, es tan importante que cojas las riendas de tu vida, como hemos explicado en toda esta primera parte. Pues en términos generales, eso es de lo que iba. Eso lo que quería remarcar, enseñarte y moverte/motivarte a que lo hagas.

Aunque vamos a ver más adelante una técnica que te va ayudar a esto en específico y otras muchas áreas más, pues es una técnica, una herramienta muy poderosa y muy versátil que vas a poder utilizar de muchas formas, puedo adelantarte aquí una pequeña pincelada.

Cuando tengas un problema, un reto o una situación desagradable que solucionar o que te ha sucedido en tu negocio, quiero que, pensando en ella, la interrumpas y te pongas inmediatamente a pensar en otra situación y así no alimentarla para que no coja fuerza y no se convierta en un monstruo que se apodere de tu mentalidad y de tu energía.

"Pero es que es una cosa que no me puedo quitar de la cabeza, es algo que no puedo dejar pasar sin más, es algo a lo que no puedo darle la espalda" - te oigo quejarte.

Bien. Si es así, no digo que lo dejes y lo apartes, no digo que tapes la luna con el dedo para así no verla. No estoy diciendo eso. Por supuesto, así no se solucionan las cosas.

Lo que estoy diciendo es, que dejes de preocuparte, que dejes de pensar en ese suceso negativo, que lo Cortes de Raíz, en cuanto comience a formarse y si no puedes dejarlo atrás y darle la espalda sin más, como me decías, te pongas a pensar y te enfoques en la solución, en ponerle una solución, piensa en qué puedes hacer al respecto para solucionarlo, lo que es ya muy diferente a enfocarse y pensar en el problema y en la negatividad del mismo.

¿De acuerdo?

Sé que no es tarea fácil, y que algunas veces puede resultarte un poco cansado el estar en constante vigilancia de tus pensamientos. ¿No crees?

Ponlo a prueba sólo una semana. Sólo eso, sólo una semana.

Estate pendiente de tus pensamientos de forma constante, durante una semana y durante todo el día. Te vas a sorprender de lo nada fácil que es y la tremenda cantidad de pensamientos nada positivos para ti y tu negocio que tienes al cabo, no de la semana, sino del día.

Haz la prueba desde ahora.

Esta es tu siguiente tarea. ¿Aceptas el reto?

Si lo haces va ser una semana muy interesante y retadora y vas a poder comprobar por ti mismo, que es cansado estar en constante vigilancia de lo que estás pensando.

¡Aun así, es estrictamente necesario que lo hagas desde ahora mismo! "Sólo" es cuestión de práctica en ello.

Así que, ¡a por esta increíble semana! Ya verás los interesantes resultados que vas a obtener al hacerlo…

Tarea/Ejercicio para poner en práctica en la semana:

1. **Sé consciente de lo que estás pensando** y de qué calidad/tipo de pensamiento es, positivo o negativo. ¿Te empodera, o te limita?

2. **Córtalo de raíz.** No lo dejes crecer más, no te regocijes es en él. Esta va a ser una de las partes que más reto te va a proponer. El decirle NO a esa copa de alcohol que estás acostumbrado a beber y que te han puesto ya en los labios, por ejemplo…

3. **Sustituye ese pensamiento (si es negativo, claro está) por otro que sea positivo de inmediato** y/o piensa seguidamente en la solución, en el cómo y de qué forma poder solucionarlo.

No sabes bien el PODER que tiene esta sencilla ecuación anterior.

Si haces y pones en práctica este ejercicio durante toda la semana, serás consciente y entrenarás a tu cerebro, como en el caso el caballo, a ir hacia donde tú quieres ir, no hacia dónde él quiere y por ende, obtendrás, sí o sí, mejores resultados palpables y cuantificables en tu negocio, mucho antes de lo que piensas.

Es así, repito. Tienes que ser constante. Pues cuando empieces a practicar este servicio y ya lleves unos días, quizá empieces a notar cambios y te relajes y/o quizá no estés tan vigilante.

¡Craso error! Pues el cerebro, como apuntábamos antes, como si de un niño se tratara, ¡siempre va estar atento a cuando estés más relajado o despistado, para volverlo a intentar y tomar el control de nuevo!

Él siempre va estar atento para, cuando te des la vuelta o te despistes por momento, intentar coger el tarro de las galletas ¿Qué crees? Es normal, es su naturaleza.

Así que, estate en un estado de permanente alerta, vigilante y reconduce hacia donde tú quieres, poniendo práctica este ejercicio durante una semana al menos. Aunque lo ideal y lo que recomiendo siempre, es hacerlo ya de por vida.

Sin embargo, para que no te asustes y no veas que "de por vida" es un concepto que no puedes manejar, mejor vamos a empezar por una semana, ¿de acuerdo?

Lo que significa que, con práctica diaria, *finalmente tú serás el dueño, tú serás el comandante y dominarás tu mentalidad, obtendrás el Control y tendrás Más y Mejores Opciones* para que te lleve hacia dónde quieres ir y se enfoque en Soluciones y en cosas positivas, en vez de en cosas negativas y en problemas.

La Vida es Así, No la he Inventado Yo...

Así decía el estribillo de una de las canciones que escuchaba cuando era niño, del romántico italiano *Sandro Giacobbe*.

Y la verdad, aunque la canción tiene una connotación y un ritmo melancólico - romántico, cuando crecí me di cuenta de que todo lo que encerraba la letra de la canción, en específico esta frase con la que empieza este apartado, no es más que una vaga y falsa excusa.

Excusa en la que nos hemos escudado muchos durante un tiempo y la cual, muchos empresarios que conozco, siguen de una forma u otra incorporando, pues reaccionan ante los problemas o situaciones, como si fuera algo "divino" que les ha mandado la providencia y de lo cual, no son responsables y mucho menos pueden hacer algo al respecto más que resignarse y decir: "la vida es así, no la inventado yo…"

¡¡Fuera Victimismos!!

Con todo lo que llevamos hasta ahora del libro, te habrás podido percatar y darte cuenta por ti mismo, que lo mejor que puedes hacer para para ser el dueño de tu mente y que ésta te lleve hacia el éxito empresarial que estás buscando, es tomar las riendas de ella, ser el comandante, tomar una posición de poder y no de victimismo. Pues es muy fácil y más hoy en día, en esta economía que estamos teniendo, tener una mentalidad y esta actitud de víctima.

"Yo no soy ningún victimista" - te oigo replicar.

Efectivamente, tienes toda la razón. Es posible que tú no lo seas.

A nadie le gusta ser victimista o que le califiquen como tal. Sin embargo, como sabes, muchos lo son.

Un victimista (aquí te dejo un ejercicio auto-reflexión para saber e indagar si hay alguno de estos síntomas o signos, que puedas tener dentro de ti, que te puedan hacerte de alguna forma u otra victimista) es una persona que constantemente se está diciendo a sí mismo y a los demás, cosas como estas:

-   Es culpa de la crisis…

- Es culpa de los clientes…

- Los clientes ya no se comportan como antes…

- Mi socio no me hace caso ni me escucha…

- En casa no me apoya nadie…

- Nadie entiende lo que quiero hacer…

- Estoy yo sólo ante todo…

- Yo soy emprendedor y no tengo a nadie que me ayude…

- El Marketing no funciona…

- Mis empleados no están del todo comprometidos…

- Mis empleados no cumplen las tareas que tienen que cumplir o como las tienen que hacer…

- Mis proveedores no cumplen sus plazos y/o lo acordado…

- No tengo dinero suficiente para hacer marketing o lo que me gustaría hacer…

- No me han concedido el préstamo para ampliar mi negocio…

- La tecnología de las herramientas Online es muy complicada…

- No se me dan bien los ordenadores (computadoras)…

- No tengo el suficiente conocimiento para…

- Etc.

"Deja de preocuparte, deja de pensar en ese suceso negativo, Córtalo de Raíz, en cuanto comience a formarse; y después, ponte a pensar y enfócate en la Solución, en Ponerle una Solución, piensa en qué Puedes Hacer al Respecto para Solucionarlo, lo que es ya muy Diferente a enfocarse y pensar en el Problema y en la Negatividad del mismo.

…finalmente tú serás el dueño y dominarás tu mentalidad, obtendrás el Control, tendrás Más y Mejores Opciones…"

Déjame preguntarte algo, ¿te has sentido o visto identificado con una o varias de estas expresiones anteriores o variantes de ellas?

Déjame hacerte otra pregunta, ¿ves algo en común en todas ellas, hay algún patrón que se repite?

Reflexiona por un momento, vuelve a leerlas y mira qué es lo que hay en común en todas ellas.

Seguramente habrás caído en la cuenta de que todas tienen en común una actitud muy derrotista, con poco poder, parece que no tienes el control sobre nada de ello. Es una posición de víctima. Los culpables son otros, otras cosas…

Todo es hacia fuera y nada es hacia dentro, tomando responsabilidad, sino culpando y señalando a otros.

Son todo críticas de que otros no te dejan hacer las Maravillas que podrías hacer si fuera por ti.

Son otros los que no te dejan tener el negocio que quieres, pues "si yo tuviera..., si yo pudiera..., si a mí me acompañara..., si a mí me apoyara X, yo tendría el éxito con el que pienso y sueño."

¿Verdad que se ven y se sienten así estas afirmaciones anteriores?

Pues esto, si te has sentido reflejado en ello de una forma u otra, es una actitud victimista. Te guste o no te guste, mi estimado lector.

No hay cosa más limitante y que te quite la energía y el control de tus negocios y de tu vida, que dar el "poder - responsabilidad" a otros.

"¡Pero Miguel, que no tengo el control sobre todos los aspectos que pasan en mi vida!" - percibo que contestas

¡Totalmente! Por supuesto que no. Tienes toda la razón.

Efectivamente, tú no tienes el control sobre todos los aspectos exteriores "que pasan" en tu vida, si no, sé que harías algo al respecto.

Lo que sí tienes (que de nuevo es el mensaje que quiero hacer hincapié aquí) es el control, tomar el control de lo que tú Sí puedes hacer.

No puedes tener el control de muchas cosas y aspectos de lo externo, sin embargo, sí puedes tener el control de TODO lo interno.

"¿Y eso de que me sirve?" - Te oigo quejarte. "¡Si aun así seguirán sin apoyarme, sin hacer lo que quiero que hagan, sin tener esto y sin poder hacer lo otro…!"

De nuevo, <u>este tipo de actitud/pensamiento te quita poder</u>. El *Siempre es culpa de otros.*

Efectivamente habrá muchas cosas que no puedes cambiar del aspecto exterior. Totalmente de acuerdo.

Sin embargo, si en vez de enfocarte en ello, en esa limitación que te están "imponiendo otros", hicieras un poco de retrospección y miraras dentro de ti, en tu cabeza y te pusieras a pensar, en qué SÍ puedes cambiar, en **qué SÍ puedes hacer con lo que tienes en este momento, las cosas comienzan a cambiar**.

Y quizá, con esta nueva actitud dirigida a la solución y no al problema, no de víctima, la gente de tu alrededor, comience a tener una percepción y una opinión totalmente diferente de ti y de tu negocio y por lo tanto es posible que, aparte de todo ello, también comiencen a cambiar clientes que antes te veían de una forma no muy positiva y ahora te vean de otra forma totalmente diferente.

Proveedores, tus propios empleados y otras muchas cosas más, cambiarán como consecuencia de este nuevo enfoque y de la eliminación del Victimismo, de poner y buscar culpables en otros y sólo enfocarte en lo que Sí puedes hacer bajo las circunstancias con las que te ha tocado estar o con las cartas con las que te ha tocado jugar. Tal y como lo hacen los Grandes Empresarios.

Tal y como lo hacen con la Mentalidad y la Actitud que tienen los Grandes y Verdaderos Empresarios.

No digo que todo cambie, quizá tu pareja seguirá sin comprender tu visión, quizá el banco siga sin darte o concederte ese crédito, pero sí obtendrás cosas y situaciones que harán que cambien muchas cosas de tu alrededor y por ende, de tu negocio.

Y así ya podrás invertir más en marketing o mejorar X producto o servicio y cuando te quites el victimismo y tomes las riendas, hasta podrás llegar a hacer que tus clientes y tus empleados cambien de actitud con respecto a ti o tu negocio y por ende, todo funcione mejor.

Fíjate que he dicho hacer introspección, reflexionar, quitar el victimismo y no culpar a los demás. No he dicho en ningún momento ponerte como culpable.

Normalmente, la opción contraria no es la más correcta, pues no se trata de buscar culpables adentro o fuera.

La Respuesta es, de hecho, no buscar culpables.

No es culpa tuya tampoco, sino que es tu Responsabilidad tomar cartas en el asunto y hacer algo al respecto. Preguntarte las *preguntas inteligentes* y jugar con lo que tienes y sin negatividad.

> **"Deja de preocuparte, deja de pensar en ese suceso negativo, Córtalo de Raíz, en cuanto comience a formarse; y después, ponte a pensar y enfócate en la Solución, en Ponerle una Solución, piensa en qué Puedes Hacer al Respecto para Solucionarlo, lo que es ya muy Diferente a enfocarse y pensar en el Problema y en la Negatividad del mismo.**
>
> *...finalmente tú serás el dueño y dominarás tu mentalidad, obtendrás el Control, tendrás Más y Mejores Opciones..."*

Las Preguntas Inteligentes

Damos paso ahora con esto, a otra herramienta muy interesante.

Las preguntas inteligentes.

Que no te engañe de nuevo su sencillez. Pues en verdad te digo, que son una de las más poderosas herramientas de cambio, que he podido percibir en mi propia vida, en mis negocios y proyectos y en los proyectos y negocios de toda la gente con la que tenido oportunidad de trabajar.

"¿Qué es eso de las preguntas inteligentes?" - Te preguntarás.

Las preguntas inteligentes son las que te van a hacer ir más allá, son las que van a hacer que te des cuenta de que quizá lo que das por hecho, no sea del todo así.

Son preguntas que te van a llevar hacia la solución, en muchas ocasiones, a problemas para los que no encuentras solución y hasta te pueden llevar a descubrir problemas que ni siquiera sabías que estaban ahí y a su resolución.

Son preguntas tremendamente sencillas, prácticas y MUY EFECTIVAS, que casi nadie pone a trabajar para su negocio, pues dada su extrema sencillez, muy pocos empresarios o emprendedores las tienen en cuenta y menos las ponen en práctica comúnmente en su día a día.

Son tan básicas, que cuando te las exponga en este momento es probable que les quites importancia.

¡No lo hagas! Son tan valiosas y tan efectivas, que las uso constantemente, para que te hagas una idea.

Quizás ya las conozcas. Sin embargo, déjame preguntarte algo, ¿cuáles de ellas estás **aplicando** comúnmente en tu negocio?

Si no lo estás haciendo, no te sirve para nada saberlas. ¿No crees? Pues si solamente las sabes y no las aplicas, no será más que filosofía.

De nada te sirve en tu negocio el conocimiento sin más. Lo que verdaderamente te sirve es el conocimiento aplicable, como ya comentamos anteriormente, no el conocimiento que te puede servir sólo para jugar al Trivial Pursuit con tus amigos o tus hijos.

El conocimiento que verdaderamente necesitas para tu negocio, es el conocimiento aplicable. Lo que no lo es, sólo son filosofías que, por mucho que estas me gusten, (estudié filosofía durante muchos años) para los negocios, no son lo más útil.

Nada de conceptos solo teóricos en tu negocio, ni siquiera el 1%. ¡En serio! Solo conocimiento 100% aplicable.

Y la "filosofía", si la quieres incorporar (cosa que también está muy bien) que sea para el concepto/visión y la idea que tengas sobre tu empresa.

Y aun así tendrá que ser lo más práctica que puedas, para que sea aplicable a la filosofía de tu empresa y de cómo quieres llevarla y cómo quieres que ésta alcance el futuro que sueñas para ella y para ti.

Por lo que todo tu conocimiento sobre ti y para tu empresa, debe ser 100% aplicable y si no lo es o lo tienes pero no lo aplicas, (lo mismo da, que da lo mismo) no sirve para nada. Lo que luego da lugar a estas dos opciones que se suelen tomar con esto:

1) Decir: "hummm. Qué interesante…" y luego no hacer nada.

2) Decir: "hummm. Esto es una $#@&*, no funciona."

De nuevo, si funciona o no funciona, el responsable eres tú. Porque esto Sí funciona. Depende de ti si funciona o no. Depende de ti que lo pongas en práctica y a trabajar para ti o no.

Bien, entonces… ¿Cuáles son las preguntas inteligentes?

Estas son preguntas que manejo constantemente como Neuro-Coach. Son preguntas que te sacan de balance y te hacen tomar una dirección a seguir y no sólo cerrarte en un bucle que no te lleva a ningún lado.

Son preguntas que te hacen tener una actitud positiva y de enfoque hacia una solución, en vez de preguntas que no te llevan a ningún lado y solo te estresan.

<u>Son preguntas que te hacen que te sientas con el poder de hacer algo, que te abre un abanico de opciones y no sólo un túnel negro y oscuro del que no sabes por dónde salir.</u>

Si quieres hacerte una pregunta ti mismo o a alguien, para que verdaderamente te dé una solución y no una excusa, si quieres que tus empleados te den una respuesta y/o una solución, si quieres saber la forma de preguntarte a ti mismo correctamente para salvar los retos y los obstáculos que puedas tener en tu negocio, útil, pregunta o pregúntate: **Qué y Cómo.**

¿**Qué puedo** hacer al respecto de X?

¿**Qué podría** hacer al respecto de X?

¿**Cómo puedo** hacer/obtener/solucionar/x para x?

¿**Cómo podría** hacer/ obtener /solucionar/x para x?

Estas son las preguntas que debes hacerte o hacer a otros cuando quieres tener una respuesta verdadera, una solución.

Si te das cuenta, son preguntas muy poderosas porque se enfocan en todo momento, no en el victimismo ni el por qué no puedo, sino que se dirigen hacia una solución. Son sencillamente e increíblemente poderosas.

Lo que va hacer que verdaderamente salgas de ese problema al que tienes que enfrentarte, es preguntarte, "¿qué puedo o podría/mos hacer, cómo puedo o podría/mos hacer…?"

Son preguntas que te van a centrar positivamente en buscar una solución, en pensar opciones y variables que puedes hacer o que podrías hacer.

Son preguntas que te van a alejar de la negatividad y del Victimismo, que te van a alejar del "No puedo" y te van a acercar a "lo hemos conseguido."

Si preguntas esto a uno de tus trabajadores o a ti mismo, verdaderamente vas a sacar una solución más tarde o más temprano, pues te estás dirigiendo, sin darle la oportunidad de escurrirse, al centro de la cuestión, al qué y/o al cómo. Por eso son preguntas inteligentes.

Con estas dos preguntas vas a poder transformar las respuestas de tus clientes, de tus trabajadores y demás y de ti mismo, para que te den lo que tú buscas, para que te lleven hacia el éxito en lo que tú estás buscando y no a una excusa.

Ten muy en cuenta todo esto. No le quites atención por la sencillez y pases a otra cosa o a otra parte del libro. Préstales atención aún con su sencillez.

Ponlas en práctica en tu día a día consistentemente, una y otra vez, porque verdaderamente es casi mágico lo que van hacer en tu mentalidad como empresario y en tu negocio.

La Foto de los Enemigos más Buscados

Tal y como remarcábamos anteriormente de forma leve, es muy importante estar alerta, como un Vigía o un soldado ante la puerta de nuestro castillo, para que no entre cualquiera o alguien que pueda dañar el interior del castillo y a todo lo que está dentro.

Al igual que en el ejemplo anterior, tienes que estar atento, para que nada perjudicial entre a tu "castillo". Debes estar ojo avizor para que no entren "los enemigos más buscados".

Para ello, resultaría de mucha utilidad tener una fotografía suya, con sus caras, ¿verdad? Para poder así reconocerlos más fácilmente. Pues si no sabes quién o como son estos enemigos, difícilmente los podrás detener y seguramente los dejarás pasar sin más.

De hecho, muchas veces vendrán hasta disfrazados, lo cual hará que sea más difícil reconocerlos a primera vista. Disfrazados bajo el ropaje de ciertos sentimientos, de ciertas emociones.

Por ello es muy importante tener una fotografía y un informe detallado de quiénes y cómo son, para así poder identificarlos rápidamente, pararles en la puerta y no dejarlos pasar a tu castillo.

"¿Y cuáles son estos enemigos aliados que tiene mi caballo para hacerse al final con el control o salirse con la suya e ir por el camino que él quiere?" - Te preguntarás.

Los enemigos más buscados son: el estrés, la duda, la preocupación, el miedo y varios primos hermanos más…

Sé que estos son, en su gran mayoría, sentimientos que muchos conocemos muy bien y que algunos llevan dentro la mayoría de sus vidas. Todos, en mayor o menor medida, dejamos entrar a nuestro castillo a estos malvados.

Y sí, es así, los dejamos entrar e incluso muchas veces somos conscientes de ellos y de ello y aun así, las dejamos que pasen o incluso hasta que inunden, no sólo nuestra forma de pensamiento, sino todo nuestro ser.

Recuerda el gráfico, el proceso del P - POM. Cuando tienes un pensamiento X, dispara unos Neuroquímicos, los cuales y provocan un sentimiento en tu Ser. Lo que hace que todo tu cuerpo tenga una emoción o un sentimiento Z, como resultado relacionado con ello.

Por ejemplo, si dejas **incubar un pensamiento** de miedo de escasez tu cerebro, en cuestión de décimas de segundo, tu cuerpo y tu ser, van a comenzar a **sentir** como consecuencia, miedo.

Lo mismo pasa positivamente, por supuesto.

Si tienes un pensamiento positivo relacionado con algo que has conseguido o se ha logrado en tu negocio, casi instantáneamente, vas a tener la experiencia en tu cuerpo de un sentimiento de felicidad y/u otras variantes de esta.

Aunque por desgracia, ocurre con más asiduidad que te centres en el primer caso. En lo negativo. Pues en verdad, eres experto en alimentar (de hecho esa es la palabra exacta, alimentar) y permitir, los pensamientos negativos y que éstos se esparzan por todo tu ser, dando forma a todo tipo de emociones negativas y tóxicas, para tu mente, tu organismo, tu vida social y por supuesto, tu negocio.

¿Porque digo alimentar?

Bien, entiendo que esto es normal y es lógico, es humano, viene de serie con nosotros. Aun así, *es una habilidad, es entrenable, como casi todo. Casi todas las cosas que conozco la vida, pueden ser una habilidad que se puede entrenar.*

Si es que hay alguna, hay muy pocas cosas que vengan "de nacimiento". La mayoría de las cosas que conozco y con las que nacemos, que creemos que tenemos o no tenemos, se pueden entrenar para ser mejores en ellas.

No juzgues como un don, a gente que ya tiene facilidad para las ventas, para la comunicación con la gente, para ganarse los clientes o cosas así.

Sí, es posible que hayan nacido con ciertas habilidades "de serie" como todos tenemos por supuesto, sin embargo, la vasta mayoría de *los empresarios de gran éxito en el mundo, se han hecho a sí mismos, casi ninguno venía ya con las habilidades para serlo "de serie".*

Por ello, te decía, que es normal que te asalten pensamientos negativos tu vida diaria y más cuando estás enfrentándote a algo como un reto, algo que quieres desarrollar, algo que debería salir de una forma X y que está saliendo, en verdad, de una forma que no debería estar saliendo, los clientes no te están dando una retroalimentación positiva, el mercado quizá no está respondiendo de la forma que tú esperabas con ese producto o ese servicio, etc. Es normal que te surja la duda en este momento, que te surja la preocupación y demás.

Efectivamente es normal todo lo anterior. Sin embargo, lo que no debe ser normal, es que le des de comer. Que surja es normal, pero ¡no lo alimentes!

Imagínate que tus pensamientos negativos son como un *Gremlin*.

¿Recuerdas la simpática película de los 80´s de Steven Spielberg "*Gremlins*"? A partir de las 12 de la noche, ni darles de comer, ni darles agua. ¿Recuerdas?

<u>Pues trata a tus pensamientos negativos como un *Gremlin*, ¡pues eso es lo que son! No despúes de las 12 en este caso, sino en cuanto aparezcan, ni comida, ni agua. ¡No les des nada! No los alimentes. Recuerda, al enemigo, ni pan ni agua</u> (en este caso).

Me gustaría remarcar de nuevo que, efectivamente, tú no eres el culpable de estos pensamientos que "te asaltan". Tú no eres el culpable de lo que estos pensamientos provoquen luego una reacción en cadena que desemboca en ese tipo de sentimientos, reacciones y demás, que no son nada positivos para ti.

Aun así recuerda, es tu responsabilidad tomar las riendas, *ser consciente de ello* (aquí radica el secreto de todo).

Me doy cuenta de que esto ya lo repetido en un par de ocasiones y voy a repetir en el futuro ciertos conceptos que quiero remarcar y que creo que son importantes que lo haga.

Intento que este libro, sea como una charla contigo, de hecho así es como lo estoy escribiendo, quiero que sea casi una interacción contigo en directo, en persona. Quiero que sea yo hablándote a ti, enseñándote directamente, aunque sea a través de un libro. E intento que también sea entretenido, que no sólo sean un montón de conceptos aburridos.

Aun así, la intención de este libro no es entretenerte, no creo que hayas comprado este libro con esa intención. Mi intención con este libro, es enseñarte. Por ello te pido tu permiso y tu comprensión, para que cuando veas que repito algo, ciertos conceptos o repita ciertas frases, sepas que no lo hago porque no tenga inventiva, no es así, créeme.

Todo lo que está en este libro, cada apartado y cada cosa que expongo en él, tiene una razón y está expuesta por y con un motivo razonado y secuencial por el cual te quiero ir llevando y acompañando paso a paso.

También sé que algunas veces estoy provocando ciertos estados, algunos de ellos te harán sentir bien y otros sé que te van a resultar incómodos (algunos hasta te los puedes tomar como una bofetada).

De nuevo, ese es mi propósito (no la bofetada por supuesto, aunque algunos la tomen así, sino el estado de incomodidad).

"¿Por qué?" - te preguntarás.

Porque quiero provocar en ti una Reacción para poder así Moverte de la "caja".

Dentro de la comodidad no vas a Crecer. Dentro de la comodidad no surgen las Mejores cosas.

Sí, efectivamente, en la comodidad estamos "cómodos" (por llamarlo de alguna manera), aunque en muchas ocasiones, esta es una comodidad - incómoda con la que nos hemos acostumbrado a vivir. Pero las mejores cosas, están fuera de esa comodidad, están fuera de ese círculo de comodidad y de *aparente confort.*

Por ello, la repetición es algo a lo que voy a recurrir en varias ocasiones, para ciertas ideas o ciertos conceptos en este libro. Lo estoy haciendo conscientemente.

"¿Por qué?" - puede que aún te preguntes.

Porque la repetición, es la madre de la Maestría y la Perfección.

Si quieres ser bueno en algo, es vital, es primordial la repetición una y otra vez de lo que estás aprendiendo. Y más porque no sé cuándo va ser la próxima vez que te leas este libro.

Por desgracia no tenemos la costumbre de releer un libro al menos un par de veces, en mi caso es algo que sí hago comúnmente con libros que me gustan o que veo que puedo o necesitan más de una primera lectura para sacarle el máximo jugo y aprender más. Esta es la razón por la cual remarco en algunas ocasiones algunos conceptos.

Concluyo con este apartado recordándote algo muy importante, cuando tengas un pensamiento negativo, trátalo como un *Gremlin.* En cuanto lo veas, no lo alimentes. No le des de comer, no dejes que se alimente de tus emociones negativas haciéndole que se convierta en un gran monstruo que luego sea difícil de parar.

No dejes que ese pensamiento, se convierta en un sentimiento que inunde todo tu ser y se haga difícil de parar, una vez que ya tienes esa emoción tan fuerte de miedo, de preocupación, frustración, irascibilidad y demás.

Sé que no es fácil cortar de raíz un sentimiento que se está pensando formar, pues por el motivo que sea, aunque sea negativo parece que nos deleitamos en recrearnos en su visión negativa de todos los escenarios posibles. Es la costumbre. Pero debes luchar contra ello.

Debes pararlo en el momento en que empiezas a tener una mínima sensación o incluso antes, que sería lo más positivo.

Antes de que surja la sensación, pues puede que ahí comience a generar una gran fuerza y luego ya sea tarde y para cuando te quieras dar cuenta, ya estarás inundado literalmente de esa sensación y ese sentimiento nada positivo para ti como empresario y realmente tóxico para tu persona, pues de ahí surgen las úlceras, problemas gástricos muy severos, conozco a varios empresarios con este tipo de problemas, estrés, jaquecas, migrañas crónicas y un largo, por desgracia, etcétera. Y ya no sólo tóxico para tu persona, sino también terriblemente perjudicial para tu empresa.

Así que, toma las riendas de tu mente.

No alimentes y no dejes pasar a quien no te va a beneficiar en absoluto o *de lo contrario, "el monstruo" te tragará entero, literalmente. Y estarás entonces dentro de sus entrañas, y lo verás todo oscuro y te sentirás pegajoso y asqueroso, oliendo mal y además, sin poder gritar…* Lo cual finalmente desembocará en que estarás invadido de esa sensación de malestar e inundado por completo por esa emoción que ese pensamiento y sentimiento te ha provocado.

Lo que significa, que tienes que cortarlo radicalmente en cuanto aparezca, aunque en un principio, *dejarse llevar sea lo cómodo*, lo entiendo. Sólo que, recuerda en este caso lo que hemos dicho de la comodidad y a lo que te va llevar…

Tú decides.

Tú haces.

"Muy interesante Miguel. Voy a poner todo esto en práctica. Sin embargo, ¿Qué hago si ya es un poco tarde, pues no sabía todo esto que me estás contando? ¿Qué hago si ya me ha invadido el estrés y todo esto que cuentas? ¿Hay algo práctico o alguna herramienta que pueda tener conmigo?" - Intuyo que me preguntas.

Sí, hay algo que pues hacer y te voy a dar varias herramientas totalmente prácticas, tal y como te prometido, para que veas que puedes perfectamente hacer algo al respecto en cualquiera de los pasos del **P-POM** o en las situaciones o casos que tengas delante.

Entiendo perfectamente, que esto al principio no es fácil y toma un tiempo hasta que forma parte de uno. Lo que significa, que es normal que algunas veces se te olvide, o que cuando quieras coger las riendas, ya sea tarde y te veas inundado por esa problemática que te ha generado ese pensamiento o esa experiencia que has vivido fuera o en tu mente.

Aunque con práctica y constancia, lo conseguirás y perfeccionarás esta habilidad, pues al final es lo que es, una habilidad para entrenar a tu mente y a tu cerebro, a que sigan tus pasos y no al revés.

Sin más, voy a dar paso a esta increíblemente Sencilla pero Grandísimamente Poderosa técnica que me pedías.

Técnica "Ancestralmente Moderna" para el Manejo del Stress y Emociones Nocivas

Esta es una técnica que llevo realizando durante muchísimos años y que aprendí hace también mucho tiempo, cuando comencé en mi camino en las Artes Marciales.

Es una técnica ancestral de respiración que, como te decía, aprendí en una de todas las disciplinas que estudié sobre Artes Marciales.

Aun así, posteriormente la he visto en otros sistemas de relajación y hasta incorporada en técnicas y metodologías modernas. Lo cual significa, que con el paso de los años, sigue funcionando y en diferentes áreas.

Esto además nos dice que es muy efectiva, aparte de ser muy sencilla de realizar y que se adecúa a los tiempos que corren. Pues aunque yo la aprendí una forma un poco más "avanzada", la voy a exponer aquí de una manera más fácil de hacer y quizá más adelante, ya en el curso online o en los eventos presenciales, trate la forma más avanzada. Sin embargo por mi experiencia, esta es la mejor forma de comenzar.

Bien, sería bueno que antes de hacerla, leas los pasos primero y luego ya te tomas unos minutos para hacerla tranquilamente.

Lo primero y más importante, es que estés en un sitio relajado y que no te moleste nadie.

Pon fuera todas las distracciones posibles, apaga el teléfono inteligente, di a tu secretaria o a tus trabajadores que no estás disponibles en este momento y que no te molesten, cierra la puerta y que nadie te interrumpa.

¡Por favor, solo son cinco minutos!

Bien, siéntate en un sitio confortable en el cual estés relajado.

Puedes hacerlo una silla normal, sin embargo, si lo haces en una silla cómoda o en un buen sofá, tu cuerpo te lo agradecerá.

Cierra tus ojos y toma una relajación profunda. Toma consciencia de todo tu cuerpo y solo relájate. Siente el placer de relajarte y de evadirte de todo, solo por momento.

Toma dos respiraciones profundas más y nota cómo, con cada una de ellas, relajas más y más tu cuerpo.

Una vez hechas estas respiraciones profundas, comenzamos con la técnica:

1. Inspira aire por la nariz, contando hasta cinco segundos.

2. Retén el aire, no lo expulses aún. Retenlo cinco segundos.

3. Ahora expulsa el aire suavemente por la boca, poniendo los labios como si estuvieras fumando en pipa durante otros cinco segundos.

4. Una vez has expulsado todo el aire, no vuelvas a inspirar aire de nuevo rápidamente, sino retén y aguanta otros cinco segundos.

5. Ya has completado un ciclo. Repite los pasos del 1 al 4 cinco veces.

Resumiendo:

- Inspirar por nariz 5 seg.
- Retener 5 seg.
- Expirar por boca 5 seg.
- Retener 5 seg.
- Y volver a inspirar por nariz y seguir con el ciclo.

Esto repetirlo también cinco veces.

Si quieres ir más allá, dispones de un momento más de tiempo para ti y quieres relajarte más y quitarte ese estrés, en vez de cinco, hazlo nueve veces.

¿Qué te ha parecido la técnica?

Parece muy sencilla y transmite, ya sólo con leerla, mucha tranquilidad, relajación y sosiego. ¿Verdad?

Bien, pues te invito a ponerla en práctica, si puedes, ahora mismo y en todos los momentos que puedas, cuando te veas estresado, te sientas preocupado, con ansiedad o con cualquier otro tipo de emoción que te esté causando malestar a nivel anímico y físico.

Tanto yo a nivel personal, como decenas y decenas de personas a las que se he enseñado, me han reportado que los resultados son tremendamente inmediatos y sorprendentes.

Ya me lo agradecerás.

Para por un momento la lectura y haz la técnica ahora. Pues si algo me dice que, si estás en un lugar en el que puedes leer este libro, también puedes hacer la técnica.

Así que hazla ahora mismo y vas a ver la diferencia de estado en el que te vas a encontrar.

Pero ¡espera un momento! Esto no es todo.

¿Qué te parecería, si te doy algo más todavía?

¿Qué te parecería, si además te doy como añadido, algo aún más poderoso y efectivo?

Como te decía anteriormente, este libro es como pocos en el mundo. De hecho, como este específicamente no conozco ninguno.

Soy un lector voraz y apasionado, aunque por supuesto, no he leído todos libros del mundo y te puedo decir que este libro es único y vas a tardar mucho tiempo en ver un libro igual para el Empresario.

¿Qué pensarías, qué estarías dispuesto a dar, cuál es el precio que estarías dispuesto a invertir, si te dijera que tengo una herramienta ahora mismo para darte, no mañana, no la próxima vez que nos veamos, sino que te la diera en este momento, ahora mismo, para que te ayudara una vez que tus emociones ya te hayan inundado y te hayan cargado negativamente?

Porque quizá has tenido una charla muy dura con uno de tus clientes, has tenido una discusión fuerte con tus empleados, has tenido un encuentro muy acalorado con uno de tus proveedores o en el banco y que te ha llenado totalmente de un gran estrés, una gran preocupación, que está llegando ya no sólo a ti, sino también tuvo entorno social, o con tus empleados que muchas veces no tienen la culpa y pagas con ellos tu irascibilidad y malhumor por todos los problemas y preocupaciones que tienes al cabo del día o incluso hasta puede que esté afectando a tu familia…

¿Cómo sería de valioso para ti tener una herramienta, una técnica que no te costaría más de tres minutos ponerla en práctica? Sí, sí, has leído bien. Sólo tres minutos.

En verdad, hasta la podrías hacer en sólo un minuto. Sin embargo quiero que tomes tres minutos para hacer la tranquila y relajadamente y con consciencia.

Quiero que te tomes tu tiempo y el respeto que te mereces, el respeto de tu tiempo, de tu momento. Que empieces a valorarte y a valorar tu tiempo contigo mismo y no solamente dejarte llevar por el tiempo de otros, por las ocupaciones de otros o por la vorágine de ideas o cosas que deberían hacer otros o las que tienes que hacer tú.

Maneja - Optimiza el tiempo. Hazte un Master en ello.

<u>Comienza a manejar tu vida también en este sentido, no dejes que tu caballo o el caballo de otros, manejen tu tiempo.</u>

Una habilidad muy importante que tienen los Grandes Empresarios, es el manejo y el control de su tiempo en todos los sentidos. Tanto a nivel de negocios, a nivel social y sin olvidar algo muy importante, ellos también tienen y prestan mucha atención al tiempo consigo mismos, para generar grandes ideas, para la reflexión y para la optimización de su mentalidad y su negocio.

Por lo tanto, toma el mismo ejemplo. Pues aquí estamos para desarrollar la mentalidad de los grandes, para que seas uno de ellos. Al fin y al cabo ¿Qué son sólo tres minutos?

Por ello, permíteme preguntarte de nuevo, ¿Cómo sería de valioso para ti que te diera una herramienta que eliminara, sí eliminara, esa emoción negativa a ese problema al que te estás enfrentando o te has enfrentado o para que cada idea negativa que surja de nuevo en tu cabeza (pues va a insistir más de una vez, ya sabes lo cabezota que puede ser el caballo) pudieras quitártela de un plumazo?

Bien, pues esta técnica la puedes encontrar a un precio, además, *especial* por ser lector de este libro. Esta técnica ya has visto el valor, el gran valor que tendría para ti ¿verdad?

Pues déjame decirte que, en este momento, por ser lector del libro la vas a poder obtener por mucho menos de su Valor Original, que es más de **500€.**

Hoy la puedes conseguir aquí por ¡solo 375€!

Sí, sólo por 375€ por acceder a una técnica realmente increíble que va a hacer eliminar todo lo anterior de un plumazo y te va a reportar grandes Beneficios para tu mentalidad y tu Negocio ¡desde el Primer Momento que la utilices!

¡Desde el primer instante!

¿No sería fantástico?

¡Y además te vas a ahorrar 125€ del precio Original!

Para conseguirla, ve a la página siguiente:

www.teestoygastandounabroma.asíes

Sí, te estaba gastando una pequeña broma.

Permítete vivir la vida con un poco más de alegría y desenfado. Sólo quería que te relajaras y echaras una sonrisa por un momento.

Permíteme ser tu Coach de Negocios/Personal por este tiempo que pasamos juntos. Y así es como yo personalmente y profesionalmente también soy.

Me gusta ser Serio y Profesional en lo que hago, Directo, con Honestidad y Confianza. Y aun así, me gusta tratarlo de la forma más amena posible. Pues se agradecen de vez en cuando unas pequeñas bromas para aliviar y relajar, dadas las tensiones que provocan los negocios. ¿Verdad?

Aunque déjame decirte algo… La gente que me conoce, siempre sabe que todo lo que hago en la vida, lo hago por una razón. Siempre que muevo una ficha, tiene un porqué, siempre detrás hay una razón. No me gusta hacer las cosas porque sí, sin más.

Te digo esto, porque aparte de querer hacerte una pequeña broma para que te distiendas un poco, además he querido hacer esta pequeña broma *para ver qué tipo de reacción provoca en ti esto.*

Me explico…

Cuando has leído y has visto que alguien en este libro estaba intentando/sugiriendo que compres algo, ¿qué has pensado? ¿Qué se te ha pasado por la cabeza? ¿Qué es lo que has sentido? ¿Qué es lo que te estabas imaginando o pensando en ese momento?

Presta mucha atención a esto. Al cómo te has sentido o qué te has puesto a pensar con respecto a ello. Pues eso también dice mucho de la mentalidad que tengas en los negocios.

Si te has sentido incómodo o si lo has visto no adecuado y no te gustaba nada o pensabas cosas como, "ya me está vendiendo este tipo" o algo similar, **es MUY Probable que tengas un problema/resistencia con vender**…

Y eso, mi estimado lector, es un SERIO PROBLEMA cuando te dedicas a los Negocios…

Bueno. Esto es una cosa que veremos y trataremos más adelante, no voy a adelantar acontecimientos en este momento.

Por ahora no te preocupes, porque no vas a tener que pagar por esta técnica. Aunque en verdad, tiene un gran valor.

Ya has podido entrever qué Valor tendrá esta técnica en tu Vida y para ti va a ser completamente GRATIS. Por el ridículo precio de este libro, la tienes incluida. Esta herramienta y varias más.

El estudio de la mentalidad en general y para la excelencia en cualquier parte de la vida, siempre ha sido una de mis pasiones. Y esto me ha llevado a profesionalizarme a lo largo de los años en diferentes disciplinas.

Una de ellas y una de las cuales más me ha fascinado y ha impactado en mí, es la Programación Neuro-Lingüística.

Tanto es así, que he dedicado varios años de mi vida a su estudio e investigación (aún hoy todavía sigo en ello) obteniendo una doble titulación en ella en diferentes "ramas".

Es por eso, que creo conveniente compartirte en este libro esta técnica tan sencilla pero tan poderosa de Programación Neuro-Lingüística para lidiar con esto que hablábamos.

¿Qué te parece si vamos a por ella?

Técnica de Sustitución y Optimización de Escenarios

Identifica, busca en tu mente una situación desagradable que te esté preocupando o te esté estresando con algo relacionado con tu negocio.

Tal y como hemos apuntado antes, esto puede ser un enfrentamiento con nuestros empleados, una mala discusión con uno de tus clientes, una situación de tu negocio que no te esté agradando o algo relacionado con ello, como con el banco, proveedores o algo así.

Recuerda. Aunque es lógico, creo importante remarcar, que esta técnica, no va a solucionar el problema, si es que hay un problema real en sí.

Si tienes un problema económico con el banco, esta técnica no lo va a solucionar, como es lógico. Lo que sí que va hacer esta técnica maravillosamente y de una forma poderosa, es eliminar y cambiar la percepción y el problema que te está causando interiormente esta circunstancia, todo el estrés, toda la negatividad y todas las cosas de las que hemos hablados anteriormente.

Recuerda, va a cambiar tu mundo interno no el mundo externo. Aunque, como ya hemos visto y hemos tratado, **tener un buen mundo interno, es lo que necesitas para cambiar las cosas externas que tienes alrededor**. ¿No es así?

Bien, una vez ya localizado el escenario que te está dando muchos quebraderos de cabeza y por el cual estás preocupado y asalta a tu cabeza una y otra vez, quiero que te sientes en un sitio confortable, que cierres los ojos y como en la técnica anterior del manejo del estrés, tomes tres respiraciones largas y profundas, y te relajes.

1. Visualiza y escucha con los ojos cerrados, las cosas que pasaron en ese escenario, en esa discusión, en esa problemática etc. imaginándolo como si tuvieses una pantalla de cine enfrente de ti, en la cual estás viendo esa película. La estás viendo estas escuchando.

   Eso sí, trata de mantenerte fuera de las sensaciones, intenta verla como un mero espectador y no te metas en las emociones de ello. No sientas cabreo, preocupación, desesperación, etc. sólo ve la situación como pasó enfrente de ti y escucha los sonidos, lo que decías y lo que esa persona o personas te decían.

Y aquí hay una clave importante. Visualízalo en blanco y negro a ser posible.

Hazlo sólo por unos segundos, no te recrees en ello.

2. Visualiza ahora en otra pantalla, pero esta vez en color, la situación tal y como te gustaría que hubiese sido todo. Una parte importante, es que veas una situación de ganar - ganar. Una situación en la que las dos partes estén contentas con lo que está sucediendo y aconteciendo.

Imagina en esa nueva situación cómo te gustaría que hubiese pasado todo y móntate una película de lo que te habría gustado que pasara, escucha los sonidos y lo que te dice esa o esas personas y lo que dices tú y cómo los dos estáis contentos y felices y de acuerdo con ello.

Y ahora sí, **permítete sentir y llevarte por las emociones que eso te provoca.**

Permítete sentirte contento, feliz, entusiasmado por lo que fuera. Permítete conectarte, esta vez sí, con las emociones o sentimientos que este escenario positivo te despierta.

Hazlo por unos segundos más que en la visualización anterior. Recréate un poco más en esta, tomándote más tiempo, haciendo la imagen más grande, con colores más vivos, escuchando todo de forma más auténtica y prestando atención a lo bien que te sientes con ello.

3. A lo lejos, arriba a la derecha y fuera de esa pantalla positiva que has creado, ve de nuevo la pantalla con la situación en blanco y negro "negativa" que no te gusta y tráela de nuevo enfrente tuyo y la que tienes ahora en color, la de la situación que sí te gusta, llévala al fondo de nuevo, en sustitución de la de blanco y negro.

4. Ve y escucha de nuevo la situación "negativa" delante de ti, sin poner ninguna emoción en ella. Sólo por unos pocos segundos.

5. De nuevo, a lo lejos arriba y a la derecha, está la pantalla positiva que has creado en color. Tráela de nuevo ante ti y la

que tienes enfrente de ti, en blanco y negro, mándala muy lejos, a la derecha, en sustitución de la otra.

Y permítete de nuevo vivir, que no solo veas, sino que también escuches la situación positiva, el resultado que te hubiera gustado que fuese. Y también permítete que te vengan emociones y vive eso como si fuera real.

6. Cuando hayan pasado otros segundos más de haber vivido esta experiencia tal y como te hubiese gustado que pasara todo, de nuevo trae al frente la pantalla en blanco y negro de la situación "negativa" y mira la película otra vez. Recuerda sólo mirarla y escucharla como si de una película se tratara, sin sentir nada.

7. Repite este proceso unas cinco veces y termina siempre la técnica con la imagen positiva. Y haz cada proceso más corto cada vez. Haz que los cambios entre escenarios sean cada vez más rápidos.

Ahora, una vez has terminado la técnica, descansa por un momento y piensa en la situación que no te agradaba, la que era estresante y demás, de nuevo y mira cómo te sientes ahora…

Ha cambiado algo ¿verdad? No sientes el mismo "malestar", "negatividad" o "mala onda" que antes. ¿No es así? No ves que te esté afectando como antes lo hacía, ¿no es cierto?

Increíble, ¿no te parece?

Una interesante técnica ¿verdad?

Te aconsejo que la hagas si puedes ahora mismo y si no puedes en este momento, ponla en práctica en cuanto llegues a un lugar tranquilo o a casa. Pues cuanto antes la pongas en funcionamiento, antes vas a ver, antes vas a comprobar y a sentir por ti mismo, los beneficios que esta técnica va a provocar en tu mentalidad, en tu estado de ser y en tu persona.

Por supuesto, tendrás que repetirla varias veces. Repítela cada vez que te asalte esa preocupación. Pues aunque no quiero dar detalles muy técnicos, basta con decir, que es una técnica que está condicionando al cerebro y entrenándolo para que, cuando le surja a tu mente de nuevo una situación negativa, la elimine y quite todas emociones y sensaciones negativas y la sustituya por una buena sensación y sentimiento.

Por lo cual, tu experiencia y tu emoción hacia ello cambiará. Lo que significa que estarás libre de ello y podrás ser más efectivo y con la mentalidad más fuerte y más funcional para enfocarte a hacer lo que sí necesitas hacer y comunicarte de la manera en que te tienes que comunicar y no en enfocarte en <u>las malas experiencias y en problemas que no te llevan y no te van a llevar nunca al éxito empresarial en tu negocio</u>.

Y sé que cuanto más hagas esta técnica y la pongas en práctica en tu día a día, más efectiva va ser para ti y mejores resultados vas a ir viendo en tu personalidad y en tu mentalidad. Lo que significa que también hará un gran cambio alrededor de tu negocio.

Con todo esto, sólo con esta primera porción que hemos tratado en esta parte del libro, ya vas a obtener y vas poder comprobar, que <u>si lo pones en práctica de forma constante y persistente</u>, habrá un antes y un después en los *Resultados y el Crecimiento Exponencial* que vas a tener.

SEGUNDA PARTE: TU MENTALIDAD. ¿TIENES LO QUE HAY QUE TENER?

Bueno, comenzamos con la segunda parte de este apasionante trabajo sobre el concepto de la mentalidad en los negocios.

Estoy seguro de que según vayas leyendo más y más, vas a caer en la cuenta todavía de la importancia de tener esta mentalidad en ti mismo y en tu negocio, y conforme vayas entendiendo este concepto más y mejor va a ir ahondando en tu persona, más vas a tomar cartas en el asunto y a actuar de forma activa para ponerlo en práctica en tu negocio.

Espero que haya sido todo un descubrimiento para ti todo lo que hemos cubierto en la primera parte, junto a lo que hayas podido obtener y darte cuenta, con los ejercicios. Y que a la par, haya sido también muy revelador para ti, tanto como lo fue para mí cuando lo descubrí y durante los años que me ha llevado implementarlo en mi persona y la experiencia que me ha dado el implementarlo también, a lo largo de los años, con diferentes tipos de clientes y empresas.

Hemos empezado a rascar la superficie de descubrir que hay un responsable detrás de todo lo que no está sucediendo en nuestro negocio o en lo que nos gustaría hacer y no está sucediendo y llegar hacia los objetivos que nos hemos marcado.

Aparte de darte los conceptos y las herramientas que te han permitido descubrir e investigar, como si de un detective se tratara, quiénes son los responsables de lo que no estas obteniendo ahora mismo en tu empresa.

Y a la vez hemos visto una serie de herramientas que, si las ha puesto en práctica, estoy seguro de que te habrán sorprendido los resultados muy gratamente. Pues son técnicas estupendas y que funcionan de maravilla para optimizar tu mente y alcanzar los resultados que quieres.

Ahora, ya en esta segunda parte, nos vamos a meter en faena, nos vamos a meter al agua completamente, así que remángate las mangas de tu camisa, pues no vamos a meter de lleno.

En el principio, hemos estado indagando sobre el qué y el cómo. Ahora ya vamos a ir sobre esos conceptos que debes tener, los cuales tienen los más grandes empresarios de este mundo.

Debes identificar si los tienes o no y si alguno de ellos no lo tienes, ponerlo en tu vida, en tu Ser, en tu Mentalidad y en tu día a día y en el de tu negocio, lo más inmediatamente posible. *Pues eso es lo que marca la diferencia* entre lo que yo llamo un **EVE (Empresario de Verdadero Éxito)** y uno que no lo tiene, o como me gusta llamarlo, **EME (Empresario con Mediocre/Medio Éxito)** que tiene solo unos resultados mediocres o medios.

Por ello, era tan importante toda la primera parte. Pues nos ha permitido identificar y que te dieras cuenta de ciertas cosas. Pues los grandes empresarios conocen muy bien este concepto, que sus mentes, pueden ser sus mejores aliados o sus peores enemigos. Ellos conocen muy bien esto y se vuelven unos expertos en manejarlo.

Como te decía, esto forma parte de un proceso que he creado hace ya bastante tiempo, *es un proceso secuencial y lógico, el cual te va ir llevando de forma estratégica a conseguir* lo que me he propuesto conseguir contigo, que tengas una mentalidad correcta, de las más grandes a ser posible, para tu éxito como empresario y en tu negocio.

Por todo esto, en este apartado lo que vamos a ver primero es, de nuevo identificar si tienes lo que hay que tener para ser un **EVE** (Empresario de Verdadero Éxito).

Hay cosas que ya tendrás, lo cual será estupendo y como es lógico y a todos nos ha pasado, también descubrirás qué cosas no tienes en este momento implementadas o qué tienes de manera más floja y tienes que desarrollar.

Sea como fuere, no te preocupes. Lo importante es saber dónde estás y con qué recursos cuentas en este momento y con los que no cuentas, pues a desarrollarlos. ¡Así de "simple"!

¿Estás preparado?

¿Seguro?

Un consejo que bajo la experiencia he visto y que en muchos casos es de vital importancia. Antes de ir a por ello, *deja tu ego apartado y aparcado a un lado por un momento.*

No te lo tomes como nada personal y mucho menos como un ataque, pues no lo es.

Sí, efectivamente soy una persona a la que le gusta hablar con honestidad, no tengo pelos en la lengua, me gusta expresarme con claridad y de forma directa, sin rodeos y sin camuflar o engañar/embellecer las cosas para que queden mejor. Las cosas hay que presentarlas como son. ¿No crees?

Aun así, como ya seguramente has podido percibir en todo lo que llevamos juntos, mi intención es totalmente positiva hacia tu persona y hacia tu negocio. ¿Verdad?

Mi intención con este libro y con todo este conocimiento que he recopilado a lo largo de los años, es la de ayudarte a mejorar. Por lo tanto, no hay cabida en mi intención para algo parecido a un ataque. Por lo que, si en algún momento alguna persona lo toma de esa manera, es una re-interpretación suya, es por culpa de su ego. No mía.

Y como aquí estamos para aprender, para crecer y para llegar al siguiente nivel en nuestro negocio, lo mejor que conozco para ello es dejar el ego aparcado a un lado por unos momentos. ¿De acuerdo?

Yo te enseño lo mejor que tengo y de la mejor forma que sé, y tú no te lo tomas como un ataque, sino como lo que es, *una enseñanza y un consejo para que tomes conciencia de ello, y hagas algo al respecto para mejorar tu negocio y llevarlo al Siguiente Nivel*. Y además, convertirte en un **EVE**. ¿Tenemos ese trato?

Bien, pues vamos allá. Vamos directamente a ponernos manos a la obra y sin rodeos.

¿Eres una Persona que Tiene un Negocio o eres un Empresario?

"¿Hay acaso diferencia?" – Pensarás.

¡Uffff! Sí que la hay. ¡¡Y mucha!!

Si esto es lo que has pensado o la pregunta que te has hecho, eso ya dice bastante sobre qué tipo de mentalidad tienes, ya seas el dueño de un Restaurante, el CEO de una multinacional, el Director-Propietario de un Hotel, te dediques al Network Marketing o seas un Emprendedor por Internet o un Internet Marketer.

Mira, a lo largo de los años como Neuro-Coach de Negocios, he tenido la oportunidad de asesorar, ayudar y ver diferentes tipos de negocios, de empresas y de personas. Y te puedo decir que, en un grandísimo porcentaje me encontrado, por desgracia, con esta mentalidad.

Y digo por desgracia, porque verdaderamente este tipo de mentalidad es una traba bastante grande por la cual no puedas llegar a ser un **EVE** (Empresario de Verdadero Éxito) y te quedes permanentemente en un **EME** (Empresario con Mediocre/Medio Éxito).

"¿Y cuál es la diferencia entonces?" - Quizá te preguntes.

Pues por desgracia es un poco complicado explicarlo con palabras, pues es un concepto de Actitud.

Lo que sí te puedo decir, es que después de haber tratado y de haber estado con verdaderos empresarios y con personas que tienen un negocio, verdaderamente se nota la gran diferencia entre los dos.

Un empresario, tiene una mentalidad correcta, tiene todos los conceptos que vamos a tratar más adelante implementados en su personalidad y también en su negocio.

Al contrario que una persona que tiene un negocio. Pues es una persona "normal" que tiene un negocio, una persona "normal" que se ha puesto al frente de un negocio y que muchas veces no sabe ni qué es eso, ni se ha preparado ni se prepara para ello. No tiene una mentalidad de empresario.

El creer que conocen la Materia como Trabajador, les hace creer que pueden Manejar un Negocio sobre ello. Y No es Así. Ya que

tienen el conocimiento del *qué* hacer en un Negocio, pero no del *Cómo* hacerlo. Y además, No tienen una mentalidad de Empresario.

Saber del Negocio no quiere decir SABER DE NEGOCIOS...

La persona que tiene un negocio o emprendedor, es una persona que tiene una mentalidad común y corriente y no digo que esto sea negativo en ningún momento, sino que no es lo más beneficioso ni lo más productivo para un negocio, que es el tema que estamos tratando.

Esta persona, con su enfoque limitante hacia los negocios, cree y piensa tal y como piensa en su vida personal. No entiende, que tienen sus diferencias y sus habilidades específicas.

Por lo tanto, trata a su negocio de la misma forma que trata a su vida y piensa para su negocio de la misma forma que piensa para su vida. Lo cual, aunque en algunas ocasiones es positivo, en la gran mayoría de veces es algo totalmente negativo y limitante, pues no piensan en términos de negocios, en términos de expansión, de inversión, de mejora constante, de marketing y publicidad y un grandísimo etc. que iremos viendo a lo largo de este apartado.

Todo esto es algo muy común sobre todo, en las Pymes, en las pequeñas y medianas empresas y en emprendedores. Aunque también me lo he encontrado en alguna que otra de las "grandes".

Todo ello hace que al final, la persona que tiene un negocio se convierta en un **EME** y esté muy lejos de conseguir y alcanzar a tener una verdadera empresa, sino que tendrá siempre un pequeño negocio personal, *que más que en un negocio, en muchos casos, ni siquiera llegará a eso, sino que casi se tornará en un autoempleo.*

Así que, antes de ir desgranando qué tipo de actitudes y qué tipo de constantes tiene un verdadero empresario en comparación con una persona que tiene un negocio, me gustaría que te pares por un momento, reflexiones y medites sobre esta pregunta...

¿ERES UNA PERSONA QUE TIENE UN NEGOCIO O ERES UN EMPRESARIO?

"Un **EVE** (Empresario de Verdadero Éxito) es un concepto esencialmente de Actitud.

Una persona que tiene un negocio o un **EME** (Empresario de Mediocre/Medio Éxito), es una persona "normal" que tiene un negocio, una persona "normal" que se ha puesto al frente de un negocio y que muchas veces *no sabe ni qué es eso, ni se ha preparado ni se prepara para ello.*

El creer que conocen la Materia como Trabajador, les hace creer que pueden Manejar un Negocio sobre ello. Y No es Así. Ya que tiene el cocimiento del *qué* hacer en un Negocio, pero no del *Cómo* hacerlo. Y además, NO tiene una mentalidad de Empresario.

No entiende, que efectivamente tienen sus diferencias y sus habilidades específicas.

Por lo tanto, trata su negocio de la misma forma que trata su vida, y piensa para su negocio de la misma forma que piensa para su vida. Lo cual aunque en algunas ocasiones esto puede ser positivo, **en una gran mayoría de las veces, es algo totalmente Negativo y Limitante**.

Saber del Negocio no significa SABER DE NEGOCIOS....

¿Tienes una Mentalidad de Escasez?

Puede parecer una pregunta retóricamente tonta ¿no es así?

Pero déjame decirte algo. Por desgracia, me asusta poner aquí el porcentaje tan alto de gente que me encontrado a lo largo de más de 14 años y que, aun teniendo un negocio, tenían una mentalidad de escasez.

Pues aunque parecen en un principio dos conceptos totalmente opuestos y que de hecho no deberían estar ni por asomo juntos, de nuevo digo, que por desgracia me he encontrado esto en una grandísima mayoría de los casos que he tenido.

Como veíamos, la vida y los negocios están intrínsecamente relacionados. Lo que significa, que muchas veces tú, finalmente eres tu negocio.

Tu negocio es una extensión de ti. Lo que nos dice, que si tú tienes una mentalidad de escasez como persona, ¿qué tipo de mentalidad - resultado vas a tener, cómo crees que se va a desarrollar tu negocio?

Pues efectivamente, ¡de forma nada positiva!

Esa mentalidad de escasez va a ser traspasada a tu negocio.

Esa mentalidad de escasez ha podido venir por alguna (o varias) situación (es) que tuviste en tu infancia o en tu pasado. Y como no se ha hecho nada al respecto (lógico dado que no sabías que estaba ahí), tú has ido creciendo con ella. Y tu negocio también, por supuesto.

¡Tu negocio nunca va a ser próspero con una mentalidad de escasez! Lo cual es más que totalmente lógico ¿no crees?

Por eso, por más que te hartes a hacer marketing, a hacer estrategias de venta, a motivar a tu equipo, a hacer nuevos productos o servicios, a poner dinero en publicidad, a construir panfletos o lo que fuere, ¡no te va a funcionar! Y al final, como siempre, la culpa será de otro. "El marketing no funciona, mi equipo o mis trabajadores no están trabajando bien, es la crisis (de nuevo), etc."

Será de cualquier otro, menos responsabilidad tuya.

Aun así, como siempre remarco, no es culpa tuya. De nuevo, esto no lo sabías. Quizá no sepas que tienes una mentalidad de escasez y la tengas.

Y quizá digas, "no, no, yo no tengo mentalidad de escasez, pues yo me enfoco en obtener beneficios y en que quiero ganar más."

Sí, recuerda, a nivel consciente sí quieres más beneficios y te enfocas en obtener más ventas y mejores resultados. Pero tu parte inconsciente, (el caballo ¿recuerdas?) se enfoca en otro tipo de cosas.

O se queda estancado en experiencias pasadas o quiere otras cosas diferentes a las que tú quieres o se estanca en sus miedos, en sus inseguridades, en un montón de los "no puedos", de las frustraciones pasadas y un larguísimo etcétera, que le impiden seguir hacia delante.

Por eso tú estás yendo o queriendo ir hacia un lado, y otra parte de ti está yendo o simplemente esta parada en otro...

Por eso quizás tengas la sensación algunas veces de que estás acelerando con el freno de mano echado o ves que vas un paso para delante y dos para atrás. ¿Te suena de algo?

Por lo que, a no ser que identifiques si tienes una mentalidad de escasez o no y empecéis los dos a remar hacia el mismo sentido, a "hacer las paces" y a poneros de acuerdo, siempre seguirá siendo una lucha de "él" por un lado y tú por otro, en la mayoría de las ocasiones. Tú hacia dónde quieres ir y "él" hacia el lado contrario, el de lo que quieres evitar.

Así que te animo a hacer algo que no me canso de aconsejar. Haz un poco de introspección, de reflexión, siéntate por un momento o mientras estás conduciendo o esperando en la cola del banco o esperando en la sala del dentista o mientras vas a tener tu sesión con el Quiropráctico (algo que aconsejo enormemente) o tu masajista y reflexiona, piensa por un momento y pregúntate:

- ¿Tengo algún tipo de resistencia con el dinero?

- ¿Tengo una actitud o una mentalidad de escasez, de que no hay suficiente?

- ¿Me causa algún tipo de problema o noto alguna resistencia con el hecho de ganar más dinero o tener más dinero?

- ¿Hay algo dentro de mí al que no le parece del todo bien esto de tener más dinero o ganar más dinero?

- ¿Hay algo dentro de mí que tiene algún problema en cobrar más por lo que vendo por lo que hago?

Reflexiona detenidamente sobre estas preguntas y estate muy atento a las respuestas que te puedan surgir, a las ideas y también a lo que percibas dentro de ti, a lo que sientas dentro de ti. Pues eso va ser la respuesta muchas veces a lo que te estás preguntando y eso te va hacer identificar si, verdaderamente, puedes tener una mentalidad de escasez y como ésta, puede estar frenándote y boicoteándote para conseguir los objetivos financieros que te has propuesto.

Pues de nuevo te repito, **con una mentalidad de escasez, nunca vas a poder ganar más dinero significativamente del que estás ganando lo mismo.**

> *"Cuando el subconsciente debe elegir entre emociones profundamente arraigadas y la lógica, casi siempre ganan las primeras"*
>
> *T. Harv Eker*
>
> Empresario
> MultiMillonario

Si tú crees no tener una mentalidad de escasez, te felicito. Espero que así sea.

Aun así, déjame decirte algo: *"si no estás consiguiendo los resultados financieros que quieres para tu negocio, aparte de que pueda estar faltando alguna estrategia de marketing o de cómo se están haciendo las cosas a nivel interno del negocio y que se deba optimizar, en gran medida es también porque hay algún tipo de resistencia psicológica/mental que te está apartando/frenando de ello."*

Por ello es importante que compruebes si verdaderamente puedes tener una mentalidad de escasez. Así que, ¿qué te parece si hacemos un ejercicio que te va ayudar increíblemente a ello?

Responde puntuando del 1 al 10 estas afirmaciones según estés en total acuerdo o desacuerdo. Siendo 1 que estás en total desacuerdo y 10 que estás absolutamente de acuerdo. ¿Ok?

Apunta en el mismo libro o si es digital en una hoja aparte, el número que creas conveniente para cada una de estas afirmaciones.

Vamos allá:

1. Los negocios son el origen de todos mis quebraderos de cabeza.

2. Pensándolo bien, es mejor ser un empleado que tener un negocio.

3. La gran mayoría de la gente que tiene éxito en los negocios ha tenido que mentir y/o pisar a otros o hacer cosas que no son muy correctas.

4. El hecho de tener un negocio me convertirá en una persona menos humana o menos espiritual.

5. Para tener un negocio de éxito hay que trabajar largas horas y luchar demasiado.

6. Tener un negocio de verdadero éxito es una grandísima responsabilidad.

7. Si fuera un EVE (Empresario Verdaderamente Exitoso) seguramente habría personas a las que no les caería bien y hasta quizá no me gustaría a mí mismo.

8. Si yo tengo un gran éxito quiere decir que otro negocio tiene que tener menos éxito que yo.

9. Tener una multinacional o un Negocio de Gran Expansión y un gran Poder adquisitivo significa ser avaricioso.

10. El dinero y las finanzas en general, no se me dan demasiado bien.

11. Tengo un gran potencial para tener una gran compañía o un gran negocio, todo lo que necesito es un cambio.

12. Para mí, este no es precisamente el momento más adecuado para intentar cambiar mi negocio.

13. Realmente no quiero ser un EVE (Empresario Verdaderamente Exitoso).

14. El dinero no es tan importante.

15. No puedo luchar por tener un gran negocio, tener un gran nivel económico y sentirme feliz y satisfecho al mismo tiempo.

16. El tener mucho dinero y un negocio próspero me puede crear muchos problemas.

17. No es justo que yo tenga más éxito que mis padres.

18. No puedes hacerte rico o millonario dedicándote a eso que quieres, a lo que más te gusta.

19. Tratar de mejorar mi negocio y llevarlo al siguiente nivel, es una lucha y un fastidio.

20. La gente no debería tener más dinero del necesario para vivir cómodamente.

21. El luchar para ser un EVE (Empresario Verdaderamente Exitoso) puede provocarme estrés y problemas de salud.

22. Hoy en día hay mucha competencia, por lo cual, en la actualidad es difícil prosperar en un negocio.

23. Apenas quedan buenas ideas ya, que estén por descubrir cómo negocios.

24. Teniendo en cuenta mi pasado, es difícil que yo llegue a tener grandes cantidades de dinero o tener un negocio de verdadero éxito.

25. Soy bueno dando, pero no recibiendo.

26. Me importa lo que opinan los demás de mí.

27. Mi negocio va bien, no necesito presionar las cosas.

28. Si pido ayuda, pensarán que soy débil.

29. La única razón para tener un negocio, es ganar dinero.

30. De nada sirve ganar mucho dinero con mi negocio, pues voy a tener que pagar más impuestos.

31. Cuando tenga un negocio realmente exitoso demostraré lo que valgo.

32. Tener un negocio exitoso es algo que raramente se puede aprender.

33. Dios es el que al fin y al cabo, va a decidir si voy a tener un negocio próspero o medio, si voy a triunfar o si voy a ser pobre o de clase media.

34. El mundo de los negocios es complicado y difícil de entender.

35. Yo no valgo para ser un jefe y menos para ser un líder.

36. Estoy demasiado ocupado como para gastar tiempo y energía en aprender cosas.

37. Si no tienes suerte en los negocios hay poco que hacer.

38. Los negocios, en verdad, corrompen esta sociedad.

39. Sin dinero todos estaríamos mucho mejor.

40. La venta es algo que no me gusta nada tener que hacer.

41. No soy lo suficientemente listo e inteligente para tener un negocio que realmente sea próspero o para ser un EVE (Empresario Verdaderamente Exitoso).

42. No me gusta vender ni promocionar mis servicios o productos.

43. No tengo la formación académica necesaria para tener un gran negocio que llegue a los niveles más altos.

44. Luchar por hacerme un EVE (empresario verdaderamente exitoso) o tener un negocio realmente próspero, no me dejaría mucho tiempo para el resto de las cosas de mi vida.

45. Siento que no soy "suficientemente bueno" como para ser un verdadero empresario.

46. Soy demasiado joven para tener un negocio de gran éxito.

47. Soy demasiado mayor para tener un negocio de gran éxito.

48. Me gustaría no tener que ocuparme de tener un negocio.

49. Es más difícil destacar en el mundo de los negocios si eres una mujer.

50. Tanto los negocios como el dinero, en muchos casos corrompen a las personas.

51. Si el éxito llega con facilidad, no es tan valioso.

52. Si yo genero y tengo mucho dinero, quiere decir que otro tendrá menos que yo.

53. Si tengo un negocio próspero, genial. Y sino lo consigo, pues también está bien.

54. Siento cierto rencor hacia las personas de éxito en los negocios.

¿Qué te ha parecido? Realmente interesante ¿no es verdad?

Ahora, toma nota de las afirmaciones que has contestado con un cinco o más.

En todas las afirmaciones que hayas contestado con un cinco o más, tienes una mentalidad de escasez o que te está obstaculizando para conseguir los objetivos sobre tener un gran negocio, que te has propuesto… Lo cual, como ya expusimos anteriormente, es totalmente incompatible con tener un negocio.

Con este ejercicio has podido comprobar si tienes una mentalidad de escasez en algunos aspectos y estoy seguro de que te has llevado más de una sorpresa contestándolas y viendo el resultado después. ¿No es así?

Lo que significa, que **tienes que hacer algo al respecto para eliminar esa mentalidad** que te está separando de ser un verdadero empresario y de tener el gran negocio que deseas tener y lograr los resultados que verdaderamente quieres. Pues de lo contrario, nunca tendrás Verdadero éxito en los negocios.

¿Gastas o Inviertes?

Esta es otra de las cosas que identifican una mentalidad de escasez.

Cuando alguien contrata mis servicios como Neuro-Coach de Negocios o de asesoramiento en implementación de nuevas estrategias u optimización de lo que ya tienen con el *"Marketing Hipnótico" o "Neuro-Marketing",* y estamos en el momento de hablar de dinero, presto mucha atención a lo dice. Pues ahí me está comunicando sus limitaciones o su mentalidad de escasez con el dinero, en caso de que la tenga.

También estoy muy atento a lo que me comunica, cuando tenemos una reunión previa con un cuestionario que suelo enviarle sobre cómo va su negocio y lo que quiere mejorar y otras herramientas que manejo.

Estas, me permiten hacer un trabajo de profundo análisis que me sirve para saber qué áreas están más flojas, me permite saber dónde ir directamente y conocer dónde hay que impulsar y optimizar, para mejorar los resultados que está obteniendo hasta ahora en su negocio y en su mentalidad, si lo pide o lo requiere, para que también su mente se expanda como nunca antes y por ende, así expanda también su negocio a grandes esferas.

Y una de las cosas que me hacen ver muy claramente si la persona con la que voy a tratar tiene o no una mentalidad de escasez, es cuando oigo que me dicen la palabra GASTO.

También, si en algún momento de la conversación, cuando está haciendo referencia al valor de mis servicios o al de otras cosas que necesita su compañía y debe pagar, se refiere a ellas como un gasto más que tiene que hacer o que es un gasto sin más, casi casi de inmediato, me levanto de la mesa, le doy la mano y me doy media vuelta despidiéndome de él dándole las gracias por haberse reunido conmigo y por su tiempo.

No suelo hacerlo así de tajante, por eso puntualizado "el casi". Aunque sí en alguna ocasión lo he llegado hacer, me he levantado de repente, le he dado las gracias y ante la atónita mirada de esta persona y le he dicho, "lo siento Señor X, no podemos trabajar juntos. Gracias por su Tiempo".

Como decía, no suelo hacerlo así, sin más, por esta palabra, solo porque mencionen "Gasto". Sino que normalmente suele ser una consecución de diferentes cosas durante la conversación, que me hacen ver y entender que no sólo es un poco, sino que tiene una gran mentalidad de escasez.

No acepto trabajar con esta persona porque por experiencia, me ha tocado ya vivirlo en varias ocasiones, y voy a tener que estar literalmente LUCHANDO y CHOCÁNDOME con su mentalidad y sus creencias limitadoras sobre los negocios en sí. Y en algunas ocasiones merece la pena intentarlo porque la persona sí está dispuesta a hacer algo respecto y está dispuesta a cambiar.

Pero no es lo normal, pues está muy arraigado al sistema de creencias y también al ego. Por lo que la persona cuando yo intente ayudarle, no lo va a tomar como tal y lo que es, o sea, una ayuda, pues para eso hay que recordar me ha contactado y me está pagando, (y al parecer algunos se les olvida esto) sino que por el contrario, lo toma como un ataque hacia su persona. Lo cual no tiene ninguna lógica ni razón de ser. Aunque como entiendo cómo funciona la psicología interna de todo esto, me hace comprenderlo perfectamente.

Pues recuerda, los negocios y la persona están muy íntimamente relacionados y por lo tanto muchas personas, cuando alguien intenta mejorar sus negocios, aunque sea con buena fe y están pagando por ello, lo perciben como un ataque personal y su ego no les deja distanciarse. Lo cual se torna nada agradable y muy frustrante para la persona que tiene la intención de ayudar a ese negocio a prosperar, además de no dejarle hacer su trabajo.

Y claro que podría trabajar sobre ello, sus limitantes, creencias arraigadas no positivas y todo lo demás. Sí, en el pasado lo hecho en varias ocasiones. Sin embargo, resulta más estresante y frustrante que rentable.

Por lo tanto, *no trabajo con personas que se resisten al cambio*. Que aun queriendo que les ayuden, se resisten a ello.

Todos nos hemos visto envueltos en algo así, aunque sea en nuestro ámbito personal y es difícil ayudar a una persona que no quiere ser ayudada ¿no es cierto?

Por ello, sólo trabajo con personas que verdaderamente aceptan y están abiertas al cambio. Que quieren mejorar sus negocios y acogen muy positivamente las cosas, ideas y estrategias que les haga verdaderamente crecer su negocio.

Es un placer trabajar con gente así. Donde la actitud es, "vamos allá..." Y no un, "¡ey! Espera un momento, esto no lo hacemos, esto no me gusta, esto no es la idea que tengo yo de… Esto no lo hemos hecho nunca, esto no sé si podríamos hacerlo, es que yo no soy así…" Y un sin fin más de "**no puedos – escusas**".

Pues este tipo de personas, quieren que les cambies el negocio sin cambiar nada. Quieren cambiar sus resultados pero que no cambie nada de su negocio. ¿Ves por qué? Porque su negocio está muy arraigado al ego, su negocio es él/ella mismo/a.

Están tan vinculados a su negocio que les es difícil disociarse de él y percibir que en verdad hay una diferencia entre <u>ellos</u> y <u>su</u> negocio. Es un N-**Ego**cio.

Y por supuesto, al ego no le gusta cambiar, pues cree que es perfecto y hace las cosas correctas en la mayoría de los casos.

Y yo me pregunto cuando esto pasa, "si todo está perfecto y va perfecto ¿por qué no tiene unos óptimos resultados o los que esa persona está buscando?"

"Si todo va bien, ¿por qué narices me ha llamado?"

Pues, son muy pocos los empresarios inteligentes que contactan con alguien que le mejore y optimice su negocio, aun cuando el negocio están o va bien.

La gran mayoría de los empresarios cuando están bien, así se quedan, no reflexionan o piensan en la posibilidad de que cuando estás bien, puedes contactar con alguien que te ayude a ir todavía mejor, al siguiente nivel, al siguiente escalón...

Como puedes comprobar, es una incongruencia todo esto. Y por supuesto no es culpa suya.

De nuevo, es su ego el que no le deja hacer ese cambio y hacer una reflexión de que lo que necesita es, dejarse ayudar, dejar/se ir.

No hay nada malo en no ser perfecto y en no saber hacer algo y dejarse ayudar por otros. Sin embargo, este es un concepto muy difícil de tomar por el ego.

Hay que tener una personalidad muy fuerte, a la par que humilde, madura y balanceada, y tener muy dominado al ego para aceptar esto.

Y estas son las personas con las que me gusta trabajar y con las que ya, solamente trabajo. Personas que están abiertas al cambio, con la suficiente humildad para aceptar, que se ponen en marcha, que se ponen manos a la obra, que quieren mejorar su negocio a toda costa y harán lo que sea necesario para hacerlo.

Así que, ¿qué es lo que más sale por tu boca cuando haces referencia a algo de dinero que tienes que pagar por algo, GASTO o por el contrario dices (fíjate en la diferencia) INVERSIÓN?

¿Qué es lo que suele salir más por tu boca, inversión o gasto?

Los grandes empresarios, por norma general invierten, no gastan. Es un pequeño - gran concepto mental pero que hace una grandísima diferencia en la persona y finalmente en el negocio.

Claro que no sólo es un cambio de palabras, de nuevo, es un concepto que tienes que tener internalizado dentro de ti. Pues si dices la palabra inversión pero dentro de ti sigues pensando y sintiendo que es un gasto, no hacemos nada.

De hecho, por supuesto que hay gastos, sin embargo tienes que hacer lo posible por que sean los menos posibles.

Además que eso no quiere decir que todo el dinero que "sueltes" en algo sea un gasto. Pues muchos serán una inversión o sea, algo que en el futuro te retribuirá un beneficio X.

Por lo tanto, cuando cambies este concepto mental y sepas que no todo es un gasto, sino que veas el beneficio que va a haber detrás de eso que estás pagando, de eso en que estás invirtiendo, significará entonces que habrás cambiado tu mentalidad de escasez en este tema, por la mentalidad de un **EVE**.

Piensa en términos de inversión, no de gasto.

Si sólo ves y piensas en gastos, tienes descaradamente una mentalidad de escasez, aparte de todo lo que has podido ver en el ejercicio anterior sobre tus creencias de escasez.

Seguro que todo esto te ha hecho reflexionar. Ésa era y es mi intención. Reflexiona un poco sobre hasta qué punto esto se adecúa o te refleja a ti.

El Hábito Sí Hace al Monje

He escogido esta frase porque me sirve de ejemplo para romper un poco contrastes y sorprender a tu mente, pues esta frase tan famosa tiene toda la razón del mundo, "el hábito no hace al monje" Aquí hábito es el nombre del traje que lleva el monje.

Sin embargo, en este libro me refiero a un hábito como la operación, comportamiento o forma de actuar repetitiva, en algo específico.

Por lo que aquí si podríamos decir, que el hábito de rezar sus oraciones, el hábito de asistir a sus oficios religiosos, el hábito de ser compasivo, el hábito de ser caritativo, etcétera, es lo que hace al monje al fin y al cabo.

Y en este caso, las grandes mentalidades en los negocios tienen hábitos. Hábitos y rutinas saludables para sus negocios y su mentalidad. Coge un hábito, cultívalo y riégalo diariamente con cariño hasta que forme parte de ti.

El hábito, por ejemplo, de hacer introspección, el hábito de cuestionarte a ti mismo en todo momento si estás haciendo lo correcto o no, el hábito de mejora constante (esta es muy importante) en todo lo que haces como persona, como empresario y en los servicios o productos que ofreces, el hábito de engancharte y atraparte a ti mismo (como antes hablábamos en toda la primera parte) en pensamientos y emociones que no te benefician en tu negocio y en tu mentalidad.

Coge el hábito de hacer las técnicas que te he expuesto anteriormente cada vez que te sorprendas ti mismo con un pensamiento limitante o con un pensamiento no positivo para ti. El hábito de no dejar que el caballo tome las riendas y te lleve por donde no quieres, etc.

Elige y toma hábitos que creas que pueden mejorarte a ti como persona y a tu negocio, no solo contigo mismo sino también con la gente que rodea este, como tus empleados, tus clientes y demás.

Toma hábitos que te beneficien y actívalos diariamente, pues estos van a provocar una gran diferencia un antes y un después en tu negocio de forma general.

Más adelante expondré varios hábitos que debes tomar (junto a lo que ya te he dado) e incorporarlos en tu vida de inmediato hasta que formen parte de la maquinaria de todo lo que conforma tu negocio y tu mentalidad, dado que esto es sumamente importante ya tengas un negocio convencional, seas un emprendedor por tu cuenta o bien trabajes online y dependas sólo de ti mismo.

En este último caso, se torna más necesario (aún si cabe), ya que solo dependes de ti mismo en un principio y estás tú sólo ante todo y la lucha contra tus hábitos no productivos junto a tu mentalidad, es lo que va a marcar la diferencia entre tener un negocio en el que ganes unos cuantos dólares y sólo sobrevivas, a uno en el que verdaderamente tengas éxito y lo hagas crecer como un negocio verdadero.

Ayudar vs Ganar Dinero

¡¡Uffff!!

Sí, aquí voy a tocar un tema muy peliagudo, soy consciente de ello. Sin embargo te digo que es estrictamente necesario.

Te voy a dar la experiencia que yo tenido en todos los años, junto a la experiencia y la mentalidad (como llevo haciendo en todo este apartado del libro) de los empresarios de gran éxito con los que tenido la fortuna y el privilegio de aprender y/o de compartir con ellos.

Sé que este es un tema que puede despertar controversias, sin embargo creo de vital importancia tratarlo y examinar, comprobar y ver qué sientes y qué te dices a ti mismo cuando tratemos este tema y qué alarmas o qué cosas saltan como una liebre inesperada en un campo de caza, las cuales ni siquiera sabías que estaban ahí.

Porque va ser muy interesante que recojas esos pensamientos que salten repentinamente cuando lo estemos tratando, pues eso te va a decir mucho de tu mentalidad en otro aspecto también muy importante de los negocios y te van hacer reflexionar…

Pues tal y como has ido leyendo este libro, más y más te habrás dado cuenta de la importancia que tienen la mentalidad y la psicología de los negocios y cuanto más trabajes, investigues y estudies y más hagas lo que sea necesario para obtener una *Mentalidad de Guerrero y de Éxito en los Negocios*, más mejorarás en cómo hacer funcionar tu negocio y en los Resultados que, por consiguiente, este te va a dar.

Uno de los patrones (pues efectivamente es un patrón, ya que me lo he encontrado en varias ocasiones en varios empresarios), que más se identifican en un empresario-emprendedor como una mentalidad de carencia o si tiene una mentalidad de "escasez" es esta, "el Ayudar versus Ganar Dinero".

Aunque hemos hablado ya anteriormente sobre ello, en este apartado quiero ahondar un poco más para ver y comprobar qué te surge en esto de la mentalidad de carencia de escasez, dado que es muy importante que la elimines de un plumazo en caso de la que tengas, pues de lo contrario, tu negocio (y cualquier cosa que hagas relacionado con el dinero) no crecerá nunca.

Sí, es así de perjudicial, de tóxico y de radical. No hay medias tintas.

Hay mucha gente que está "peleada" con el hecho de Ganar dinero (por mucho que pueda parecer una idiotez o una incongruencia si tenemos un negocio, pero así es) y su enfoque/intención es **sólo** ayudar a la gente.

Fíjate que subrayó la palabra sólo. Pues efectivamente no tiene nada de malo (sino todo lo contrario) el enfocarse en ayudar a la gente. El problema está cuando ese, es solo nuestro enfoque y nos olvidamos o dejamos en un lejano segundo plano, que tenemos un negocio para, precisamente, ganar dinero para nosotros y para los nuestros. ¿No es así?

Conozco muchos Terapeutas y Centros y/o profesionales de la salud, como Quiroprácticos, Osteópatas, expertos en Medicina Natural y Terapias Naturales, Coaches, Asesores, Psicólogos y de otras muchas otras profesiones, los cuales se centran en ayudar con un servicio a alguien en un área de su vida (aunque no solo me encontrado en este tipo de casos, sino también otro tipo de negocios y empresas) que tienen este tipo de problema, pues eso es lo que es, un **Gran Problema** a la hora de tener un negocio.

Y el común denominador problemático que tiene esta gente en muchas ocasiones, es que sienten o ven un conflicto en cobrar dinero o X cantidad de dinero (lo cual estamos limitando a una cantidad y difícilmente pasar de ahí) por sus servicios ya que tienen un concepto más de ayuda y al parecer, para ellos, ayuda no es igual a dinero. Para ellos el ayudar y cobrar dinero o X cantidad de dinero, está totalmente peleado y en conflicto.

De nuevo remarco, ayudar a la gente con tu negocio y que ese sea uno de tus valores principales, es algo muy positivo y que efectivamente recomiendo y aplaudo, si es así como lo haces en tu negocio.

El problema está cuando esto te trae un conflicto con otra parte muy importante de los negocios, el ganar verdaderamente dinero, no sólo ir sobreviviendo con lo justo.

Pues efectivamente, las dos cosas pueden convivir conjuntamente en armonía en un negocio, ayudar y ganar dinero.

Si no lo hacen, es problema de la persona, es por el sistema de creencias que se pelean unas con otras. Pues que aunque a nivel consciente, tu raciocinio te diga que no tienes ningún problema en cobrar dinero por lo que haces, a nivel inconsciente, sí sientes una fricción, no lo ves correcto o te sientes mal cada vez que quieres cobrar X dinero o más, dinero por un servicio que haces (una creencia que te está quitando dinero).

Porque no lo ves como un producto o un servicio, sino como una ayuda y quizá tienes la creencia de que la ayuda debe ser o gratis o barata, lo cual es totalmente erróneo y por supuesto, de nuevo perjudicial para la supervivencia de tu negocio.

Sea lo que sea, no te está beneficiando en absoluto y **tienes que hacer algo al respecto para eliminarlo si quieres superar esa barrera** y así ayudar a la gente de corazón, con toda tu buena intención y tu conocimiento *a la par que ganas un gran dinero con ello.*

Por eso déjame preguntarte, si ahora estás cobrando por tu servicio X, ¿por qué no puedes aumentarlo y cobrar ese servicio por x2? ¿Qué te lo impide?

¿Si estás vendiendo X productos en tu negocio, por qué no o qué te impide vender otro tipo de productos relacionados con ellos para poder así tener más ganancias?

El problema puede radicar en algo que me dijo un pequeño empresario hace ya varios años, "es que si lo hago, seguramente mis clientes van a pensar que les quiero vender. No quiero venderles. Tengo miedo a que piensen que les quiero vender más cosas"

Entiendo que efectivamente a muchos clientes no les gusta que les "vendas". Recuerda, nos gusta comprar, no que nos vendan.

Aun así, si estás dando un servicio que ayuda a la gente y además de ese servicio tienes otros servicios u otros productos que pueden mejorar la calidad de vida de esa persona o pueden ayudar con algo extra a lo que estás haciendo y que añadido a lo que tú haces le va ayudar más todavía, mi pregunta es, ¿qué hay de malo en eso?

<u>No estas vendiendo, estás recomendando un producto y un servicio que tú sabes que le va a ayudar aún más a esa persona, con lo cual, estás ayudando a que esa persona tenga un mejor servicio o más completo del que tenía anteriormente, lo que significa que esa persona, se va a sentir mucho más feliz, mucho más cuidada y con más cosas que le van a ayudar a mejorar su problema.</u>

El vender o no vender, es la forma en que lo haces. Depende de ti que sea una "venta" o que sea una recomendación y una verdadera ayuda para mejorar ese problema que tiene esa persona.

¿Ves? De nuevo es un punto un poco escurridizo, lo sé. Pues la diferencia de cómo lo veas o lo sientas, es interna. Por lo que depende de ti, de tu creencia interior de lo que estás haciendo. <u>Lo que significa que, que vendas o que ayudes, depende de un concepto interior tuyo, no de lo que hagas.</u>

Que tengas más servicios, es equivalente a que tendrás más productos que ofrecer a esa persona para ayudarle con su problema y los vendas ¿es malo?

Es más, te pregunto, ¿qué hay de malo en vender? ¿Qué problema hay en vender? ¿Por qué vender tiene que ser malo?

Reflexiona sobre ello antes de ir al siguiente párrafo y seguir con la lectura…

Presta mucha atención a lo que te has contestado y a las sensaciones, sobre todo también, que has tenido cuando te lo preguntabas, pues muchas veces nos contestamos mentiras o lo que nos gustaría decir o escuchar.

Aquí vamos otra vez, **¡¡si tienes algún problema con vender, de nuevo tienes una creencia limitante!!**

Si piensas que vender es igual a no me gusta, ese también es un *gravísimo* problema en los negocios y es algo que te va a obstaculizar en ganar una gran cantidad de dinero y que te separa de la mentalidad de un **EVE,** como la que tienen los Grandes Empresarios. Tienes que hacer algo inmediatamente y ponerle remedio.

Cuando sientes vergüenza por vender, cuando ves que tienes algún problema con ofrecer y vender más productos y/o servicios añadidos a lo que tienes, te limita y obstaculiza hacia tu crecimiento en el negocio y más allá de lo económico aunque no lo creas (lo cual es estúpido pues, como seguramente sabes, hasta te ha pasado a ti cuando te gusta algo, quieres algo o necesitas algo, que en ocasiones te compras un montón de cosas más relacionadas con eso que quieres, te gusta o necesitas. ¿Acaso no es cierto?),

Un dentista, no tiene ningún problema en recomendarte/venderte servicios asociados al problema por el que has ido, entonces ¿verdaderamente te está vendiendo?

Sí. Pero no se está inventando nada ¿verdad? No se está inventando que tengas otra caries, no se está inventando las encías inflamadas y varias cosas más…

Te está recomendando según su valoración por lo que está viendo, que deberías hacer algo al respecto de ese diente torcido que tienes y que está obstaculizando a los otros o esa muela picada que está infectando a otras de su alrededor y te ofrece el servicio para ayudarte y poner remedio a eso ¿no es así? Así que no está haciendo nada malo ni nada incorrecto ¿no es cierto?

O quizá el dentista te recomiende una limpieza bucal o un servicio blanqueador para que tus dientes se vean mucho mejor… Aquí te está vendiendo otro servicio, te está recomendando otro servicio que, dentro de su parecer, estaría bien para ti aunque estrictamente no lo necesites.

Mi pregunta de nuevo es, ¿acaso es malo? ¿Hay algún problema con ello? No, ¿verdad? ¡No pasa nada!

No sales de la clínica dental acordándote de la madre del dentista o pensando que es una mala persona, sólo porque te ha recomendado unos servicios o porque te ha dicho qué problemas tienes que necesitan solución. ¿No es así?

Lo que sí sales es preocupado por esas noticias que te ha dado y/o del precio que te puede suponer curarte o solucionar esos problemas dentales que tienes. ¿No es cierto? Es eso, nada más.

Y si aun así hay alguien que aún piensa, "este tipo ya me está vendiendo más cosas" ¡es problema de esa persona! Es problema de sus limitantes y creencias. No tuyas. No es tu problema.

Tú tienes el derecho y la responsabilidad de recomendar tus productos y servicios a tus clientes para mejorar su calidad de vida. Por lo que tienes también el derecho y la responsabilidad de crear y ofrecer otros productos y servicios añadidos a los que ya tienes para mejorar de nuevo su vida. Es así de sencillo, no hay más vuelta de hoja.

Examina esta parte detenidamente en tu interior y ya solo con esto, con tomar consciencia de ello empezará a derrumbarse y empezarás a cambiar esta mentalidad y cuanto más lo cambies y más servicios propongas a tus clientes, más contentos estarán y por ende, más dinero ganarás, lo que te hará darte cuenta más y más, de qué importante es tener una mentalidad correcta de los negocios.

Esto nos lleva siguiente apartado.

¿Te Gusta Conducir? (¿Te Gusta Vender?)

Aquí estamos de nuevo con esta limitante con la cual me encuentro muchas veces y que ya hablamos de ella de forma breve en el apartado anterior. Si tienes algún problema con vender, no vas a ganar mucho dinero, ni vas a tener mucho éxito.

¡Tienes un negocio para vender, punto!

Y si no estás vendiendo o no quieres vender, debes preguntarte ¿para qué narices tienes un negocio? Tu negocio sin vender, no va a sobrevivir mucho tiempo y por ende, ni tu familia/tu, ni tus sueños que le rodean.

Hay mucha gente que tiene miedo o no le gusta vender. Si eres de ellos, déjame remarcar de nuevo que si tienes un negocio tienes que vender y es más, no hay nada malo en ello.

Tienes la obligación y necesidad moral y económica, de ofrecer tus servicios o productos. De hecho, eso es vender. Vender es ofrecer lo que tienes, nada más.

No debería tener ninguna connotación negativa en ti, pues en verdad no la tiene. ¿O hay algo de malo acaso en ofrecer algo que tú tienes y que puede beneficiar a alguien?

Vender, es ofrecer algo que tienes de la mejor manera posible. Así de simple.

Eso es el Marketing y la Publicidad también, mostrar y ofrecer algo de la mejor manera posible, tanto para nosotros como para el cliente.

Espero que todos estos conceptos que estoy tratando no los pases ni los tomes a la ligera. No me voy a detener mucho en ellos para no alargar demasiado este libro, más no por ello, le quites importancia y vayas directamente al siguiente paso consciente concepto. Pues desperdiciarías este libro y todo el crecimiento que en tu negocio puede provocar.

Por eso, quiero que en cada apartado de estos, apartes la lectura por un momento, y reflexiones sobre ello, te hagas preguntas y te cuestiones si hay algo de ti en lo que está diciendo en ese apartado.

La sólo lectura de este libro no va a hacer que nada cambie, lo que sí va hacer que cambie y que tengas unos grandes resultados es, la puesta en escena y en acción de todos los conceptos tratados en este libro.

Es más, te aconsejaría que los rumiaras durante varios días, pues eso hará, aparte de pasar un antivirus más a fondo, que se vayan asentando estos conceptos en tu mentalidad y que poco a poco y más y más, formen parte de ti como empresario/emprendedor.

Hablando de Marketing…

¿Cuánto estás Invirtiendo en Marketing y Publicidad Anual o Mensualmente?

¿Marketing? ¿Qué Marketing?

Sí, esto lo que suelen responder muchos, "¿Marketing? ¿Qué Marketing? Yo no estoy haciendo Marketing" (y luego esperan que la gente acuda a ellos, YA QUE TODO EL MUNDO LES CONOCE, YA SABEN QUIENES SON ¿Verdad? Y cuando los clientes no acuden, culpan a la crisis o a otra cosa que esté de moda en ese momento).

O también me responden cosas como, "estoy haciendo algunos pequeños anuncios en Páginas Amarillas"…

Bueno no digo que Páginas Amarillas no funcione, sin embargo la hay que adecuarse a los tiempos que corren y Páginas Amarillas tuvo su auge y su vida gloriosa hace de unos 50 a 30 años, sin embargo hoy en día y en este momento, no es la forma más efectiva de promocionarte y de hacer publicidad para que los clientes te encuentren, como para sólo manejar y barajar esta como única opción.

Hay que hacer publicidad donde están tus clientes, si tus clientes crees que están y siguen mirando las Páginas Amarillas, es porque quizá tu cliente sea una persona de entre 60 y 70 años de media o porque sea un tipo de persona o profesional muy específico que sí consulte Páginas Amarillas. En ese casi sería posible que sí fuera un sitio adecuado para hacer publicidad.

En cambio, si tu cliente es de otro tipo diferente, tienes que analizar dónde están tus clientes, junto a qué y cómo buscan la información o el servicio que ellos necesitan. Y hoy por hoy, un grandísimo porcentaje de las personas que buscan un servicio o un producto lo hacen a través Internet. Lo que significa, que hoy por hoy, es más cierta que nunca esta frase que a muchos no les gusta oír, "si no estás en Internet, si no te publicitas en Internet, no existes".

Hoy por hoy, todo el mundo consulta su teléfono inteligente, su tablet o su ordenador, en la oficina o en casa, para buscar información de lo que necesitan. Por ello hoy más que nunca y cuanto más pase el tiempo más será así, se torna imprescindible y vital que estés en Internet, que te publicites en Internet, que a través de una campaña de marketing examines dónde están exactamente tus clientes en Internet y con una Estrategia Inteligente y Persuasiva de Marketing y Publicidad, allí es donde tienes que publicitarte.

Si tus clientes visitan Facebook, allí tienes que publicitarte, si tus clientes ven vídeos en YouTube y otras plataformas ahí tienes que publicitarte, si tus clientes manejan Twitter más a menudo, ahí tienes que estar.

Sea como sea, investiga dónde están tus futuros clientes y déjate ver por ahí. Pues de lo contrario, si no lo haces, si sigues utilizando métodos de publicidad y marketing que no funcionan, (cosa que muchos "expertos" aún hacen, ya que siguen con sus antiguos paradigmas de lo que es el Marketing y no se adecuan a las nuevas formas y exigencias de los clientes y a los nuevos tiempos o "expertos" que han aprendido 2 o 3 cosas por Internet y ya se auto-proclaman como tal, sin verdaderamente tener en el conocimiento y la experiencia necesaria como para llevar un negocio al siguiente nivel) o si sigues sin promocionarte y publicitarte allí donde están tus clientes, tu negocio no sobrevivirá por mucho tiempo.

Sí, estoy seguro de que entiendes la importancia del marketing y la publicidad. Es más, conozco muchos empresarios y emprendedores que están reñidos con hacer publicidad y marketing.

¿Qué está pasando aquí entonces?

Pues que, de nuevo nos encontramos con otro limitante mental, ya que hay mucha gente que tiene "problemas/mal concepto" con el Marketing y la publicidad.

Tienen algún tipo de resistencia a hacer una estrategia de marketing e implementar una campaña para promocionar su negocio.

Están peleados de alguna forma, en su foro interno, con el Marketing y la publicidad, al igual que veíamos el apartado anterior que mucha gente está peleada con el vender. De hecho en mi experiencia, estos dos van muy unidos de la mano.

Vamos aclarar unas cuantas cosas para que, en caso de que tengas este tipo de mentalidad o haya, aunque sea una pequeña resistencia en tu interior, se disuelva y tomes conciencia verdaderamente de la importancia de esto y que, de nuevo, tienes que eliminar de tu mentalidad ese tipo de creencia/resistencia.

El marketing es una forma espléndida y necesaria de ofrecer algo. El Marketing y la Publicidad no es engañar o mentir.

El marketing y la publicidad son como vestir a una mujer, que ya de por sí sea hermosa y buena persona, con un precioso vestido que realce su figura con un exuberante escote, adornarla con un espléndido maquillaje, rociarla con un exquisito perfume que embelese los sentidos y dotarla de un peinado que engrandezca aún más su belleza.

¿Está mintiendo esa persona, está mintiendo esta mujer? No, sigue siendo una mujer hermosa y buena, es sólo que la estamos adornando para que atraiga y llame más la atención y todo el mundo se fije en ella, para que no pase por una más, desapercibida entre los millones de mujeres hermosas y buenas que hay (ya estoy oyendo la risa de varios hombres desde aquí, y de algunas mujeres también..).

Esto y no otra cosa retorcida que puedas pensar, son el Marketing y la Publicidad.

Y por eso <u>es un elemento tan Necesario y Valioso en tu empresa o negocio, tanto físico como online, si de verdad quieres destacar y llamar la atención entre los millones de servicios o productos similares al que tú tienes, para que te elijan a ti en vez de a los otros millones que existen.</u>

"El mejor marketing y publicidad que existe es el boca a boca" -dicen otros muchos escudándose en esta frase, machacada hasta la saciedad, sacada de una verdad para no hacer nada más.

Sí, en efecto. Estoy totalmente de acuerdo con esta frase. La mejor publicidad que existe es el boca a boca. Aun así, no el mejor marketing. Pues son dos conceptos que, aunque relacionados, no son idénticos. Y aunque de nuevo, efectivamente es la mejor publicidad, <u>no es la única</u> forma de hacer publicidad.

Por lo que si hay más formas de hacer publicidad que funcionen, ¿por qué no hacer las máximas posibles para tener resultados más rápidamente? ¿No crees?

Además de que, efectivamente, lograr que otros hablen de las maravillas de lo que haces o de lo que tienes es de lo mejor que hay.

Sin embargo, ¿**Por qué tomar esta actitud tan Pasiva y no hacer algo tú Pro-Activamente**?

Hacer algo en lo cual intervengas en el proceso, crear algo para que vengan y atraer más clientes, en vez de quedarte sentado esperando a que alguien encuentre a otra persona que le interese lo que estás haciendo y esperar además a que esa persona hable bien y te recomiende y luego esa otra tercera persona decida escogerte…

¿Por qué esta actitud tan pasiva y esperar a que otros hablen de ti para que vengan más clientes cuando además de esto, puedes hacer tú también algo al respecto?

Además, si nadie o muy poca gente te conocen, tampoco van a tener la oportunidad de que hablen bien de ti y de que se enteren y conozcan lo que haces u ofreces, aunque sea por el boca a boca.

¿Entiendes que el Marketing y publicitarte a ti mismo y/o a tu negocio es necesario, sí o sí, para que la gente te encuentre, aunque sea para que hablen de ti y se empiece a esparcir el boca a boca?

De hecho, lo ideal, es una combinación de los dos. Que tengas una buena estrategia de marketing y publicidad, y al mismo tiempo, que la gente hable bien de ti para que tengas más clientes referidos y tu marca, tu empresa y las cosas buenas que ofreces o haces, se conozcan cada vez más y más.

Es más, ¿no crees que es una *pérdida de tiempo* el sólo confiar en que hable bien alguien de ti y esperar que luego esa persona se convenza y se decida a buscarte?

Mi querido lector, esa no es la Actitud y la Mentalidad de un **EVE**. **La pasividad y esperar resultados de terceros, en vez de hacer algo por Crearlos, no es la mentalidad de los grandes empresarios.**

Las grandes empresas siguen haciendo marketing, siguen haciendo publicidad, siguen haciendo branding y un sinfín de cosas más.

Ahí tienes los ejemplos clásicos de Coca-Cola Starbucks, Nike, BMW, y un larguísimo etcétera.

Si ellos, que son súper marcas y en verdad se podría decir que no necesitan publicidad pues ya son conocidos en todo el mundo aun así siguen lo haciendo, déjame preguntarte algo, si ya tienen ese grado de fama y que todo el mundo los conoce, ¿por qué crees que siguen y siguen publicitándose y promocionándose mes a mes y año tras año?

Si grandes empresas y compañías lo hacen, ¿por qué crees que tu negocio no tendría que hacerlo? (y más si es una empresa modesta o un pequeño negocio o un negocio online).

Efectivamente, no hay excusa para no hacer marketing y publicidad y menos la de: "yo no lo necesito", pues si alguien "no lo necesita" (lo cual tampoco es cierto, porque ¡SIEMPRE es necesario estar en las mentes de nuestros clientes!) son estas grandes compañías y aun así ven la importancia que tiene y lo siguen haciendo, siguen y siguen invirtiendo en publicidad constantemente… De nuevo, pregúntate el por qué.

Pregúntate, ¿qué tipo de marketing o de campaña de marketing o publicidad deberías estar haciendo ya?

Y tampoco vale la excusa de que hay que invertir grandes cantidades de dinero o no tienes las mismas grandes cantidades de dinero para invertir que la grandes empresas, pues hay todo tipo de marketing y publicidad para todo tipo de economías.

No todo el marketing y la publicidad es la televisión y la radio, en el cual tienes que invertir miles o cientos de miles de dólares en ello.

Existen muchas más alternativas, que son muy económicas y hoy en día tienen la misma expansión o incluso más, que la televisión y la radio.

Y una de ellas es Internet. Por lo que puedes tener una gran estrategia y publicidad y unos buenos resultados en tus beneficios y en la expansión de tu marca y de tu negocio, si lo sabes hacer o si contratas a un Verdadero Experto que sepa y pueda hacerlo por ti.

> "La Pasividad y esperar Resultados de terceros en vez de hacer algo por Crearlos, no es Tener la Mentalidad de Guerrero en los Negocios, al mismo tiempo que no es la Mentalidad ni la Actitud que tienen los Grandes Empresarios."
>
> *Miguel A. Santos*

Por ello, si no estás haciendo marketing o no estás invirtiendo una cantidad adecuada (que según los estudios es más o menos entre un 10% y 20% mínimo, de los beneficios) en marketing y publicidad, ya que estos son los que te van a retroalimentar y a generar de nuevo más clientes y por ende más dinero, tienes que eliminar esa limitante e invertir en publicidad efectiva desde hoy mismo.

INTERNET 3.0 (la prueba del Algodón) Si No Estás, No Existes

No quiero pasar al siguiente apartado sin remarcar un poco más, algo que he tratado en las anteriores líneas de forma breve. Y este es el hecho de que, efectivamente, hoy en día si no estás en Internet es como si no existieras (por mucho que a muchos aún les cueste aceptar).

Antiguamente existía lo que se llamaba la web por Internet 2.0, en el cual, la mayoría estaban cómodos.

¿Por qué?

Porque este tipo de webs, eran como los métodos convencionales y tradicionales de publicidad y de marketing, tal como son la televisión y la radio y demás. Los cuales, cuando nos publicitan algo es de forma muy pasiva, lo que significa que cuando nos lanzan un mensaje publicidad, nos lo tragamos con patatas sin más o lo ignoramos, pero no tenemos la oportunidad de responder por que es una publicidad en una sola dirección.

Ahora, con la Internet o la web 3.0, el usuario o el cliente tienen la oportunidad de responder. Podemos enviar publicidad y luego tener una retroalimentación, lo que significa que es un canal de dos vías, algo muy positivo en la retroalimentación y para mejorar lo que estamos haciendo.

Sin embargo esto que un **EVE** vé positivo y como una gran oportunidad, muchos empresarios con mentalidad de escasez, lo ven como una amenaza o les asusta.

Recuerdo que hace tiempo estaba en una conferencia y cuando terminó, uno de los asistentes se me acercó y me dijo, "oye, me ha gustado mucho lo que has dicho sobre el marketing y esas nuevas cosas del Marketing Hipnótico que haces y todo lo que has compartido sobre cómo hacerlo en las Redes Sociales en Internet y demás. Sin embargo, no sé hasta qué punto yo puedo hacerlo"

"¿Cuál es la razón por la que no podrías?" - Fue mi respuesta.

"Pues porque si me meto en las Redes Sociales, Facebook y otros, la gente opinará sobre lo que hago" - siguió argumentando - "y la gente ahí pone todo tipo de comentarios y no sé hasta qué punto a la gente le va a gustar mi producto y lo que hago y…"

Y así siguió con un montón de excusas/miedos.

¿Qué era lo que me estaba diciendo esta persona?

No era que no sabía cómo hacerlo, sino lo que tenía era miedo a las críticas, no estaba seguro sobre sus servicios y de que su producto era verdaderamente bueno y tenía miedo a que lo criticaran y a que todo el mundo se enterara del mal producto que tiene (que hasta podía ser que fuera bueno, sin embargo ni siquiera él confiaba en su producto).

A lo largo del tiempo, me encontrado a mucha gente con este tipo de actitud y mentalidad. Espero que no sea el tuyo y si lo es, ¡ya estás quitándote esa idea y limitante estúpida de la cabeza!

A mucha gente le asusta la retroalimentación, pues ellos lo ven como críticas. Y la mejor forma de crecer y de tener cada vez un mejor producto o servicio, es la retroalimentación.

A las críticas hay que enfrentarlas con buen humor, con comprensión, talante y paciencia.

Sé que hay gente que critica por criticar, lo tienen como un pasatiempo o *porque verdaderamente están enfadados con la vida y es su forma de expresar lo que llevan dentro,* el malestar que tienen dentro de sí y es otra forma para ellos de canalizarlo.

Son gente que se esconden detrás de un avatar cibernético como cobardes y que difícilmente te dirían eso la cara. Por ello, no le des ninguna importancia.

Cuando te encuentres con una crítica, mira primero la intención positiva que tiene la persona detrás del comentario, pues a lo mejor te está queriendo decir algo o simplemente tiene una queja de algo sobre tu producto o servicio que no le ha satisfecho.

En ese caso, trata el comentario de la mejor manera posible, intentando solucionar y apaciguar su comentario y hacer algo al respecto para que la persona se sienta mejor y además eso te va a dar más credibilidad ante los demás, cuando manejes una crítica o un comentario no positivo, de esta manera. Con actitud Positiva, de ayuda, de comprensión y de resolución. Sin tomarlo de forma personal (algo muy importante) y no envolverte en una crítica devuelta o en una especie de pelea o envolverte en excusas.

Y en caso de que sea una crítica negativa sin más, sin justificación verdadera por cualquier motivo X, que solo sea por hablar mal porque ha tenido una experiencia personal mala o está enfadado con la vida y ves que no tiene razón de ser y no hay solución, pues es una crítica sin más que insulta de manera directa tu marca, tu negocio o tu persona, puedes eliminarla y punto.

Eso sí, solo te aconsejo que la elimines de los comentarios, <u>cuando sea en este estricto caso</u>, nada más. Los demás deberás responderlos de la forma anteriormente recogida.

Pues de lo contrario, la gente verá que no estas abierto a la comunicación y que cada vez que te hace alguien un comentario que no te gusta, simplemente lo eliminas. No lo pararás, sino lo que harás, es que hablen mal de ti pero en otros canales. Lo cual será aún peor, a tus espaldas y por sitios que no ves.

Con todo y con ello, como seguramente bien ya sabes, es muy importante la comunicación y la retroalimentación, lo que significa que tienes que estar ahí, en Internet, en las Redes Sociales y demás, en el siglo XXI. Pues de lo contrario, te vas a quedar obsoleto… Y ya sabes dónde conduce eso ¿verdad?

Antes de pasar ya al siguiente apartado de este libro y para estirar un poco tu mentalidad, como antes comentábamos, te propongo un reto. Tú verás si lo aceptas o no. Ya te digo por adelantado que es **sólo para Valientes**.

¿Qué imagen crees que tienen tus clientes de ti, de tu compañía, de tu negocio, de tus Servicio o Productos? ¿Te atreves a hacer la prueba?

El ejercicio que te propongo es el siguiente, que lo expongas así, abiertamente, en tus medios de comunicación, en las Redes Sociales, (si no tienes aún cuenta en Facebook o de Twitter, ¡ya es hora de que vayas abriendo una!) en tus correos electrónicos o físicos, con encuestas en tu propio negocio físico en caso de que tengas, como sea.

Expón y pide la opinión de tus clientes, qué imagen tienen tus clientes de lo que ofreces. Así de claro y abierto. Te aseguro que, si dejas a un lado las críticas y te enfocas solamente en tomarlo para mejorar, va a hacer una gran diferencia en el negocio que tienes ahora y en los beneficios que esto te va reportar. Merece la pena hacerlo.

¿Aceptas el reto?

Actualiza tu Software Mental y tu base de Datos a la Versión 3.0

Este apartado me gusta mucho y es muy interesante (aunque todos lo son), sobre todo porque aborda otro ángulo más en el cambio de percepción y mentalidad necesarias para que tengas el tipo de negocio que siempre has soñado tener.

Déjame preguntarte algo, en el tiempo que llevas manejando tu negocio, con el tiempo que llevas viviendo en esta vida ¿cuánto tiempo hace que no te reciclas? ¿Cuánto tiempo hace que no incorporas en ti mismo nuevas cosas o te actualizas?

Hay estudios que dicen que el ser humano, cuando llega a los 30 más o menos, ya da por sentado la vida y cree que sabe todo lo que tiene que saber de ella. Y desde ahí, desde esta edad, casi no cambia en todos los años posteriores, tanto en su vida personal como su vida profesional.

Qué error y que incongruencia más grande ¿verdad? Como si las cosas no cambiaran en 10, 20 o 30 años y no hubiera nada que aprender ni que hacer diferente al respecto, en todos esos años de diferencia.

Es algo tan estúpido, incongruente y poco funcional, como vivir en el año 2015 y continuar trabajando con un ordenador o computadora que tenga como sistema operativo Windows 95 (quería poner como ejemplo Windows 3.11, el antecesor a Windows 95, pero por temor a que nadie lo conozca, he preferido poner este, aunque el ejemplo que quería poner y que ejemplifica mejor en muchos casos y personas que conozco, es vivir en este año 2015 y continuar trabajando con un sistema Windows 3.11).

Para tener un ordenador con un software que rinda correctamente, necesitamos tener un software actualizado y acorde a nuestros días. Por eso te recomiendo que te actualices, que actualices tus conocimientos. Que no des por hecho lo que aprendiste es años atrás.

Pues tanto si has estudiado negocios académicamente o la profesión a la que te dediques, sea medicina o sea lo que sea, déjame preguntarte algo, ¿cuántos años hace que estudiaste eso, 10, 20, 30 años o quizás más? Y qué crees, ¿que no ha cambiado nada de eso que estudiaste en los últimos 20, 10 o incluso cinco años? ¿Crees que todo sigue igual?

Pues sí, efectivamente han cambiado cosas. Sin embargo, ahí sigue una gran mayoría, relatando y poniendo conceptos o cosas de formas que ya están totalmente desactualizadas, obsoletas y/o que hoy en día o no funcionan bien o se podrían hacer 1.000 veces mejor.

Te digo, por ejemplo, que uno de mis campos que estudiado y que hoy por hoy sigo estudiando (de ahí mi artículo de la actualización constante) es la Neurociencia y la Psicología del Comportamiento Humano. Y aunque lo empecé a estudiar ya hace varios años, ¿qué crees, que no ha cambiado la Neurociencia y la Psicología del Comportamiento en los 10 últimos años? ¡Y hasta en los últimos cinco años, incluso menos!

Aun así, sigo escuchando y viendo "expertos" en Neurociencia, de la Psicología o de campos como la Programación NeuroLingüística, que siguen proclamando viejos conceptos y estudios sobre el cerebro y su comportamiento que están más que desfasados y anticuados.

Conceptos como, que no utilizamos más de un 10% del cerebro, cosa que es absurda, pues si no lo utilizáramos estaríamos muertos y es algo que se puede comprobar con el EEG (Electroencefalograma) y otros muchos aparatos de última tecnología que registran la actividad del cerebro y con ellos hemos visto que efectivamente todo el cerebro se ilumina y está activo en mayor o menor medida.

Lo que sí es cierto es que no aprovechamos todo el **POTENCIAL** del cerebro, pero de ahí a no utilizar más que el 10% del cerebro hay una gran insignificante diferencia.

También sigo escuchando otros conceptos como que depende el lado del cerebro que sea predominante que seas más creativo o más analítico, cuando tampoco es así del todo.

El estudio de esto último, se hizo a cargo de la *Universidad de Utah* y publicada en *PLoS ONE* y se concluyó haciendo diferentes escáneres cerebrales a diferentes individuos y que no existe evidencia alguna de que uno de sus hemisferios cerebrales domine más que el otro, sino según las palabras de Jeff Anderson, autor principal del estudio:

"Es totalmente cierto que algunas funciones cerebrales se producen en un lado u otro del cerebro de forma mayoritaria. Por ejemplo, el lenguaje se localiza en el hemisferio izquierdo, mientras que el centro de la atención se localiza en el hemisferio derecho. Pero eso no significa que las personas tiendan a tener una red neuronal mayoritariamente derecha o izquierda, sino que está determinado según las conexiones"

Aún y con esto, como te decía anteriormente, hoy sigo viendo en palabras de muchos "expertos" hacer referencia a este tipo de desfasada y obsoleta información (no solamente en la psicología en neurociencia, sino también en campos como el Neuro-marketing, los negocios y demás), lo que nos dice, que están anclados en conocimientos del pasado y no se han actualizado y no están dando la mejor información a la gente que les escucha y que aprende o se deja asesorar por ellos.

Lo que significa y lo que quiero ejemplificar con esto, es que <u>no puedes dar por válido algo que aprendiste hace varios años sin cuestionarte si aún sigue siendo lo más productivo y lo mejor para ti y para tu negocio</u>. Pues tanto tú como tu negocio, tenéis que estar a la última si, verdaderamente, quieres tener un negocio que se adecúe a nuestros días.

Por ello, actualiza tu software mental. Analiza tus viejas creencias (que eso es lo que hemos estado haciendo en toda esta parte del libro que llevamos tu y yo juntos) y tus viejos conocimientos, para ver cuales te sirven a día de hoy (pues hay cosas que no nos sirven hoy y nos empeñamos en que nos sirvan, ¿verdad?), cuales están actualizados y cuáles no y actualízalos para un obtener rendimiento al máximo hoy y en nuestros días.

Y haz de esto también, una constante en tu negocio y en tu mentalidad, el reinstalar constantemente nuevas versiones y actualizaciones de tu software mental de creencias y de conocimiento.

Pues eso es lo que estoy haciendo con este libro, actualizando tu conocimiento y actualizando a una nueva versión tu software mental en los negocios, sobre el dinero y sobre el éxito, para que pases de Windows 95 al último Windows que existe. Para que pases de ser un emprendedor un empresario medio/mediocre, a un Verdadero Empresario y de Gran éxito.

Por ello también, una de las mejores inversiones (si no la Mejor) que puedes hacer en la vida, tanto para ti como para tu negocio, es la inversión en ti mismo. *Es la inversión en mejorarte a ti mismo en todas las formas posibles, mejorar el conocimiento, mejorar tu experiencia, mejorar tu mentalidad etcétera, ¿Cómo? Asistiendo a seminarios, asistiendo a nuevos eventos, invirtiendo en nuevos cursos, en mentores, asesores y Coaches...* Pues todos los grandes lo hacen, los han tenido, lo hacen y los tienen aún hoy en día.

Y déjame decirte también, algo que he podido experimentar en mi propia persona, cuanto más invertía en mí mismo y en mi conocimiento, más y más éxito y mejor me iba en todos los proyectos en que he tenido la oportunidad de trabajar, tanto para mí mismo como para mis clientes.

Recuerda una de las frases con la que empezamos este apartado del libro:

> *"Tus Ingresos sólo podrán Crecer Hasta donde Crezcas Tú"*
>
> *- T. Harv Eker*

Además, hoy en día se puede aprender de una forma muy entretenida e interactiva, muy diferente a los estudios convencionales antiguos, que eran toda una "lata".

Hoy en día puedes aprender a tu ritmo gracias a Internet con cursos online y no por ser online le resta prestigio, muchas universidades prestigiosas hoy en día dan cursos a través de Internet. Y puedes aprender de una forma amena y a tu ritmo.

Y no sólo universidades, hay muchas escuelas y expertos que dan todo tipo de temáticas tal como Mario y Yo hacemos con el Marketing, Business, Mentalidad en los Negocios, NeuroMarketing, Ventas y un sinfín más, en cursos presenciales, a través de Internet o de libros como éste. Por lo que hoy en día, no hay excusa para no seguir actualizándose.

Déjame preguntarte algo:

¿Cuántos libros te has leído el año pasado que no fueran para entretenerte, como una novela o algo así, sino de conocimiento con algo directa o indirectamente relacionado con tu negocio?

¿A cuántos seminarios o cursos has asistido el año pasado para formarte y reciclarte de nuevo conocimiento e información?

Ya sé que no dispones de mucho tiempo, sé que eres una persona muy ocupada. Aun así creo que todos podemos sacar tiempo para leer un rato al día o a la semana. Sabes que así es…

En mi caso personal el año pasado terminé leyendo más de 20 libros, este año me propuesto que sean al menos 30 y cada año irá en aumento, al igual que sigo asistiendo a gran cantidad de seminarios al año, invirtiendo miles y miles de dólares en ellos, para actualizar mis conocimientos más aún, en diferentes áreas tanto de la psicología humana como de los negocios (aunque en mi caso se me hace muy fácil, pues el aprendizaje y la auto mejora constante, es una de mis pasiones).

Para así poder ser el mejor yo que pueda llegar a ser y que mis clientes sigan diciendo lo que dicen cuando hacen referencia sobre mí; que soy el mejor NeuroCoach de Negocios y el Mejor experto en el Manejo de la Psicología en los Negocios de habla en Español que han conocido y continúen diciendo que gracias a mi conocimiento, mis estrategias o asesoramiento, han cambiado Radicalmente sus negocios y/o sus familias, su Mentalidad y/o su propia persona.

Para mí eso, como mínimo, junto a los ingresos que esto me genera, ya vale la pena toda la inversión que hago de tiempo y dinero en ello.

Por ello repito, *Una de las mejores inversiones que puedes hacer, es la inversión en ti mismo. En mejorarte a ti mismo.*

Líder vs. Dictador

El jefe, ese ser "perfecto" que siempre lleva la razón y nunca hace nada mal y sin auto-crítica.

Y yo pregunto a esos "Jefes"…Si no haces nada mal, ¿por qué no te va como te gustaría que te fuera?

Bien, bien, bien…

Vamos a ver una parte Muy interesante. Me encanta esta parte y es otra que va a despertar varias llagas a muchos, sin embargo es estrictamente importante el tratar este apartado. Es uno de los apartados más necesarios y de los más retadores. Pues depende en mucho el éxito de tu negocio, de qué tipo de jefe seas.

¿Estás dispuesto a tener la madurez como persona y como empresario necesarias como para tratar este tema?

Espero que así sea, pues son este tipo de actitudes, las únicas que te van hacer mejorar y llevar tu mentalidad y tu negocio hacia el éxito esperado y alcanzar los resultados que hasta ahora se te están resistiendo.

Antes de ir a este interesante apartado, si eres un emprendedor que trabaja por su cuenta o eres un marketer online, o estás en una StartUp o tienes un negocio por Internet y no tienes a nadie a tu cargo o quizás pertenezcas y seas tu propio jefe, siendo parte de un negocio multinivel y crees que este apartado no va contigo. Pues no es así.

Harías bien en prestar atención muy atentamente a este apartado también, tanto si tienes empleados a tu cargo o no.

"¿Por qué? Efectivamente, yo soy mi jefe y no tengo que saber qué clase de jefe tengo que ser, pues no tengo a nadie a quien dirigir más que a mí mismo" - quizás respondas.

Sí, es cierto. Más recuerda, aunque seas un marketer online o un emprendedor que trabaja por su cuenta o lo que fuere, como anteriormente comentaba, más tarde o más pronto vas a tener que delegar si quieres verdaderamente tener más calidad de vida y si quieres verdaderamente tener un negocio y no un autoempleo o un cibertrabajo. ¿No es cierto?

No será nunca un negocio sino delegas en otros para que trabajen con o por ti...

Por lo que, como vas a tener que delegar sí o sí, si en verdad quieres tener un negocio, vas a tener que dirigir y supervisar el trabajo de otros. Y por ello, es conveniente que sepas cómo comandar y cómo dirigir a los demás de forma correcta y efectiva.

Sería un error que por ser un emprendedor que trabaje por su cuenta, te saltaras este capítulo o lo leyeras sin mucho interés. Yo si fuera tú le prestaría muchísima atención e interés a este capítulo, pues te va a dar las directrices que vas a tener que hacer y vas a necesitar para cuando delegues y otros hagan el trabajo por ti o contigo.

En algunos casos no es necesario solamente delegar, pues depende del negocio que tengas o a lo que te estés dedicando, llegará un momento que no es delegar lo que necesites solamente, sino que lo que necesitarás es más personal para poder expandirte y realmente hacer crecer el negocio. ¿No te parece?

Aun cuando seas un emprendedor online o por cuenta propia y quieras hacer cosas por ti mismo o seguir trabajando tu negocio, eso no está mal, sino todo lo contrario.

Conozco a varios expertos que siguen teniendo el control casi total de todo lo que se hace en su negocio, les gusta saber que está pasando en cada proceso y tener el control en cada uno de ellos. O como en mi caso, que aparte de gustarme, hay cosas que sólo manejo yo porque soy el único que tiene ese conocimiento (como es mi caso con el *Marketing Hipnótico*).

Y eso no está mal, está bien si así quieres que sea. Sin embargo, tienes que delegar, si no todo, una gran parte para que de nuevo, puedas expandirte y no tenga que ser un autoempleo y éste te dé aparte de más dinero, más libertad y calidad de vida o lo que llamamos también "Libertad Financiera".

Ya seas un emprendedor online o hagas manualidades en tu casa. En cualquiera de todos estos casos, debes delegar si quieres expandirte y tener un verdadero negocio.

Incluso si tienes una gran empresa o un negocio o mediano, no te puedes permitir hacer todo o intentar controlar todo al mínimo detalle haciéndolo casi personalmente tú, un error en el que caen muchos empresarios que conozco, el no dejar a sus trabajadores que trabajen y casi hacerlos ellos mismos cuando ven que un proceso está fallando o no está haciendo como ellos quieren.

La solución no es el, "quita, que lo hago yo" tan típico. ¿No es así?

Así, aparte de no arreglar nada y dejar inutilizado a tu trabajador, no podrás estar atento a otras áreas de tu negocio y hacer el trabajo que debes hacer, que es el de director, no el de trabajador.

"¿Y qué hago entonces si un trabajador no hace bien su trabajo y está echando a perder la calidad final de ello, no tendré que ponerme yo hacerlo que soy el que verdaderamente sé hacerlo?" - Se preguntarán muchos.

Si te preguntas esto, es un síntoma de perfeccionismo. Y aunque creas que es un halago por mi parte, no lo es. Sí, el ser perfeccionista tiene sus puntos positivos y es algo admirable, sin embargo también tiene unos puntos muy negativos que casi eclipsan a los positivos, y es que la perfección normalmente crea parálisis.

"¿Parálisis, por qué parálisis?" – Te preguntarás.

Porque la perfección es eso, el hacer todo y tenerlo todo al milímetro y "perfecto".

Yo también siempre he sido así y aunque guardo una dosis MUY elevada de perfeccionismo, no dejo que me paralice como antes.

La perfección puede hacer que dediques tanto tiempo a algo, que verdaderamente te eternices o nunca lo saques a la luz. O en el caso que estamos tratando con tu trabajador, que nunca lo dejes trabajar y siempre seas tú el que lo tiene que hacer, "ya que nadie lo hace mejor que tú". ¿No es así?

Esta actitud es un grave error para los negocios, en cambio es algo muy común en los emprendedores o en la gente que tiene un negocio que ha crecido en él o se ha perfeccionado en él y ahora tiene un negocio manejando este tipo de actividad.

Algo verdaderamente limitante. Y por ello si tienes este tipo de actitud y mentalidad, tienes que eliminarlas lo antes posible si verdaderamente quieres tener un negocio, quieres tener la libertad y quitarte un gran estrés de encima.

"¿Entonces qué hago si un trabajador mete la pata y no hace el trabajo de la forma que tiene que hacerse y obtener el resultado final que tiene que tener ese producto o servicio?" - Quizás te preguntes.

Pues muy sencillo y a eso vamos a ir en un momento. *Recuerda quién eres, eres el Director de la orquesta. Por lo tanto dirige.*

Si alguien comete un fallo o no está haciendo las cosas como debería estar haciéndolas, reconduce y vuelve a dirigir. O lo que es lo mismo, enséñale que está haciendo mal, enséñale - guíale hacia dónde tiene que ir o cómo lo tiene que hacer y después vuelve a dejarle su sitio y vuelve a dirigir.

O mejor aún, ten a alguien que lo hace igual que tú o quizá hasta mejor y que sea esa persona la encargada de reconducir/re-enseñar a los trabajadores cuando estén dando un producto final que no sea el satisfactorio.

¿Y tú que haces mientras tanto? Tu trabajo, que es dirigir sola y exclusivamente, eso es un "jefe"... Y no el concepto que normalmente tenemos.

Vamos a ahondar un poco más en el concepto de "el jefe" o qué es ser un/el "jefe".

Quería hacer antes este marco de referencia para que prestes atención a este capítulo o apartado, tengas la posición que tengas en tu negocio ahora mismo. Ya que te va corregir errores futuros en caso de que todavía no tengas gente al cargo, y va a evitar que seas el típico jefe odiado. Pues aunque suene muy fuerte, así son la gran mayoría. *Son Odiados* por sus empleados.

Pocos "jefes" que conozco, son buenos jefes. Y no digo buenos en términos de buenas personas, sino en todos los sentidos del negocio y también en lo personal. Un buen jefe no quiere decir que tenga que agradar, sin embargo tampoco significa lo contrario.

El seguir los conceptos que vamos a tratar a continuación, va a hacer que la gente en general y tus trabajadores sobre todo, tengan un mejor concepto de ti y trabajen más a gusto contigo y para ti, algo muy importante si verdaderamente quieres que tu negocio y tus empleados rindan al máximo con lo que hacen en tu negocio.

Tanto tus trabajadores como hasta tus clientes, te admirarán más, te querrán más y por lo tanto te respetarán más y serán más leales.

Pues un concepto muy equivocado que tenemos, que estaba muy arraigado en los 70 y los 80 (hay una GRAN cantidad de gente que sigue viviendo en esa época como "jefe", tal como decíamos antes, todavía no ha actualizado su software mental desde hace 35 años y sigue trabajando con Windows 95) es <u>creer que el respeto, se consigue con el miedo</u>.

Hoy en día, gracias a Dios no se hace. Quizás en los años anteriores, así fuera (aunque fuera totalmente erróneo y no fuera una buena estrategia del todo) pues no te tenían respeto, tenían miedo.

Sin embargo, repito, hoy en día no funciona. No te respetan, te tienen miedo o peor aun, te odian, cuando no les quedan más narices que seguir bajo el yugo si quieren seguir conservando un trabajo. Sin embargo eso no es un jefe (permíteme la palabra), eso es ser un *cabrón*.

Un jefe, es un líder y que dirige con pasión y con energía un equipo hacia donde él quiere llegar o que lleguen, no alguien que cada vez que le veas, te acuerdes de su madre.

Sin embargo, aún hoy en día, mucha gente cree que ser un jefe, es hacer las cosas porque yo lo mando, porque son así, porque lo digo yo, porque si no lo haces o si no cumples X o no tragas por X te hecho a la p#%@ calle y ya vendrá otro que ocupe tu puesto, etc…

Recuerda, son personas, no son "cosas" que puedas utilizar para tus propósitos. Todo eso no es ser un jefe, eso es ser un DICTADOR.

Y ten en mente la historia y cómo han acabado todos los dictadores a lo largo del tiempo y qué opinión tenemos todos de ellos…

No digo en ningún momento que tú lo seas, seguro que no es así (ellos normalmente no leen este tipo de libros). Sin embargo, estoy seguro de que conoces varios ejemplos muy parecidos a este. ¿No es cierto?

Así que mi pregunta para ti es, ¿quieres que la gente piense lo mismo de ti? ¿Así es como quieres ser visto? ¿Quieres que cuando se vayan te recuerden y hablen de ti y de tu compañía o de tu negocio de esa manera?

Recuerda la palabra director. Director es el que dirige. Es el director de orquesta. ¿Acaso ves a un director orquesta tocar algún instrumento? No, ¿verdad? Sólo le ves con una pequeña batuta para dirigir el compás y el ritmo que quiere que la gente que está trabajando con él tenga y cuando alguien se sale del "tiesto", vuelve a dirigirlo hacia donde él quiere llevar a su orquesta para tocar la sinfonía tal como la quiere.

Él conoce todos los instrumentos en su funcionamiento general, sin embargo él no los toca, los tocan los músicos. El conoce la partitura y guía hacia la música y tonalidad que él quiere interpretar. Más lo hace acompañando, acompasando. No a gritos o tirándoles la batuta a la cabeza.

Es un director de orquesta, no un opresor o un dictador. Sino que dirige, de ahí viene la palabra "director".

Recuerdo en los años que estuve sirviendo en el ejército, que todos mis oficiales al cargo me vaticinaban un gran futuro en el ejército. Todos, desde mi sargento más directo hasta el teniente coronel.

Sin embargo me terminé yendo, ante la atónita mirada de mis superiores, pues todos me pedían que me "re-enganchara" de nuevo, argumentando que era un gran soldado y que tenía y me esperaba una prometedora carrera militar.

Sin embargo, no continué con ello, me retiré cuando cumplió mi tiempo.

¿Y por qué me retiré si todo el mundo decía que era un gran soldado y que cumplía con mi deber siempre y que hacía siempre lo correcto, "a pesar de"...? - Te estarás preguntando.

Pues no seguí por una sencilla razón, la cual me hizo entender perfectamente que el ejército no era para mí.

No sé si tú has estado en el ejército, si no, tanto si has estado como si no has estado, te diré que el ejército se mueve (aunque no siempre por supuesto, sino en términos generales, al menos el ejército español, aunque tengo compañeros en otros países que también han servido en el ejército y hay bastantes similitudes, aunque también tendrán sus diferencias, supongo.) en términos muy similares a muchas empresas y muchos jefes que conozco y que me ha tocado trabajar con o para ellos.

Soy además una persona que respeta y admira la autoridad, respeto mucho a la persona que está al cargo de las cosas, que está al frente y liderando algo. Lo respeto mucho. Para mí, *el Respeto hacia otros y hacia mi persona, es uno de los valores más importantes con los que cuento en mi vida.*

Y el respeto, como sabes, es algo que se tiene muy en cuenta en el ejército.

¿Y por qué esto "del ejército" no va conmigo entonces? Pues porque el ejército en su gran vasta mayoría es, "¡Por mis narices!" (Por no decir otra palabra más fuerte y mal sonante).

Cada vez (no digo siempre, pero sí generalmente) que alguien te daba una orden, generalmente era, "¡por mis Coj#@ narices!" Y tienes que hacerla "¡por mis narices!" Esa es la razón que te dan o la razón intrínseca que va con ella, aunque no te la digan de viva voz en todas las ocasiones.

Muchas veces no había una razón, no había un por qué "lógico". Es sólo para que acates órdenes sin más, para mantenerte subyugado a una escala de mando y de poder, que te hace recordar que tú estás en el último escalón. Por lo que no te sientes parte de nada, sino más que de un yugo en el cual eres el/un animal azotado por su capataz.

No había razón ninguna, no había ninguna lógica del por qué deberías estar haciendo eso que te ordenaban y si en algunas ocasiones la había, no te lo hacían entender y menos saber. Ojo! No siempre, claro está. Mas sí, en una inmensidad de ocasiones.

Entiendo, que hay cierta información que no se puede compartir con un soldado, totalmente entendible. Más el soldado sí tiene que saber por qué está haciendo ciertas cosas si quieres que verdaderamente que esté motivado y arriesgue el trasero por ti…

Todos los altos cargos a los cuales he servido y hasta mis maestros de Artes Marciales, sabían que si ellos me decían, "salta", yo no titubeaba, es más, preguntaba, "¿a qué altura quieres que salte?" Tal era mi compromiso y determinación; y ellos lo sabían.

Eso sí, siempre he sido una persona que te sigue hasta donde haga falta, incluso moriría por ciertos ideales, literalmente. Sin embargo, necesito un porqué, una razón que me mueva, me inspire y me lidere. Y esa no es, "Por mis narices…"

Por ello ya ni sigo en el ejército, ni trabajo para otros de forma continua. Yo soy mi propio líder y lidero a otros.

Aunque me quedo con todo lo positivo que mi paso por el Ejército me dio. Pues al igual que las Artes Marciales, el Ejército aportó a mi vida experiencias y valores que son difíciles encontrarlos hoy en día, algunas veces hasta olvidados, tanto en lugares como en personas. Tales como, Valor, Disciplina, Respeto, Determinación, Amistad y Compañerismo, Honor, Lealtad, Superación Física y Psicológica/Moral, Honestidad y un largo etcétera.

Y mi trabajo aquí contigo, es influirte y enseñarte cómo debes liderar a otros para que te sigan, para que te admiren, te respeten, que estén a gusto trabajando contigo (fíjate que he dicho trabajando contigo y no para ti. Este pequeño concepto mental ya cambia muchas cosas si lees entre líneas…), en vez de que te odien o que cada vez que se acuerden o hablen de ti, sea de una forma negativa al mismo tiempo que mancillan el Santo Nombre de tu Madre.

Que se sientan a gusto trabajando contigo y con lo que hacen y no que estén deseando encontrar otro trabajo para dejarte tirado en cuanto puedan.

No les eches la culpa de esto tan rápidamente, pues aunque efectivamente hay trabajadores penosos, con motivación y un buen liderazgo, he visto y he sido testigo de cosas increíbles en trabajadores. Así que tanto una cosa como la otra, la provocas tú. En tus manos está y en tu forma de liderarlos y dirigirlos.

"¿Y qué hago entonces?" – Te preguntarás.

Bueno, sólo este tema casi daría para un libro entero y ya he consumido bastante de este libro en sólo este apartado, aunque no importa, pues lo considero muy importante.

Aunque trataremos este tema más en profundidad junto a otros del libro y otros que no están en él, y más interesantes y efectivas herramientas y técnicas en el Curso Online y en el Seminario Presencial, por ahora es suficiente con que tomes conciencia de ello y te preguntes y te cuestiones en todo momento (como con todos los conceptos que llevamos en este apartado del libro sobre la mentalidad de los negocios) <u>cómo estás actuando y si lo estás haciendo de la forma más correcta</u>, no solo para ti, sino también para tus trabajadores.

Preguntándote a ti mismo si estás haciendo lo mejor que podrías hacer y de la mejor manera. Si estás dirigiendo y motivando o si por el contrario estás dando una orden porque tú eres el comandante sin más.

Cumpliendo tu palabra (algo muy, muy importante) cuando la das sobre un aumento de sueldo, sobre días libres o ciertas vacaciones, sobre un cambio de puesto o departamento, que iban a trabajar X horas y no más o cualquier cosa que digas. Pues sabes que un trabajador siempre se va a coger a lo que tú le dijiste. Y la palabra del empresario es muy importante tanto para hacer negocios con otros como para sus trabajadores.

Yo no sé tú, pero *Mi Palabra es Ley!* Si digo algo lo cumplo sí o Sí. Hago lo IMPOSIBLE para que lo que dicho se lleve a cabo y si no, no lo digo. No lo digo para quitármelo de encima o para quedar bien como mucha gente hace…

<u>Cumple tu palabra y tu empleado te respetará.</u>

"¿Qué pasa si no fue cumplido algo que dije, pues algunas veces en los negocios surgen inconvenientes o imprevistos que ni siquiera están a mi alcance, pues pueden venir de terceros y hacer que yo no cumpla mi palabra, pero yo sí quería cumplirla y estaba dispuesto hacerlo?" – Me preguntarás.

Sí, tienes razón. Efectivamente algunas veces pasan este tipo de inconvenientes en los negocios. Pues si tienes el control de lo máximo posible y prometes y dices cosas las cuales tú si puedes cumplir, te pasará. Aunque yo NUNCA he faltado mi palabra en mis

Negocios o Proyectos (también llevo esto mi vida personal), lo cual significa que es posible. Si yo puedo, tú puedes.

Sin embargo, entiendo que algunas veces sucede y no pasa nada, algunas veces puede suceder esto en tu negocio.

Cuando pase, lo único que tienes que hacer es hablarle a tu empleado, no te calles. No creas que no le debes ninguna explicación o no te dé vergüenza y te escondas porque no sabes qué decirle; pues sabes que has faltado a tu palabra aunque no sea tu culpa.

Por ello, si sucede, reúnete con él y explícale de forma amable qué ha sucedido y por qué no has podido cumplir en este momento lo que le dijiste, házselo saber y que esté seguro de que, en el momento que puedas, vas a cumplir con lo que le dijiste o pusisteis sobre acuerdo (aunque sea un acuerdo verbal, no te acojas a que si no está escrito nada de nada, de nuevo actúa con Honestidad y con Franqueza. Respeta y te respetarán) pues en verdad te preocupas por tu palabra y por él.

Y ¿sabes qué?

Tu empleado quedará maravillado ante tu sinceridad y estará más tranquilo, si lo has dicho con confianza y preocupándote por él, de que lo que le prometiste, eso que le dijiste, será cumplido en cuanto tú puedas.

Esto hará que pueda comprender mejor las cosas y no sólo maldecir tu nombre, hacer que haga su trabajo de mala gana o incluso que no lo haga (algo muy común, lógico y normal. ¿Qué esperabas después de traicionar su confianza?) y/u odiarte porque le dijiste que ibas hacer una cosa y luego no lo cumpliste sin más, (aunque no sea así, pero si no se lo dices, él no lo sabe! y empezará elucubrar lo peor por su mente).

Pues recuerda, para ti puede ser que sea insignificante esa cosa que le dijiste/prometiste, más nunca sabes cuánto es de significante para ese trabajador.

Haz que vean y sientan que verdaderamente te preocupas por ellos y entonces te respetarán y te seguirán.

Y a la par, recuerda que no tienen que hacer las cosas "por mis narices" "porque hay que hacerlo" o "porque si"... Sino dales un por qué de verdad, dales una razón, dales un objetivo claro al que ir, dales una persona, una empresa, un negocio, una misión y/o un ideal al que seguir.

Dales el porqué de tu negocio, claro que quizás tu negocio no tenga un porqué, no tenga una misión, no tenga un ideal que seguir sólo hacer dinero, lo cual no es nada negativo, por supuesto.

Aun así, sería de gran ayuda si tiene un porqué, si hay algo más que sólo el obtener dinero… (Si lo no tienes, sería interesante que te empezaras a planteártelo ¡desde ya! Cuál es el porqué de tu negocio, cuál es la misión, cuál es el ideal, cuál es el sentido de tu negocio. Pues eso, hace muchas veces, que la gente se mueva más que por el simple hecho del dinero).

Créeme cuando te digo que la gente, el trabajador, valora mucho el dinero que obtiene trabajando para un negocio, más también valora muchísimo *"lo a gusto que esté trabajando para él"* y esto se refiere a todos los sentidos que dentro del negocio van más allá del dinero.

Eso, más que el dinero, les hace trabajar más felices y que no estén pensando en hacer el menor trabajo posible y/o en el cambiar de negocio o empresa en cuanto puedan, sino todo lo contrario, se sentirán a gusto, notarán que forman parte de algo y esparcirán a viva voz con orgullo para quien trabajan y por consecuente, serán además más productivos. Y al final cabo, todo esto lo que quieres ¿No es así?

Todo lo anterior, no quiere decir que tampoco vayas al otro extremo que también se da, aunque menos, que es ser el "amiguito".

Lo cual he visto varios casos, en los cuales, al final con esta actitud de que **sólo** te vean como un colega y un amigo (y aquí la palabra a remarcar es sólo), puede llevar a que varios de tus trabajadores no te respeten y no tengas en verdad el control final de tu barco con todo lo que también conlleva ello.

Lo que quiere decir que hay que comandar, dirigir con rectitud, pasión, compromiso y seriedad a la vez que siendo comprensivo y empático. No seas un dictador más tampoco seas un coleguita o amiguito. Sé un líder con el que se puedan llevar bien y sentirse a gusto trabajando.

Un ejemplo para mí, de dictador, son gente como Hitler o Saddam Hussein (por favor, no estoy comparando ningún jefe de cualquier empresa Hitler, sólo es un ejemplo para que te hagas una idea lo que quiero mostrar y transmitir) o personajes de ficción como Darth Vader, el gran líder y el malo de la historia de la película Star Wars, que por mucho que nos guste el personaje, no dista mucho de que fuera un dictador a la usanza de, "por mis narices" y "porque yo lo mando y porque yo lo digo".

En el lado de los líderes, tenemos muchos ejemplos. Uno de los que más me cautivó en la ficción-realidad (ya que está basado en la persona real y comandante de las guerras de independencia de Escocia) es *Sir William Wallace* en la película Brave Heart. Que con su pasión y liderazgo, sabía dirigir a sus ejércitos y a sus semejantes siendo parte de un todo y compartiendo con ellos todo, sin hacer olvidar a sus compañeros quién estaba al mando. Y por ello era respetado y seguido.

Por lo tanto recuerda, Sé un Líder. Sé un **Director,** no un <u>dictador</u>.

Espero que todo lo que has leído en este capítulo, no lo hayas tomado como un "ataque", porque esa no era la intención en absoluto.

Espero que lo hayas tomado con Madurez e Inteligencia y sepas el motivo por el que he escrito esto. El Verdadero motivo "detrás" de estas palabras, aparte de darte mi experiencia con decenas de empresarios, es mi intención de enseñarte.

Entiendo que es todo sobre ti, sobre el empresario y que es mucha la responsabilidad y trabajo que hacer y cosas que cambiar y que todo esto, el que no conozcas esto y no estés implementando varios de los conceptos y estrategias aquí tomados, *no es tu culpa*, esta información no la sabías y lo has hecho lo mejor que puedes con los conocimientos, herramientas y personal que tienes (lo sé de sobra que así es).

Y es cierto que si este es un manual para Empresarios y Emprendedores, debería haber uno también para empleados, de cómo ser un Buen y Eficiente empleado, pues hay empleados que te lo ponen de todo menos fácil para salir adelante, lo sé. Estoy totalmente de acuerdo contigo.

Sin embargo, **eso no debe pararte o excusarte**, **tú eres la Cabeza de todo, tú eres la más Importante y preciada Maquinaria con la que todo se mueve, todo comienza contigo.**

Por eso hemos creído de máxima importancia hacer este libro para ti, pues por donde se cambia un Negocio, es desde la base (como todo en la vida, ¿No es así?) Y la Base fundamental de tu Negocio eres Tú.

Es por ello que hemos querido darte el conocimiento y las herramientas indispensables para que comiences a hacer un Cambio Radical en tu Negocio ¡desde Hoy mismo!

Así que pregúntate para este apartado, ¿qué cosas podrías hacer para mantener una mejor relación o mantener motivados a tus trabajadores de forma constante?

Escucha Más, Haz Menos

En este breve apartado, sólo quiero hacer hincapié en que, para dirigir como director, tienes que escuchar a tus empleados.

¿Por qué debes que escucharlos?

Por la sencilla razón de que, aunque tú creas conocer tu negocio y todo lo que pasa en él, quien está al pie del cañón, quien verdaderamente maneja el producto o servicio que ofreces, quien recibe todos los días las alabanzas o las quejas de lo que ofreces, quien recibe a diario y casi a cada minuto la retroalimentación REAL de los clientes, quien conoce verdaderamente las dudas, las inquietudes y las satisfacciones de los clientes, quien ve lo que está funcionando y lo que no está funcionando con los clientes, quien está en primera línea para observar y escuchar de primera mano lo que está pasando, ese normalmente no eres tú, son tus trabajadores.

Aunque seas un profesional que trabaja al pie del cañón, como un dentista, un quiropráctico, etc., normalmente no te van a contar los pacientes o clientes todo a ti, quizá una parte.

Sin embargo, quien va a ver y va a escuchar verdaderamente todo y a quien se le van a "quejar" más, la mayoría de las veces, es a la persona que tengas fuera en la recepción, a los auxiliares, a los ayudantes, a las personas que tengas en el departamento de atención al cliente, de reclamaciones, servicio técnico, etcétera.

Por ello, es de vital importancia que escuches más a tus trabajadores.

Si quieres mejorar tu negocio y tener clientes más contentos y que, por ende, ellos dejen más dinero en tu negocio y recomienden más tus servicios a otros para generar más dinero y más clientes, tienes que reunirte con tus trabajadores y escuchar lo que tienen que decir de su día a día con los clientes.

Ya que una escucha atenta, junto a una reflexión y seguida, por supuesto, de un método o una estrategia que haga algo al respecto, es lo que te va a hacer llevar y mejorar tu negocio al siguiente nivel (créeme, esto solo, ya es un gran salto cuántico que te va a diferenciar de tu competencia, pues ellos no lo hacen y viven en un mundo a ciegas, de no entendimiento de por qué las cosas funcionan como funcionan y de no comunicación y retroalimentación con el cliente para una mejora constante).

Y además, como veíamos en el anterior apartado, tus trabajadores se sentirán parte de algo, pues ven que los escuchas, valoras su retroalimentación y les tienes en cuenta.

Que eso no quiere decir que hagas todo lo que te digan, luego tú ya en tu oficio, verás qué es lo mejor para ti y tu negocio y qué puedes inventar y qué no, por supuesto.

Sin embargo, se sentirán parte de algo y verán que los escuchas, que su opinión también te importa y que es importante para ti (aunque sea por propio interés de mejorar tu negocio, esto te interesa Sí o Sí).

En caso de que seas un emprendedor online que por ahora trabaja solo o un autónomo que trabaja por sí mismo, te aconsejo que estés muy atento a la retroalimentación de la gente y a lo largo del día y a la semana hagas una reflexión fuera del ego, para saber qué es lo que te han dicho puedes mejorar. Y en caso que no te digan nada, que no se atrevan a decírtelo a ti (algo muy común como te decía anteriormente, normalmente se dirigen a otros trabajadores o auxiliares), pregúntales indirectamente.

"¿Cómo puedo hacer esto?" - Intuyo que preguntas.

Pues mandándoles por correo electrónico o tradicional, una encuesta sobre lo que les gusta y lo que menos le gusta, o sobre qué opinan de tu servicio/producto, qué mejorarían y demás…

Sí, ya sé que le puede sonar a muchos como algo incómodo y sé que puede asustar conocer/hacer esto.

Sin embargo, es una Verdad que debes conocer y manejar, ya que es la única forma, en caso de que trabajes por ti mismo, de que tengas una retroalimentación lo más fidedigna posible para que luego puedas mejorar y no estés a ciegas creyendo que tienes un servicio o un producto fantástico, cuando quizá no es del todo así y pudieras mejorarlo más para que cada vez la gente tenga una mejor opinión de ti y puedas generar más dinero.

Conozco decenas y decenas de negocios, que han perdido cientos y cientos de clientes y miles de dólares y euros, por desconocer estos datos, vivir en una burbuja, andar a ciegas y creer que todo lo que hacen está estupendo o está bien, cuando la Verdad y la Realidad no es del todo así.

¿Conoces la expresión "escucha lo que dicen tus tripas"?

Pues las "tripas", el interior por donde todo pasa de tu negocio, son tus empleados.

Por lo tanto, toma buena nota de todo lo que tienen que decirte sobre cómo y sobre qué sí o qué no funciona, de todo lo relacionado con el negocio.

Aquí te dejo un modelo de implementación, en un sencillo gráfico, sobre la forma de actuación de lo anterior.

Lidera-motiva, escucha-investiga, reflexiona/estudia una resolución, toma acción y recalibra

Y con respecto a la otra parte de este apartado de "Haz menos", vas a tener que ir practicando el difícil arte de "quitarse de la ecuación".

Entiendo que cuando uno tiene un negocio, tal como recogíamos antes en todo este apartado del libro, es como tu hijo.

Lo veo en las caras de pasión que ponen muchos empresarios con los que tenido la oportunidad de trabajar, al igual que lo veo en mí, en mis negocios y proyectos en los que estoy o he estado al cargo.

Y también cuando uno es demasiado perfeccionista, pues cree que como él, no lo va hacer nadie… ¿Te suena de algo?

Y eso en el fondo es positivo, sin embargo no puedes hacer que te arrastre y te lleve al control absoluto o a algo que otro no puede poner la mano encima, como si fueras Gollum (el personaje de la película "El Señor de los Anillos") en su obsesiva posesión del anillo único, que nadie más quiere que toque.

Lo cual, hace que sea muy fácil implicarte en demasía y no dejar que otros, que quizá también tienen algo que decir/hacer y que pueden mejorar el negocio, tomen manos en él.

Pues crees que nadie más que tú puede hacer y opinar lo mejor para tu "niño". Y si tienes hijos, sabrás, que esto no siempre es así. Aparte de ser una forma más esclava de tener un negocio.

Digo esclava, pues no te permitirá experimentar lo que es verdaderamente ser el director de un negocio y además *disfrutar de la libertad financiera* que un negocio te puede dar (cosa para mí casi lo más importante).

Por ello, te animo a que practiques *el arte de eliminarse de la ecuación*, de quitarte de en medio, de no estar todo el rato encima de ellos ni detrás de las cosas (haciéndolas me refiero) y dejes a tus encargados y tus empleados que sean los que se encarguen del negocio, que sean ellos los que trabajen en el negocio, no tú.

De nuevo, tú eres el que tiene que dirigir, no el que tiene que trabajar. Al menos no en todo momento. Pues muchos "jefes", trabajan como un empleado más, lo cual es positivo en algunos momentos, sin embargo, esa no es tu misión en el negocio, sino la de director y el director, ¿en qué quedamos que hacía este?...

Sí, efectivamente, dirigir. Principalmente DIRIGIR.

¿Quieres un Alto Rendimiento, Quieres tener unos Resultados de Élite como los Deportistas de Élite?

Bien, y hablando de delegar…

Una parte muy importante cuando quieres tener unos grandes resultados y ves que por tu cuenta no estás llegando y es más, tampoco es tu trabajo, como veíamos anteriormente, es delegar en otros, que otros hagan el trabajo por ti o que te ayuden a conseguirlo, no hacerlo tú todo.

Recuerda que eso no es un director; es delegar este apartado en alguien externo, alguien que tenga conocimiento o como mínimo, que te ayude a trazar un mapa de por dónde y cómo conseguir lo que quieres conseguir, ya que muchas veces estás tan cerca de la pintura que no ves toda su estructura por completo.

Y esta persona es, un Coach.

Pues recuerda, los más grandes deportistas de élite de cualquier deporte que te imagines, desde el fútbol, hasta el tenis, pasando por el basket, el patinaje artístico, la natación sincronizada, la fórmula 1 o el boxeo, todos los deportistas que han conseguido llegar al podio y Ganar una medalla olímpica y obtener los más grandes Resultados que les han hecho convertirse hoy en día en los grandes deportistas de elite que son, no ha sido por sí mismos, por ellos solos.

Todos, absolutamente todos, tenían un Coach y ellos siempre han alabado y agradecido a la figura que les ha llevado a conseguir lo que querían.

Personas como Ronaldo, como Tiger Woods o el mismísimo Michael Jordan, *todos agradecían y expresaban, que sin sus Coaches, Nunca habrían llegado donde han conseguido llegar y a obtener lo que han conseguido en sus vidas y en sus carreras profesionales.*

Un coach, es una persona que te motiva, que saca lo mejor de ti, que tiene una visión y un entendimiento de cómo funcionan los procesos dentro de la vida o de un negocio, que va hacer que logres los resultados que siempre has estado buscando y que consigas llegar donde siempre has querido llegar.

Pues gracias a ciertas herramientas que él maneja, vas a ser capaz de establecerte unos objetivos lógicos, junto a un mapa de carreteras y un plan de acción que te van hacer llegar, sí o sí, bajo su ayuda y su aliento a conseguir lo que te has propuesto en tu vida y en tu negocio.

Todos, absolutamente todos los grandes empresarios, han tenido un mentor y/o un coach que les motivado y alentado a llegar donde están y ser hoy lo que son y conseguir lo que han conseguido.

Mi pregunta para ti es, ¿Quieres tener los mismos Resultados en tu vida y/o en tu negocio que los deportistas de Élite?

¿Por qué te vas a conformar con un rendimiento y unos resultados Pobres o Medios, cuando puedes conseguir unos Grandes

Resultados? (Esta no es la Mentalidad de los grandes Empresarios, no es la Mentalidad de un **EVE**).

¿Quieres tener un Alto Rendimiento en tu empresa o en tu negocio?

Si la respuesta es afirmativa, significa que necesitas un Coach sí o Sí, un coach que te ayude a conseguir tus metas y objetivos, que te aliente y te guíe a que lo consigas (tal y como lo hace el Coach con estos grandes deportistas) para que tú también consigas subir al podio y obtengas el objetivo en la vida o en tu negocio que te has propuesto, de una forma más fácil, más inteligente, más rápida y arropada, que por ti solo…

El flaco Poder de la Decisión

Parece una contrariedad esto del "flaco poder de la decisión" ¿verdad?

Pues créeme, no es así.

Déjame que te ilustre esto con un ejemplo…

Una calurosa tarde de verano, tres ranas se encontraban descansando al borde de un estanque. Las tres observaban cómo otros se refrescaban mientras ellas solamente eran espectadoras.

En un momento determinado, una de las ranas tomó la firme decisión de saltar al agua.

Pregunta, ¿cuántas ranas quedaron en el borde del estanque?

Si tu respuesta ha sido, 2, no es correcto.

"¿Cómo? ¿Qué? No tengo un doctorado en matemáticas, pero hasta ahí, sí llego" - adivino tu repuesta.

No, efectivamente tienes razón, tu operación matemática no está fallando. 3-1= 2. Correcto. Sin embargo, gramaticalmente, si "falta" algo que altera la ecuación matemática.

"Pero… ¿Qué pasó? ¿La rana no había decidido saltar?" - Te preguntarás

Si, lo había hecho. **¡Pero decidirse a hacer algo y hacerlo** (o dejarlo de hacer) **no es lo mismo!**

Comprendes ahora, ¿no es verdad?

Por eso he llamado este apartado *el flaco poder de la decisión,* porque una cosa es decidir, y otra muy diferente es hacer.

El decidir algo no lleva intrínseco hacerlo, de hecho, en la gran mayoría de las ocasiones, cuando decimos que decidimos hacer algo, estas decisiones suelen ser bastante débiles.

Hay muchas veces también, que personas y empresarios me comentan que tienen grandes ideas para hacer nuevos servicios, nuevos productos, nuevas cosas que poder ofrecer o de cómo captar clientes - usuarios con su web, incluso algunas veces, una idea - invento revolucionario de hacer X cosa, que les puede cambiar la vida y que puede cambiar la empresa, hacerles ganar muchísimo dinero o incluso ser millonarios… y luego no hacen nada.

Otras muchas veces, he oído esta frase (que estoy seguro que también la has oído en varias ocasiones), "si me dieran sólo un dólar por cada idea brillante que tengo…"

Pues efectivamente, una idea en promedio no tiene el valor ni siquiera de un dólar en muchas ocasiones.

"¿Por qué?" - te preguntarás. "Si todo el mundo dice que las ideas son muy valiosas."

Realmente las ideas pueden ser valiosas, sin embargo, valen poco más que cero si no las pones en acción. Por ello, *las ideas por sí solas, sin Acción no valen para nada, al igual que sólo decidir algo…*

> "Una idea valdrá tanto como acción se ponga para llevarla a la práctica"
>
> David J.
> Schwartz

Lo que significa, que **la parte importante en todas estas ecuaciones, es… La Acción. El hacer algo al respecto en este mismo momento, ¡desde ya! Desde que se crea la idea o se toma la decisión.**

Es más, todos estos años de llevar y trabajar en mis propios proyectos y trabajar en proyectos para otros, desde restaurantes y centros terapéuticos hasta trabajar para grandes Personalidades como el mismísimo Tony Robbins y T. Harv Eker o con compañías como Telefónica Movistar, Vodafone o Success Resources (por nombrar algunas de las más mediáticas o más conocidas a nivel mundial en sus campos), me han hecho comprender, que la acción verdaderamente es la más importante, más que las ideas en sí.

Porque trabajando para este todo este tipo de empresas y Grandes Personalidades, me he dado cuenta de que, cuando te pones en acción, te empiezan a surgir las ideas que luego pueden valer y generarte un grandísimo dinero.

Por ello, de nuevo, la acción es la clave ante una buena idea o ante lo que sea. Eso sí, no acción "a lo loco". Sino una acción bajo un plan, una estrategia o una idea que te lleve a un plan nuevo o a una estrategia.

Estoy seguro de que, si alguno de mis alumnos o las personas que asistieron a alguna de mis ponencias está leyendo este libro, ahora esbozará una pequeña sonrisa. Pues la que sigue, es una de mis frases favoritas, a la que siempre hago referencia en mis cursos y talleres y esta es:

> *"El Conocimiento sin Acción, es Filosofía, y la Acción sin Conocimiento, es una Tontería"*
>
> Miguel Angel Santos

Muchas veces hago referencia a esta simpática frase en cursos, talleres y conferencias que imparto, para que el oyente o el alumno, se dé cuenta de que un conocimiento sin llevarlo a la acción, no vale para nada y que la acción sin un conocimiento detrás, es verdaderamente en la mayoría de las ocasiones, una locura. Ya que actuar sin saber qué estás haciendo o sobre hacia dónde te quieres dirigir, te va a conducir a poco más que al desastre.

Y la acción nos lleva a este siguiente e interesantísimo apartado, dentro también de la psicología de los negocios...

¿Estás dispuesto a pagar el Precio del Oro?

A mucha gente le gusta el oro, le gustan los diamantes, ciertas marcas de coches o algo de gran valor, pues es lógico que nos guste lo mejor y rodearnos de ello lo máximo, en la medida de lo que podamos en nuestras vidas.

Y como sabes, lo bueno, lo que tiene un gran valor, tiene un precio.

Digamos que quieres hacerle un regalo a tu pareja y has decidido que se merece algo estupendo y quieres regalarle algo hecho verdaderamente de oro de gran calidad, pues junto con los diamantes, como sabemos todos, es de las cosas que más valor tiene, no quieres regalarle algo barato, pues no se merece menos.

Ahora, llegas a la tienda y después de explicarle más o menos lo que quieres a la persona que está enfrente de ti, ella te muestra el objeto en Oro puro que se adapta a la descripción de lo que quieres.

Y ante la atónita cara de la persona que atiende, sueltas una exclamación parecida a, "¡Uffff!!"

"Es un precio bastante elevado" - piensas. "Pero, X persona es realmente importante para mí y en verdad, no se merece menos" - te dices mientras sigues observando el precioso objeto, abstraído en tus pensamientos.

Mientras pasan estos segundos en los cuales tú sigues absorto en tus pensamientos, no dejas de poner la cara de sorpresa que se te quedó cuando la persona te dijo el precio. A lo que la persona que está frente a ti responde, adivinando tus pensamientos, dada tu expresión y mensaje corporal, "Disculpe Señor/a, pero ¿qué esperaba? Es el valor del Oro. Y **esto es Oro Puro.**"

Ahora bien. Tienes una idea, tienes un sueño, un sueño con el cual estás comprometido y esta es mi pregunta para ti:

¿Estás dispuesto a pagar el precio de ello?

¿Estás dispuesto a pagar el precio del Valor que tiene tu idea o tu Sueño?

Es así de simple.

Porque ¿sabes? Muchas personas quieren lo que tienen muchos en diferentes áreas de la vida y en los negocios, sin embargo, no están dispuestos a pagar el precio necesario que cuesta eso que tienen.

Oí una vez el caso de una persona a la que le gustaba mucho la música y en especial el piano, que tocaba en sus momentos libres como pasión-hobby y fue a un concierto de música clásica, en el cual la estrella principal era un pianista de fama internacional de origen asiático.

Verdaderamente, el simple hecho de ver a este gran pianista ejecutar con perfección, energía y pasión y escuchar lo que salía de esta sinfonía de movimientos y emociones, era un todo un deleite y un placer para los oídos y para todos los sentidos en general.

Esta persona se quedó tan maravillada de tal maestría (pues muchas veces, la gente que verdaderamente perciben mejor la maestría y la Calidad de algo, son las personas que veladamente ya conocen algo del tema) que decidió, como fuera, tener unas palabras con esta persona.

Finalmente lo consiguió y cuando terminó el concierto, pudo colarse entre bastidores y esperando la oportunidad, aprovechó para hablar con el pianista, el cual se sintió un poco abordado por la forma.

Sin embargo le caracterizaba una gran amabilidad en su persona, añadida a la ya afable y servil cultura asiática y accedió a responder de forma amable al brusco abordaje de la persona que quería hablar con él a toda costa.

La persona le expresó la gran admiración y la emoción que tenía al haber visto tal maestría, tal perfección y la belleza de su sinfonía.

"¿Sabe usted?" - Continuó diciéndole – "Yo también toco el piano, creo que es un instrumento muy noble y que ha sido el alma de muchos de los grandes de hoy y del pasado, para expresar su música. No lo hago nada mal aunque, por supuesto, no estoy a su altura. Aun así me gustaría llegar algún día a tocar como usted. Por favor, dígame, ¿Qué puedo hacer para algún día tocar como usted lo hace?"- Preguntó con un entusiasmo y ansiedad más que visible.

"Gracias por sus palabras" - respondió relajada y tranquilamente junto a una sonrisa el maestro pianista – "Si quiere usted tocar como yo, en realidad es muy sencillo. Le voy a decir el secreto que hoy me ha hecho ser quien soy, el secreto de mi técnica…

Apúntese a una escuela, si puede ser al Conservatorio nacional de su país y empápese de los mejores y grandes maestros y luego por cada día, durante un mínimo de ocho horas diarias, practique y practique sin cesar con pasión, disciplina y dedicación durante los próximos 10 años como mínimo. Y entonces, estoy seguro de que, sí o sí, usted se convertirá en todo un maestro del piano. Y podrá tocar cualquier pieza maestra como yo lo hago."

"¿Queeé?" - Exclamó la otra persona mientras pasaba de una expresión facial de sorpresa a una de incredulidad y hasta casi de enfado – "¡Yo no puedo dedicar ocho horas al día y esperar 10 años a tocar bien el piano! Yo quiero algo rápido y poder tocar como usted más o menos lo antes posible, ¡no dentro de 10 años! ¡Eso es una locura! Demasiadas horas de trabajo al día y demasiados años. ¡Yo no quiero esperar 10 años!"

El maestro pianista asiático, esbozó una muy breve sonrisa, la miró condescendientemente y girándose, volvió a su camerino.

¿Qué pasó con esta persona?

Tal y como pasó con esa persona, pasa con otras muchísimas más en otras muchas áreas.

Esta persona no estaba dispuesta a pagar el precio del oro.

Por ello decía anteriormente, que mucha gente como esta persona que quería ser un gran pianista, quiere conseguir algo en la vida o en sus negocios y sin embargo, muy pocas veces veo a la persona y al empresario serio, que verdaderamente está dispuesto a pagar el precio de eso que quiere.

Pues déjame decirte algo mi querido lector, **todo en este mundo tiene un precio, no hay nada que sea TOTALMENTE Gratis.**

De hecho no te aconsejo para nada (aparte de que NO es la mentalidad de los empresarios de éxito) acudir a lo gratis o lo más sencillo posible en tu negocio, para salir del paso.

Revestir y buscar para tu negocio lo "gratis", es como estar revistiendo y empapelando de y con ello tu Negocio. Y esa es la percepción que van a tener tus clientes sobre ti y el negocio que manejas. Tú eliges…

Puedes irte por la vía "fácil" (aunque en verdad no lo es en una gran mayoría de las ocasiones) y cutre - cochambrosa - roñosa - tacaña - vago y/o para "salir del paso" o eliges la opción Correcta,

Profesional. La opción que eligen los Verdaderos Empresarios de Éxito (**EVE**), que es pagar el Valor de lo que quieren conseguir.

Aun así, entiendo que todos queramos lo fácil, todos queremos que venga una especie de hada madrina y con un golpe de varita mágica, tengamos aquello que queremos y como lo queremos.

Queremos tener mañana el negocio perfecto, sin invertir el tiempo (en varios casos, años), la inversión económica, personal y otros recursos que ello necesita y requiere.

Sin tener los sentimientos y emociones, como si se tratara de una montaña rusa llena de diferentes emociones como orgullo, abatimiento, alegría, esperanza, luego viene una curva vertiginosa de miedo e inseguridad, después otra subida con orgullo, una curva de frustración, otra repentina de desengaño y demás.

Sí, sería magnífico, que fuera mañana y sin todo esto, estoy contigo. Sin embargo, no es así ¿Verdad?

Todo el mundo quiere tener un cuerpo estupendo, sin hacer los sacrificios y sin emplear el tiempo y la dedicación necesarios en ejercicio y en una forma inteligente y correcta de comer para llegar a ese objetivo.

Todo el mundo quiere un cuerpo perfecto o casi perfecto, sin pagar el valor que tiene.

"*Lo que significa, que hagas lo que hagas o quieras lo que quieras conseguir, en todo, absolutamente en todo, vas a tener que pagar un precio, ya sea en dinero o ya sea en tiempo u otras "especias".*

Es más, si no estás dispuesto a pagar el precio, va a ser Muy Complicado (no digo imposible porque no forma parte de mi vocabulario), Muy Difícilmente vas a conseguir tu objetivo y te digo más aún, desde mi opinión, si no estás dispuesto a pagar el Valor de lo que quieres, no mereces conseguirlo… Así de simple.

Y te digo más, la gente que lo merece, más tarde o más pronto lo consigue. Y no digo "merecer" en referencia a la buena persona que sean. No, no tiene nada que ver con eso.

Merece el que hace algo para conseguir, el que empuja más allá para obtener lo que quiere, el que estira la mano todo y más extremidades de su cuerpo, para alcanzar eso que quiere, no el que se queda esperando a que alguien se lo traiga o "llegue" o aquel que paga un "precio", lo más bajo posible o baratijas, esperando conseguir algo de Gran Valor a Cambio...

Por lo que mi pregunta de nuevo es:

¿Estás dispuesto a Pagar el Valor que Tiene eso que Quieres?

¿Quieres una Rana Asada?

Personalmente no me agradan las ranas asadas, prefiero las patatas.

Una rana, es un animal que difícilmente comería.

Sólo su aspecto no es nada atractivo para que te lo lleves a la boca ¿No es cierto? Aunque la gente que la ha probado, dice que sabe a algo parecido al pollo.

Sea como sea, hace tiempo me contaron una historia "de Cocina" que ejemplifica también de forma muy gráfica lo que te quiero compartir en este siguiente apartado.

Me encanta cocinar, es otra de mis pasiones a la que me gusta también dedicar un tiempo.

Creo que del Arte de cocinar se puede aprender mucho. La paciencia, el cuidado por lo que estás haciendo, una buena técnica, la perfección, el buen gusto y otras muchas cosas más que conlleva este noble arte, y que se pueden aplicar y extrapolar a los negocios y a la vida en general.

Además, también creo que tiene cosas muy beneficiosas a nivel personal, como un tiempo para estar contigo mismo a solas y concentrado en algo con todos tus sentidos y toda tu buena energía, pues soy de los que creen que la comida se puede "cargar" de la buena energía, del "Amor" o por el contrario, contaminar de la mala energía que tenga en ese momento el cocinero por alguna situación.

Es algo también, que me mantiene en paz, me mantiene también en un proceso creativo e instructivo, de continuo y constante aprendizaje de auto-perfección y de dar a los demás algo de mí, algo que, como ya te comenté anteriormente, me encanta y veo estrictamente necesario si se quiere mejorar en cualquier ámbito.

El caso es que hace tiempo, me compartieron algo que ejemplifica muy bien lo que te quiero exponer. Y es, Cómo asar una rana:

"Una cacerola llena de agua fría en la que una pequeña rana está nadando, se enciende un pequeño fuego que va calentando el agua lentamente.

Poco a poco, el agua se va poniendo tibia.

La rana encuentra la situación muy agradable y sigue nadando muy a gusto.

La temperatura del agua va subiendo, empieza a estar caliente, bastante caliente.

La rana ya no goza como antes, se siente un poco cansada, pero no por eso se asusta.

La temperatura sigue subiendo cada vez más, está muy caliente.

La rana comienza a encontrar la situación desagradable, pero está tan débil que decide seguir aguantando sin hacer nada.

La temperatura continúa subiendo aún más, mucho más...

Hasta que llega un momento en que la rana termina cocinándose y muriendo.

Y después se asa la rana"

Sí, efectivamente no es muy "agradable" el proceso.

Quiero hacerte una pregunta, ¿sientes que te suena de algo este proceso? ¿Ves algún tipo de similitud o conexión contigo?

Medítalo por un momento antes de pasar al siente párrafo.

¿Sabes qué?

Hay pocas cosas tan peligrosas para el crecimiento de tu persona y de tu negocio que "la comodidad, el estar cómodo". También llamado por algunos "la zona de confort".

¡Y ojo! Ese confort muchas veces no es confort "confortable" (valga la redundancia), cómodo y apacible. ¡No lo es!

Es curioso cómo el ser humano se adapta a todo, se adapta hasta a lo malo, se adapta hasta a ver y sentir la incomodidad como normal.

Hace muchos años, cuando comencé a estudiar biomecánica del cuerpo, sofrología y otras técnicas más para mejorar mi eficacia en las Artes Marciales, aprendí algo muy interesante con uno de mis mentores. Y es que el cuerpo, es capaz incluso hasta deformarse con tal de estar cómodo.

Sí, has leído bien, no le importa deformarse físicamente mientras que a él le parezca y esté cómodo.

Aquí tienes una prueba, cuando estamos delante de la pantalla de un ordenador, sentados en la silla y después de un tiempo, estamos totalmente tirados, con las lumbares en una mala posición, con la espalda totalmente curvada hacia abajo, el mentón señalando hacia nuestro pecho, provocando una malísima postura del cuello o incluso con un hombro mucho más bajo que otro balanceado hacia el lado con el que no manejamos el ratón.

Provocando así una postura horrenda y perjudicial para el bienestar, la vitalidad y salud de nuestra espalda y de nuestro cuerpo en general. Y en verdad, nuestro cuerpo la adapta él sólo ¿Por qué? Porque así se siente más cómodo. ¿No es verdad?

Y con los años, he visto mucha gente con problemas bastante graves a nivel corporal por este tipo de "vicios - costumbres" posturales. Y todo, porque estamos cómodos y hacemos y hace (el cuerpo) lo posible, por buscar estar lo más cómodos que podamos.

Lo que no sabe mucha gente, es que lo mejor (en todos los sentidos de la vida), el éxito en lo que te propongas, el verdadero crecimiento y éxito en tu negocio, está fuera de esa zona de comodidad.

El gráfico anterior te da una idea de todos los "beneficios ficticios" que te provoca la zona confort y donde está la mayoría de la población mundial y por qué por ello, una gran minoría de los empresarios del mundo, tienen unos grandes resultados.

Y es que, efectivamente, tu cuerpo y tu Ser cogen por defecto lo más cómodo y se adaptan a ello aunque no sea una situación realmente cómoda y beneficiosa para ti.

Y entiendo que tu Ser está creado de esa manera, precisamente para adaptarse y estar "cómodo" en una situación de extremas necesidades, es parte de tu proceso y de tu programación interna para la supervivencia.

Sin embargo, para tus propósitos de tener un negocio de éxito de verdad, no te viene bien.

Pues por desgracia te puedes acostumbrar a tener resultados mediocres o sólo normales, (que no es que tener resultados normales sea negativo, es sólo que el conformismo, el conformarse con tener resultados normales, no es parte de la mentalidad de un gran empresario tampoco…) incluso, te puedes acostumbrar a tener los resultados esperados, ¡incluso a malos resultados!

Porque, aunque no es nada positivo, es lo "cómodo", a lo que te has acostumbrado quizá y lo normal para ti es seguir así y lo difícil es, en muchas ocasiones estirarte al máximo y hacer algo total y radicalmente diferente, para poder salir de esta situación a la que ya te has acostumbrado después de tanto tiempo.

Lo que significa, que verdaderamente, **es un gran enemigo que tienes que quitarte de encima lo antes posible si no quieres un día, no solamente no tener un negocio próspero, sino hasta perderlo y perder todo lo que significa ello en relación a tu vida personal**. Y tú no quieres eso ¿no es así?

El mal concepto de la palabra "ambición", ha podido dejar mella en varios empresarios o emprendedores en esta parte de la psicología y de la mentalidad los negocios. Ya que mucha gente la ha asociado y ha procurado que otros la asocien, a términos como egoísmo o como algo negativo, basado en sus propias experiencias y percepciones de la vida, que incluso muchas veces, ni siquiera son suyas…

Y las tomas como tuyas, como si las hubieras vivido tú y fuera una verdad tuya. Cuando ni siquiera la has contrastado para ver hasta qué punto es cierta o no es cierta o sólo es una simple opinión de alguien.

Esto es algo, que ni en la vida y menos en los negocios, te puedes permitir

Y quizá sea una verdad, pero será la verdad de esa persona y quizá está bien para esa persona (allá ella y su libre albedrío, por supuesto), pero ello no significa que sea tu verdad. Y menos que la veas como válida.

Pues curiosamente, la primera definición que me ha salido al buscar la palabra en Google es esta, "**Ambición:** *Deseo intenso y vehemente de conseguir una cosa difícil de lograr*". Efectivamente también muy relacionada al poder, a la riqueza y a la fama.

Y yo te pregunto, ¿hay algo de negativo en esta frase/definición anterior?

En caso de que hubiera, se la pone la persona, sus mapas de creencias, su cultura, su visión sobre el mundo, sus percepciones y sus paradigmas. Porque, como habrás visto, "Un *Deseo intenso y vehemente de conseguir una cosa difícil de lograr*" no es nada malo.

Sea esto lo que sea y en el campo que sea y mientras que no sea dañino para ninguna otra persona y que sea positivo para ti y para los que te rodean, es totalmente lícito y positivo.

No asocies ambición a algo negativo y por ello te quedes en la zona de confort y en la "falsa comodidad".

Por ello te animo a que, poco a poco, pasito a pasito, te estires un poco más cada vez y salgas de esa zona de confort y lleves a cabo las pequeñas cosas que te hagan salirte de lo que tú consideras cómodo, hasta que cada vez que sea mucho más normal ir más allá de lo que normalmente piensas o haces.

Pues te repito de nuevo, tal y como veías en el gráfico anterior, todos los mejores resultados que quieres en tu negocio, en verdad están fuera de esa zona en la que te encuentras cómodo.

Es por ello que sé que vas a tener que hacer cosas nuevas, quizá aprender cosas nuevas, hacer cosas diferentes, cosas que normalmente quizá no harías o que no se harían en tu negocio, probar diferentes estrategias diferentes y tener actitudes incluso, para expandirte y llegar hacia los objetivos que quieres claramente.

Porque déjame preguntarte algo, si haciendo lo que estás haciendo hasta ahora no has conseguido verdaderamente los resultados que quieres en tu negocio, ¿qué te dice a ti que siguiendo con lo que haces vas a conseguir lo que quieres?

¿Qué crees, que sólo cuestión de tiempo?

En mi experiencia, no suele ser esta la solución. Pero tú decides, si crees que es cuestión de tiempo, pues espera entre dos o cinco años más o menos y a ver si así consigues los resultados que quieres o puedes probar a salirte del tiesto, a hacer cosas diferentes que hasta ahora no has hecho y ver los Resultados que obtienes.

De nuevo, tú decides.

Sin embargo, ya te digo que por lo que los grandes empresarios, por lo que las Mentes más Grandes de los Negocios se decantan, no es por esperar más tiempo a ver si cambia la cosa o a que aquello crezca (aunque es entendible que algunos proyectos necesitan su tiempo), sino lo que hacen, es tratar de hacer cosas totalmente diferentes y salir de lo que ellos y otros están acostumbrados, un **EVE** sale constantemente de su zona de confort.

Por ello te recomiendo poner en Práctica, el Arte de la Feliz "*incomodidad*".

¿Qué Prefieres/Eres, un buen vino o un vino de supermercado?

Hay mucha gente que hace las cosas o escoge las cosas de forma barata o lo más barato posible y mi experiencia y la mentalidad de un **EVE,** nos dice que esto no es lo más conveniente.

No digo con ello que no haya que ahorrar costes o haya que encarecer el servicio o el producto porque sí. Lo que quiero que tengas en cuenta, es que la solución barata, la cual es escogida por desgracia por muchos empresarios, no es la mejor solución para tu negocio. Pues según seas y según estés recubierto, así será la percepción que tengan de ti los clientes.

No puedo saber qué tipo de negocio tienes. Si tienes un negocio basado en servicios, se sobreentiende (o así debería ser) que debería ser de la mejor calidad posible y que no escatimes en "recursos", da igual que tengas un negocio o que seas un emprendedor o des un servicio en una página web, debes hacer lo mejor y lo máximo que esté en tu mano.

Sin embargo, si lo que tienes es un negocio basado en productos, escoge los mejores productos que te puedas permitir. Pues eso es lo que al fin y al cabo, marcará también una gran diferencia.

Imagínate que tienes una empresa o negocio, basado en venta de productos de un Dólar o un Euro.

Entiendo que la calidad aquí no será lo que en verdad está buscando el cliente. Aun así, aunque tengas este tipo de negocio, siempre puedes buscar los mejores productos que tenga tu distribuidor. No te dejes llevar por lo que "tiene salida" o por las baratijas. Sino que del tipo de producto que manejes, por muy económico que sea, elige siempre lo mejor.

Pues eso es la percepción que van a tener los clientes de ti y de tu negocio.

Lo que significa que, si tienes un negocio con cosas baratas y de no muy buena calidad para sólo salir del paso, esa es la imagen que van a tener de ti tus clientes. Si, por el contrario, aun vendiendo productos económicos tienes una buena calidad, será muy positiva la opinión que tengan de ti tus clientes y se sorprenderán muy gratamente.

Recuerda: *"La percepción de algo que tenga una persona, es la Realidad para esa persona"*.

Y si te cuelgan un "san Benito" no muy bueno (o lo que es lo mismo en términos menos coloquiales, te creas una fama no positiva) con eso te quedarás casi de por vida.

"No dejes que tus precios bajos empobrezcan y bajen tu Mentalidad de Empresario y Tu Mentalidad en los Negocios"

Permítete ser un Buen Vino o el mejor vino que puedas ser y no un vino simple y barato de supermercado.

TERCERA PARTE: ACCIÓN

¡Bueno! Este ya es el último apartado (sí, a mí también me da un poco de lástima) de todo este libro, aunque todo no acaba aquí, esto no ha hecho más que empezar. Más adelante te aguarda una gran sorpresa si quieres seguir más allá aún de todo esto.

Estoy seguro de que después de todo lo tratado en este apartado del libro, ahora tienes en conciencia lo importante que es tener una correcta mentalidad de negocios y que cuanto más y más cambies tu mentalidad, mejores serán tus resultados, lo que significa que al final habrás repasado y actualizado la versión de ti mismo y de tu negocio y por ende, tendrás unos resultados muchísimo mejores que los que tenías anteriormente.

Por supuesto que hay mucho más que tratar, sin embargo como es lógico, no podemos tratar todo en un formato como este, un libro.

Necesitamos un formato en el que podamos tratar los temas con más profundidad. Pues aparte de que si no, tendríamos que hacer no un libro, sino casi una enciclopedia, también hay cosas que para un mejor entendimiento y comunicación, debes verlas y experimentarlas por ti mismo. Algo muy complicado de hacer en un libro y tremendamente fácil de expresar, comunicar y absorber a través de un vídeo o de forma presencial.

Por ello, si quieres conocer más, al final del libro voy a por compartirte qué y cómo puedes hacer para ir más en profundidad, cómo puedes acceder a más información, más conocimiento y muchas más técnicas sobre este tema tan fantástico, tan necesario y revelador para **cambiar de una vez por todas** tu Mentalidad y tu Negocio y llevarlo hacia donde tú siempre has querido.

Este apartado, es uno mis favoritos. Pues nos vamos a enfocar en la acción. Algo tremendamente importante en los negocios. Implementar y pasar a la acción rápidamente.

Ya hemos visto los *Conceptos Esenciales de la Mentalidad de los Negocios* que debes tener y poner en práctica en tu persona y en tu negocio y ahora quiero que pases a la acción.

Aunque, como ya habrás podido percibir, te he ido llevando de la mano y empujando a que tomes acción en varias áreas y hagas algo al respecto, ya que yo no concibo (como al principio exponía) la teoría por sí sola sin acción.

Esta es una frase que no me cansaré de repetir, ya que es tremendamente importante que te martillee y se repita constantemente dentro de tu mente. Pues eso te va hacer moverte hacia lo que quieres conseguir.

Pues conozco muchos emprendedores y empresarios, que después de recibir una información, un curso o una retroalimentación sobre algo, se quedan con el concepto intelectual interesante y luego no hacen nada por aplicarlo en sus negocios.

Lo que significa que para lo único que les ha servido, es para hablar y pavonearse con otros amigos suyos u otros empresarios, de lo que los otros podrían hacer en sus negocios (que normalmente tampoco lo están aplicando al suyo) y así dárselas de sabihondos o entendidos y quedar bien frente a otros. Pero nada más.

Lamentable, pero es la verdad.

Sin embargo, ese no es nuestro caso ¿verdad?

Nosotros sí vamos a pasar a la Acción.

Mejora lo de Dentro y se notará por Fuera

Al igual que cuando estás bien por dentro, cuando estás feliz y contento, cuando estás enamorado o cuando te sientes optimista y energético, se refleja en tu exterior y este cambia.

Te cambia la cara, te cambia la actitud con la que te comportas o con la que afrontas dificultades, te cambia el estado de ánimo, tu fisionomía e incluso, a veces, hasta el brillo de tus ojos. ¿No es cierto? Y todos los demás pueden apreciarlo a simple vista y rápidamente.

Pues en tu negocio pasa lo mismo.

Cuando mejoras el interior de tu negocio, (algo en lo que también me he estado enfocando en tratar en todos estos apartados anteriores) tu negocio, sea el que sea que manejes, también notará una mejoría muy significativa y es más, también lo notarán los demás y estarán más dispuestos a hacer tratos contigo y a comprar y a demandar más de ti y de lo que ofreces.

Así que, vamos a llevar a la acción todo lo que hemos tratado sobre "la mejora por dentro".

Vamos a llevar a la acción (aparte de lo que vayas implementando en tu mentalidad de todo lo que hemos tratado antes, por supuesto) todo el apartado sobre la mentalidad de los negocios, todo lo que hemos tratado y las conclusiones que por el camino has podido tener de las reflexiones que te he pedido que hagas en este libro.

"¿Cómo hago eso?" –Preguntarás. - *"Pues efectivamente, con todo lo que hemos tratado aquí, he reflexionado y me he dado cuenta de que hay cosas que necesitaba tratar, cosas que necesito tener en cuenta y que no he tenido hasta ahora, cosas que debería eliminar o cambiar de lo que estoy o como lo estoy haciendo... Sin embargo, no sé por dónde empezar, aparte de lo que tú comentabas en el párrafo anterior, de lo de ir incorporando en mi mente las actitudes y nuevas formas de pensar, junto a las técnicas para mejorar mi mentalidad para no caer en hábitos, actitudes y pensamientos negativos."*

Muy sencillo. Haz un pequeño planning.

Haz un esquema o una tormenta de ideas de pequeñas acciones (no grandes, pues es fácil sentirse abrumado). Lo peor que puedes hacer para comenzar, es ponerte a cambiar cosas en grande.

Para comenzar, lo mejor que puedes hacer, es sentarte unos minutos tranquilamente, dile a todo el mundo que no estarás disponible por unos 20 minutos (no te preocupes el mundo va a seguir funcionando igual y para cuando acabes, también todo seguirá igual y en su sitio) y haz una lista de eso precisamente que quieres cambiar y de todo lo que me has comentado y tienes en mente y luego, pon debajo de cada una de ellas, pequeños pasos, pequeñas acciones que puedas ir haciendo para llevarlo a cabo.

Haces un planning, junto a una tormenta de ideas, sobre los pasos y los recursos que necesitas para llevarlo a buen puerto y hacerlo realidad. Y en caso de que no tengas los recursos económicos, personales o de conocimiento, de nuevo haz otra lista, otra tormenta de ideas, sobre qué o cómo podrías hacer para conseguir esos recursos que necesitas.

Y escoge luego pequeños pasos. Muy importante que sean, como decía anteriormente, pequeños pasos para poner en práctica desde hoy mismo.

Es de vital importancia que sean pequeños pasos cada vez, pequeños pasos que vayas poniendo en práctica día a día y semana a semana, pues de lo contrario, si son grandes pasos, te vas a sentir abrumado y la experiencia me dice que se acaba abandonando y tomando de nuevo la actitud de no avanzar o no hacer nada por todo el gran trabajo que tenemos que hacer.

Un ejemplo de cómo podría ser un planning y sus pasos:

1. Averiguar qué otros servicios u otros productos podría hacer u ofrecer.

2. Investigar qué otros servicios u otros productos está ofreciendo la competencia y cuáles les están funcionando y cuáles no.

3. Ver si puedo hacer algo parecido y mejorarlo.

4. Estudiar un precio competitivo, pero que me distinga, para este nuevo servicio producto.

5. Hacer un testing para ver que tal acogida tiene y si gusta o no gusta, atrae o no atrae al cliente.

Y etc. etc.

Esto es un pequeño ejemplo para darte una idea de algo que podrías abordar en tu negocio y que a su vez, podrías desglosar en otros "mini - subpasos" por cada uno de ellos.

Por ello, una vez que tengas el planning desmenuzado en pequeños pasitos, piensa como lo puedes poner en práctica, paso a paso, en tu negocio. Pasos lógicos que te vayan llevando uno a otro.

Y luego ponles fecha, "calendarízalo".

Un plan debe ser eso, una serie de pasos en un determinado tiempo. Pues de lo contrario, se eterniza o no se llevará a cabo con la velocidad que debería llevarse, ya que no se ha puesto una fecha aproximada en la que debería estar acabado. Un tremendo error.

Pon fechas, calendariza cada paso.

"El jueves 3 tengo que hablar con X persona, en caso de que no pueda pasar, máximo para el viernes 4.

El viernes 4 tener una resolución y ponerlo en contacto con X para tomar la medida adecuada para sacar o hacer X.

Lunes 6 hacer X cambio en la web y testear durante dos semanas para ver resultados…"

Y seguir así con todos los pasos y sub-pasos hasta que tengas todo tu mapa de carreteras y todas las paradas que vayas haciendo y que te van a llevar hacia donde quieres y junto a una fecha muy aproximada en la que vas a llegar a tu meta u objetivo.

Que no haya ni un sólo día en que no haces algo al respecto, aunque sea un mínimo paso para conseguir lo que quieres. Pues tal como veíamos anteriormente, si hay un tiempo en el cual no prestas atención y no pones acción para conseguir aquello que te has propuesto, comenzará a faltarte energía y te empezarás a desvanecer.

No rompas el ritmo, sigue y sigue cada día dando pequeños pasos.

Lo que significa que esto, lo que has creado ahora, ya es un plan, pero no un plan cualquiera. **Es un Plan estructurado para la Acción.**

Es muy simple y muy divertido. Ya lo verás.

<u>Esto va a marcar también una gran diferencia en tu negocio y en todo lo que hagas.</u>

Pues la experiencia que tengo, me ha hecho conocer que, normalmente la gran mayoría empresarios y emprendedores, no tienen una planificación de casi nada en sus negocios (por no decir de nada).

Es algo que delata perfectamente a un **EME** (Empresario de Mediocre Éxito). Y es algo que un **EVE** (Empresario de Verdadero Éxito) siempre, **SIEMPRE** incorpora de una forma u otra en todo lo que aborda.

El poder de la Acción

En este apartado voy a remarcar aún más, con tu permiso, el apartado de la acción, ya que creo que es de suma importancia.

Pues tal y como exponía antes, da igual cualquier cosa que tengamos, ideas brillantes, planes estupendos, buenas intenciones, increíbles expectativas sobre X, sea lo que sea, porque sin una gran y masiva acción, será raro el barco que llegue a su puerto y como consecuencia, poco y pobre será el resultado que tenga tu bolsillo.

Aquí te dejo otra simple ecuación que hace referencia a la frase que antes comentaba y que siempre digo en mis cursos y talleres y que ejemplifica el poder de la acción:

Saber = *Filosofía*

Acción = *Conocimiento*

Saber + Acción = *Verdadero Conocimiento y la Llave de los Grandes Resultados*

Por ello, remarcó la Acción. Actúa.

Eso sí, con conocimiento, con todo y el mejor conocimiento que puedas alcanzar y obtener, nunca te conformes con el que tienes alrededor o con el que tienes ahora mismo, sino siempre busca y opta por el mejor conocimiento que puedas. Eso sí, mientras tanto por acción, no te demores demasiado tiempo en buscar.

Actúa hoy, no mañana.

Hay varios más, sin embargo, con toda la gente que he trabajado, he podido comprobar que hay tres factores que se repiten constantemente con respecto a este sentido:

El primero es el síndrome "del mañana".

Sabes de lo que te estoy hablando ¿verdad?

Aparte de haber sido uno de mis clientes, para los cuales he tenido el privilegio de trabajar, he estudiado con él durante largos años y esto es lo que Tony Robbins, el gran Coach Personal, dice al respecto del mañana o de posponer las cosas cuando alguien de su familia o de sus clientes, le preguntan sobre cuál es el mejor momento para hacer o llevar a cabo X.

A él le gusta responder con algo parecido a esto, "¿Cuál es el mejor momento ahora para hacer eso?"

Me encanta este juego de palabras que hace mi estimado Tony Robbins, con "*el mejor momento de ahora o ahora*".

Con el cual, nos hace tener una pequeña interrupción y confusión mental (algo muy importante que hacemos los que manejamos PNL cuando queremos cambiar el patrón de pensamiento limitante o para cambiar la perspectiva de alguien sobre algo que está pensando) seguido del entendimiento interior de que, efectivamente, el mejor momento para actuar normalmente es ahora.

Por eso me gusta su respuesta con pregunta de: ¿cuál es el mejor momento de ahora que te viene bien para hacer, implementar, X?

El actuar mañana o el posponer algo para mañana viene dado, sobre todo, por cuatro causas:

- Vagueza, dejadez.
- No creer que se dispone de los recursos (materiales, intelectuales, personales, económicos, etc.) suficientes para llevarlo a cabo.
- Demasiado Perfeccionamiento.
- Abrumamiento.

Puede haber otras causas más, sin embargo esas ya son a nivel interior. Las cuatro causas anteriores, suelen ser las más comunes a priori.

Sea como sea y las "razones" por la que puedas tener este síndrome del actuar mañana, tienes que combatir con ello y saltártelo por encima, cosas como la vagueza y la dejadez, son inadmisibles si tienes un Negocio.

Definitivamente, esa no es la actitud de un gran empresario. Esa no es la actitud de un **EVE**.

Pues de lo contrario, efectivamente ese mañana nunca vendrá o vendrá tan tarde, que para cuando venga y quieras implementar y poner acción, tu competencia ya te habrá pasado de largo haciendo algo mejor que tú y tomándote la delantera.

O esa gran idea que tienes, otros ya la hayan implementado mucho antes que tú, siendo tú el segundón y luego te quejarás diciendo, "¡Vaya! ¡Esa idea era mía!"

Y de nada servirá e importará que sea tuya si no la has puesto en acción y en práctica. Así que no te quejes si eso te pasa.

¿Quieres evitar eso? No hace falta que lo hagas en este momento. Puedes ponerte a ello en cualquier momento de **¡Ahora!** y ¡te cueste lo que te cueste!

La otra opción que veíamos de no accionar por no tener los recursos X suficientes, es algo que también se puede posponer bastante.

Entiendo y confío en que tú conoces mejor que nadie tus negocios y estoy seguro de que sabes si, en verdad, puedes hacer frente a esa idea o a esa cosa que quieres implementar para mejorar. Aunque hoy por hoy, en este momento, quizá no tenga los recursos económicos, de conocimiento, de personal que se requieren para llevar a cabo eso que quieres llevar a cabo.

Aun así y dando por hecho de que sea cierto, siempre puedes hacer algo al respecto, siempre puedes hacer algo más, siempre puedes poner algo en acción.

¿Y cómo haces esto?-Te preguntarás.

Pues como antes veíamos, te animo a que hagas un inventario de lo que te hace falta, de lo que tienes o de lo que podrías ir adelantando ya.

Por ejemplo, podrías hacer un inventario de las cosas que necesitas y que todavía no tienes.

Luego podrías hacer un planning sobre cómo vas a conseguir o como podrías conseguir esas cosas, personales o lo que fuera, que necesitas para hacerlo realidad o ponerlo en acción.

¿Ves? Siempre se puede hacer algo para empujarlo hacia delante y llevarlo a la acción.

Y como antes veíamos en anteriores apartados, al estar en esa rueda de acción vas a estar enfocado en el hacer y estar en ese flujo, te conecta con otro tipo de personas, situaciones y demás, que te pueden traer o llevar o saber cómo conseguir esos recursos que necesitas para tu proyecto o idea que quieres implementar.

Por ello quiero remarcarte, que **siempre se puede hacer algo respecto, aun con lo que tengas y si te faltan recursos para llevarlo a cabo, puedes hacer un planning de lo que tienes, de lo que necesitas y de cómo podrías conseguirlo.**

Puedes hacer lo que en el anterior apartado comentamos, toda la planificación.

Puedes ver y enterarte también, de quién o qué tiene los recursos que tú necesitas.

Muchas veces te alejas por hacerlo tú solo, por ello también puedes ver si te podrías asociar con X persona para sacar esa idea ese proyecto o esa cosa que quieres hacer hacia delante, como "Partner Angels" u otros.

Las alianzas también son algo que debes tener en cuenta.

De ellas se han valido muchos de los Grandes Empresarios de la historia y de hoy en día. No a todos lados vas a llegar por ti sólo, sobre todo cuando tú no tienes los recursos. Lo que significa, que esto (las alianzas) es algo que también deberías tener muy en cuenta.

Por ello, aunque no tengas los recursos necesarios, aplica mientras una técnica que ya te he dado en este libro y que, recuerda, aunque era muy "sencilla" es TREMENDAMENTE EFICAZ. Que son, las Preguntas Inteligentes.

Aunque no tengas los recursos necesarios pregúntate, ¿**Qué** y/o **Cómo** puedo o podría conseguir, hacer, poner en marcha, etc. esto?

¿Perfección? Sí, gracias. Sin embargo, un poco más adelante

El otro elemento de gran importancia que se suele repetir cuando pospones algo para mañana, es algo tan común y tan dañino, que he creído importante poner un pequeño apartado sólo para ello.

Además de porque es algo que, por desgracia, lo vemos como **sólo** positivo. Que eso no significa que sea negativo, por eso remarco la palabra sólo.

El problema es ese, que lo vemos como *sólo positivo,* cuando no lo es en algunos casos, como por ejemplo en este caso, en el que te puede despertar el "síndrome del mañana".

Y esa es… La Perfección

Lejos de ser una mala amiga, es una mala consejera.

Como amiga para tener a tu lado está bien y es muy positiva, pues siempre te va a empujar y motivar a dar lo mejor de ti, de tu equipo o de tu negocio. No sólo te vas a conformar con una "chapuza" (¡gracias a dios!) como hacen muchos…

Sin embargo es una mala consejera, pues si sólo tomas sus consejos como única opinión bajo un buen hacer, no sacarás nada adelante, ya que la perfección, es una compañera inconformista, es una compañera insaciable y que nunca tiene suficiente y nunca está conforme con el resultado final que tiene frente a sí.

¡Y ojo!, esto es muy positivo si lo controlas.

Pues como exponía anteriormente, ella puede estirarte y hacerte llegar hacia un nivel de calidad excelente, (algo muy positivo y que no deberías conformarte con menos…) aun así, **si no es controlada, al final te consumirá**.

Y te pasará lo que a muchas grandes compañías les ha pasado, que en su día fueron grandes referentes en su campo y hoy por hoy, les ha llevado a la ruina literalmente y han sido sobrepasadas y arrasadas por otras, que quizás no son tan buenas.

Esas empresas que se han quedado atrás, mientras que otras sí se han movido con los cambios y no sólo se han movido por la perfección.

Demasiada perfección te llevará a la no acción, si no a un constante análisis. Y ya lo dice la frase famosa: *"Demasiado análisis crea parálisis"*

Por lo que mi consejo a mis clientes grandes empresarios aquí, es el siguiente: sé perfeccionista lo más que puedas para tener una **calidad excelente**, sin embargo no dejes que esta te paralice y en cuanto tengas un resultado más que aceptable, sácalo a la luz y luego sigue perfeccionándolo por el camino, según va marchando, ya que en la vida real, con el cliente, va a perfeccionarse mucho mejor, una vez salga a la calle.

Pues otra forma de mejorarse y perfeccionar lo que estás haciendo es, con la opinión final del cliente. Con su retroalimentación, es cuando alcanzará su perfección máxima. Pues recuerda, él tiene la última palabra. Enfócate en hacer un producto o servicio "perfecto" para el cliente.

La perfección siempre ha estado en mi vida muy presente desde que era pequeño, hasta cuando era Freelance (aún por hoy la tengo conmigo ¡gracias a Dios! Soy una persona que no concibo las "chapuzas" en las cosas "para salir del paso") y por ello si este es uno de tus puntos débiles, te entiendo perfectamente. Y por ello también, entiendo la procrastinación que puede crear ello o el alargamieeeento del proceso que puede crear.

Ser perfeccionista es algo sumamente importante cuando se quiere hacer un trabajo excelente y que destaque comparado con el trabajo de los demás.

Mis clientes valoran mucho que esta sea mi forma ser y de hacer en cada proyecto que me encargan, (ya que no concibo otra forma que la Excelencia o lo Mejor).

Nos comentan grandes resultados con cada página Web que diseñamos con Marketing Hipnótico en SatiroStudios&Business, pues nos reportan que captan más y mejores clientes, que no sólo es una Web llamativa, comunicativa y "bonita", ¡¡sino que Vende!!

Y esto también es lo que nos comentan y dicen de nosotros con cada pieza o estrategia de Marketing y CopyWriting (Publiredacción - Marketing escrito) o en los Espectaculares Avances con las Sesiones como Coach Mental/Psicológico Deportivo o en nuestros cursos y talleres de Ventas o de entrenamiento para Vendedores presenciales y/o telefónicos.

Valoro mucho todos los comentarios positivos que nos dicen y nos escriben sobre todo ello, al mismo tiempo que aprecio mucho que valoren el que esta, sea también la forma de actuar que tengo como Neuro-Coach Personal o de Negocios.

Más con el tiempo, he aprendido a controlar la Perfección en lo que hago para que no me consuma y utilizarla para trabajar en mi favor. Ya que entiendo el valor positivo y negativo de la perfección.

Por ello recuerda: ¿Perfección? Sí gracias, ¡por supuesto! Sin embargo, un poco más adelante.

Además, te digo algo aunque no me guste reconocerlo, la perfección no existe y menos en un producto o servicio. Hasta el iPhone, que tanto veneran muchos, dista mucho de ser perfecto.

Por ello, quítate un poco de presión de que tienes que hacer las cosas perfectas. Sino, lo más perfectas que puedas junto, por supuesto, a una mejora constante y siempre en movimiento hacia la acción.

Si eres un perfeccionista, te felicito, estás en un buen camino. Sin embargo, te recuerdo todo lo que tratamos al principio del apartado de este libro, sobre la mentalidad de los negocios. Recuerda quién es el cochero y quién es el caballo…

Así que, sé perfeccionista, haz que el caballo sea y haga lo que quieres y lo más perfecto posible, más recuerda quién es el Capitán.

Tú tienes las riendas de hasta dónde la puede llegar perfección en un proyecto y Tú tienes el control y la última palabra para que no te consuma y que eternice un proyecto o que lo haga no llegar hacia la meta que te has propuesto y comience, por el contrario, a generar beneficios y resultados lo antes posible.

El desbalance de estas dos variables te puede llevar, por un lado, si se balancea hacia un extremo, serás un "chapuzas" y se balancea hacia otro, nunca sacarás nada o se eternizará un siglo y aun así, sin estar contento con el resultado.

En el control (de nuevo) y el balance de estas dos variables, está "el secreto".

Y por último, una de las razones más comunes por las cuales una persona no toma acción ahora, es por sentirte o verse abrumado.

Si ese es tu caso o te has sentido alguna vez así y por ello no has tomado acción en un momento hubieses tenido que hacerlo, te entiendo perfectamente. En alguna ocasión que otra, yo también me he visto envuelto en el pasado, en alguna situación que me abrumó en un principio.

Es muy normal sentirse abrumado cuando tenemos una tarea que hacer o queremos hacer un proyecto, una idea o un cambio que queremos tomar y es tan grande y necesitamos tantos recursos o creemos que nos va a tomar tanto tiempo, que no sabemos ni cuándo ni por dónde empezar. ¿No es así?

O nos sentimos abrumados por el hecho de todo lo que nos va a tomar, de todos los recursos de tiempo, económicos o de personal que nos va a llevar. ¿Te has sentido alguna vez de forma parecida?

Bueno, no te preocupes, es frecuente y común. Bienvenido al mundo los negocios. Sabes que en varias ocasiones sucede en el mundo de los negocios. Más no debes dejar que eso te intimide y te paralice.

"¿Qué hago entonces?" - te preguntarás

Déjame preguntarte yo algo de vuelta, ¿sabes cómo se come un elefante?

¡A bocados!

Esta pequeña broma que quizás conozcas, me sirve para ejemplificar muy bien el punto donde quiero llegar.

Lo que quiere decir, es que la mejor forma para abordar algo es como antes te recomendaba, haciendo una planificación y luego eso desestructurarlo en pequeños pasos e ir comiendo bocado tras bocado.

Un elefante, difícilmente te lo vas a poder tragar entero, por lo que lo más lógico, es comer bocadito a bocadito.

De la misma forma que un problema, un reto, un proyecto o algo que quieras hacer en tu negocio, en caso de que te sientas o te veas abrumado por la gran escala de este, la mejor forma de abordarlo es, poco a poco, estructurarlo en pequeños pasos, desgranarlo y luego ir tomando uno a uno, poco a poco paulatinamente y sin pausa.

De nuevo, una gran mayoría de los conceptos que trato en este libro son tan sencillos, (así he procurado que fueran) que es fácil que pasen por alto.

Sin embargo, que no te engañe su sencillez porque, de nuevo, son tremendamente eficaces y son estos pasos y estas cosas tan sencillas las que separan un gran empresario de otro que no lo es.

Pues como todos sabemos, muchas veces la diferencia no la marcan la grandes cosas sino todo lo contrario, como sabes, muchas veces la diferencia entre algo normal y algo excelente, lo marcan esas pequeñas diferencias ¿no es así?

Lo que significa que, cuanto más prestes atención y cuanto más implementes estos "pequeños detalles de la Excelencia" en tu persona y en tu negocio, más y mejores resultados vas a tener en todo lo que hagas, no importa lo que sea.

Quizá conocías algunos principios de los que te he hablado en el libro. Mi pregunta para ti es, ¿cuántos de esos principios que ya conocías estás poniendo en práctica ahora mismo, en este momento, en tu negocio?

No importa cuánto de esto conocías, si lo conocías y no hacías algo respecto, no los ponías en práctica, no te valen para nada.

Si los conocías o conocías algunas cosas de las que he reflejado, me alegro mucho de habértelo recordado con este libro y espero que esta vez sí los pongas en práctica. Pues es la otra parte de mi intención con este libro, empujarte o incluso, en algunas ocasiones, meterte una patada en el trasero si es necesario.

Con tal de que tengas éxito y motivarte a que lo obtengas, haré lo que sea necesario hacer y te empujaré para moverte y avanzar más allá aún, de lo que ya estás haciendo ahora.

Por ello, lo que importa es cuánto de eso que conocías o que ya sabías, estás implementando en tu negocio. Y de lo que no conocías y has aprendido, cuanto de ello vas a implementar y poner en práctica en el campo de batalla…

Y te puedo decir esto de primera mano, pues no solamente lo estudiado, lo he aprendido y lo he visto de los más grandes Empresarios, sino también, lo he ido comprobando en mi persona. Ya que al haber incorporado en mí mismo y en mi negocio ciertos *pequeños detalles* y *actitudes,* se han extrapolado, como consecuencia, a otras áreas de mi vida, además de también en mi negocio y viceversa.

Lo cual, como veíamos al principio también del apartado de esta obra, no solamente han hecho crecer mi negocio y mis proyectos, sino también mi persona. De lo que me siento muy feliz, orgulloso y tremendamente agradecido.

Así que recuerda "el poder de los bocaditos" cuando te sientas abrumado, para comerte un elefante entero. Y cada día ve y cómete un trozo.

Pues un día, cuando menos te quieras dar cuenta y vayas a echar mano a otro trocito, ya te habrás comido todo el elefante.

Además otra cosa que tienen de positivo los pequeños pasos o bocaditos, es la retroalimentación que te va llegando con cada paso.

Cada paso que des, cada bocadito que tomes cada día, te va a dar una representación que te va a servir de mucha ayuda a la hora, primero, de saber si estás en lo correcto y para cerciorarte de si vas por buen camino y/o si el camino que has trazado es o no correcto. Y en caso de que no lo sea, estos pasos, te van a permitir el poder readecuarlo de nuevo y redirigirlo, para que te lleve hacia donde sí quieres.

Aparte de que el ir avanzando con esos pequeños hábitos, el obtener esa retroalimentación por cada paso y por cada bocado que das, te va a dar el ánimo de que estás saliendo hacia delante, de que te estás moviendo hacia delante, de ver que estás cogiendo forma y comienzas a percibir que es posible.

Y eso te va a dar mucha Energía y Confianza para afrontar lo que te has propuesto hacer.

Por lo que ¿ves?, todo son ventajas. ¡Ya no tienes excusa!

Así que toma ese "gran" elefante que tengas y que muchas veces no es tan grande como crees, sólo está en tu imaginación. Pues estoy seguro de que a veces te has enfrentado a cosas que luego no eran tanto como creías o pensabas ¿no es cierto?

Luego divídelo en pedacitos, sub-divídelo en sub-tareas o en sub-proyectos y empieza a hacer un plan y una lista de los recursos que tienes disponibles para realizarlos, qué o quiénes te pueden ayudar a hacerlo y demás y luego ponte a comerte uno cada día.

Para ello, también te recomiendo el libro de Brian Tracy, uno de los autores más famosos en el ámbito de la mejora en los negocios, "Tráguese ese Sapo".

El libro que te recomiendo, te va a venir bien en este apartado de abordar los proyectos y de no sentirte abrumado por ellos. Pues bajo este simpático y gracioso titular, Brian Tracy, nos propone que, ante una situación en la cual tenemos varios proyectos o un proyecto ya desgranado y desmenuzado, como te recomendaba y no sabes por dónde empezar, cojas y empieces por el más feo de todos. Que cojas el sapo feo y te comas ese primero.

"¡Puajj! ¡Qué asco! ¿Por qué me recomienda esto tipo?" - Te oigo preguntarte mientras pones una mueca de desagrado ante la sola idea de ese asqueroso sapo.

Pues muy sencillo porque, por decreto, si te has tragado ese sapo, el más feo de todos, todo lo que venga después, por muy mala comida que sea, será cuesta abajo y rodado o por lo menos más fácil. ¿No crees?

Eso sí, aunque me guste y comparto totalmente la idea de Brian Tracy, no la recomiendo totalmente si eres un emprendedor que trabaja sólo o una persona que trabaja por su cuenta o que tiene un negocio online sobre todo, y eres de los que te da pereza comenzar, de los que tu problema es la procrastinación.

Pues si le agregamos a que te da pereza comenzar con algo y encima sabes que con lo primero que vas a comenzar va ser lo más desagradable, no te va a entrar ni pizca de ganas de comenzar ¿no es cierto? Lo que significa, que aplazarás todavía más el meterte o empezar con ello.

Por lo que si ese es tu caso, no te recomiendo que empieces con la fórmula de Brian Tracy, sino que empieces con algo totalmente contrario y que funciona muy bien.

La cuestión en este caso, es que empieces con algo más simple, pues en tu caso si lo que te cuesta es empezar, lo que tienes que hacer es precisamente eso, empezar.

Por lo que me recomendación es, que te pongas con algo muy simple y si te agrada aún mejor o si no te agrada, al menos que sea simple y te lleve cinco minutos o incluso menos.

Quizá es escribir un mail, quizá es ver un diseño, quizá es llamar a alguien o a la secretaria de alguien con la que te gusta hablar, es buscar información en Internet sobre ese proyecto o sobre esa cosa que quieres hacer, la cuestión es hacer algo que sea sencillo y de fácil implementación y sobre todo, que sea rápido. Ya que aquí lo importante es que comience la rueda a girar.

Y ¡¡oh, Maravilla!! En cuanto empiece la rueda girar, más fácil y más rápido irás girando, y cuanto más gire y más hagas, más vas a poner en práctica y más vas a conseguir y tanto o más va a tardar en detenerse.

Lo siguiente puede ser algo un poquito más complejo pero que también sea sencillo y que tampoco te cueste mucho tiempo y así sucesivamente.

Eso sí, tampoco te demores demasiado en tragarte ese sapo, en caso de que lo haya. Mi recomendación es que, como máximo, sea la tercera cosa.

Que empieces con una cosa sencilla, luego vayas a otra un poquito más complicada o que te tome más tiempo o un poco "más incómoda" y luego vayas a la tercera y ahora que ya has cogido inercia, efectivamente vayas a por ese Sapo.

¡¡Esto es tremendamente eficaz!! ¡Pruébalo!

Tal y como te dije, este libro va a estar lleno de cosas prácticas y aplicables, de "cómos" y no sólo de teoría, como en la gran mayoría de los libros de esta índole.

Eso y la *psicología y la mentalidad en los negocios,* (algo que apenas se toca en los libros o conocimiento sobre los negocios) es lo que hace *Realmente Diferente* el trabajo de este libro (y de todo lo que hacemos), con respecto a otros que pululan en el mercado.

Motiv - Acción

Este es otro de los apartados más importantes sobre la *Psicología y la Mentalidad en los Negocios* y de este libro y por el cual, además, marca una gran diferencia también entre otros trabajos de los que existen, dedicados a los negocios.

Y es que, como ya te habrás podido dar cuenta a lo largo de todo este libro, cuanto más profundizas en este aspecto sobre la mentalidad y la psicología de los negocios, más y más te vas dando cuenta de la gran importancia que tiene esta y cuanto más te das cuenta de la importancia que tiene y el por qué, más entiendes que tienes que hacer algo al respecto para aplicar la mentalidad y la psicología en tu negocio. Pues va a marcar la diferencia.

Por ello, este apartado es sumamente importante y lo he querido dejar a propósito para el final. Pues es en lo siguiente en lo que quiero que tomes acción y te pongas a ello.

Te explico brevemente…

La Motivación, es algo sumamente importante. Y lejos de ser una moda o un "tecnicismo" muy "Estadounidense" es algo que viene del latín, cosa que no vería tampoco negativa en caso de que así fuera, ya que es MUY positiva.

No como otra mucha gente, que por el hecho de venir de otro país, como por ejemplo en este caso, el Estadounidense o como se dice en España de forma altiva y casi despectiva, "Eso es Muy Americano", ya rechaza eso de primeras.

Por desgracia, conozco mucha gente que piensa de esta Limitada y Estrecha manera, sobre todo en España, en una buena parte de Latinoamérica y en otros países como Mediterráneos con los que he podido trabajar, como Italia y otros. Y que por sólo sonar estadounidense, no quieren saber, ni implementar o hacer algo que tenga que ver nada con ellos, o como mínimo, no les agrada.

Lo que significa que por una tonta idea y por una limitada y estrechez de mente, están perdiendo muchas cosas que podrían mejorar sus negocios hasta niveles que ni conocen. Pues si hacen algo hacen bien los estadounidenses (que no lo único), son negocios ¿No crees?

Lo que quiere decir, que sería muy inteligente por tu parte tomar nota al menos y tenerlos en cuenta.

No dejes que tu Opinión personal y tus Paradigmas sobre el Mundo, Empobrezcan y Limiten tu Negocio. Pues recuerda, los Paradigmas de cómo ves y experimentas el mundo, son Subjetivos no Objetivos, porque es como tú ves y experimentas el mundo y aunque sea Tu verdad (cosa respetable), no es la "verdad última y absoluta". Por lo que puede que estés equivocado.

¿No te ha ocurrido en un pasado que tenías una opinión sobre algo o alguien y luego has descubierto que es otra cosa muy distinta de lo que pensabas? ¿Sí, verdad?

Pues por ello, procura no pensar en términos absolutos, lo que significa, repito, que "Sería muy inteligente por tu parte que *No dejaras que tu Opinión personal y tus Paradigmas sobre el Mundo, Empobrezcan y Limiten tu Negocio y tu Mentalidad de Empresario*"

Yendo de lleno a la Motivación, la palabra Motivación proviene del latín *motivus* (movimiento) y el sufijo - ción (acción y efecto).

O como me gusta llamarlo a mí: Motiv - Acción.

O sea, motivación es un *Motivo* que te lleva a la *Acción.*

Y ahora, parte de tu trabajo es averiguar y tener un motivo que te lleve a dar un paso, un motivo por el cual estás haciendo lo que estás haciendo o vas hacer lo que tienes que hacer. Pues de lo contrario, todo será cuesta arriba y tendrás que tirar sólo de "fuerza de voluntad". Y aparte de costarte un gran torrente de energía que se te puede acabar más tarde o más pronto.

Sin embargo, cuando tienes un motivo por el cual te mueves, un motivo el cual te hace levantarte para hacer lo que estás haciendo y es un motivo real y verdadero que te llena y que te mueve, hará que esa energía no se gaste y que sea un fuel constante, una gasolina permanente, que te moverá más allá para pasar y saltar los obstáculos que te vengan y cuando vengan.

Si no tienes una verdadera motivación, al final o terminarás abandonándolo o será algo que te consumirá poco a poco, te consumirá tu energía, te consumirá tu ilusión, te consumirá tus fuerzas y hasta te puede consumir la vida literalmente.

Y cuando digo **Motivación Verdadera**, tienes que ahondar más allá de, "*Para ganar dinero*". Que no digo que no sea motivación suficiente, sin embargo en la gran mayoría de los casos que conozco es muy superficial.

Y no digo superficial porque ganar dinero sea superficial, ya hemos acordado que yo al menos no tengo esa creencia y tú como Empresario tampoco deberías tenerla.

Ganar dinero lo veo muy ético y muy lícito. Aquí, con superficial, me refiero a que no suele ser la motivación, en Verdad, última. Estamos rascando sólo la superficie.

Ganar dinero es lo que tenemos al final, sin embargo, cuando empezamos a ahondar descubrimos que en verdad, lo que queremos o para lo que queremos ganar dinero es para tener una mejor calidad de vida, para dar a nuestras familias o a nuestros seres queridos esa calidad de Vida o esas cosas que queremos darles para ellos, para cuidarles mejor, para cuidarnos mejor, para hacer cosas que no gustaría hacer y un largo etcétera.

Esas, normalmente son las *Verdaderas Razones-Motivaciones*.

Y eso es lo que tienes que encontrar y ver tú, cuál es tu verdadera motivación para hacer lo que estás haciendo. Pues cuando lo descubras, el día a día a cómo te vas a enfrentar y coger tu negocio, va a cambiar por completo. La energía con la que vas a tomar tu Negocio, será otra MUY distinta y más Poderosa.

"¿Y cómo hago eso?" - te preguntarás.

Pues ahí vamos, verdaderamente es muy sencillo aunque no fácil, pues depende de tu persona y de lo profundo que quieras indagar en ti o de lo profundo que estés acostumbrado a ir dentro de tu personalidad.

La pregunta errónea que muchos Coaches hacen es por qué, ¿por qué haces esto?, ¿por qué quieres tener un negocio?, etc. Y eso es lo que diferencia a un Coach "común" de un NeuroCoach, esto es, que inmiscuye el razonamiento y la lógica sola o mayoritariamente.

Más como habrás visto en todo este trabajo, eso es sólo ir a nivel superficial. Y no es que esté mal, ni sea una crítica para el trabajo de un Coach convencional (nada más lejos de mi intención) sino que solo quiero que veas la gran diferencia que hay entre la mayoría, hasta muchos de los "Grandes" (que no todos, por supuesto) de los Coaches convencionales y del trabajo en profundidad de un NeuroCoach, que está acostumbrado a trabajar a nivel interior, a nivel inconsciente, el cual es el que verdaderamente te dará respuestas y te llevará hacia dónde quieres.

Pues de lo contrario, solo que rascaremos la superficie y haremos todo a golpe de voluntad nada más. Y como antes recogíamos de la fuerza de voluntad, no siempre se cuenta con ella y muchas veces tiene un límite. ¿No es cierto?

Por ello la pregunta aquí no es por qué, esa sólo se quedará en lo trivial y te dará razones superficiales normalmente. No irá más allá de la superficie.

Sin embargo, cuando utilizo preguntas como, ¿Cuál es…? Se salta la barrera de la lógica y tu cerebro empieza a buscar las Verdaderas Razones.

Muy sutil ¿verdad?

Vamos a ponerlo en práctica. Así que responde a las siguientes preguntas:

¿Cuál es la razón verdadera por la que tienes un negocio? (Fíjate que ya aquí la palabra **razón** y la palabra **verdadera** en la pregunta, te hace ir mucho más profundamente que si sólo ponemos ¿por qué tienes un negocio?)

¿Cuál es la razón por la que… "la respuesta anterior"?

¿Cuál es el motivo que, por el que… "la respuesta anterior"?

Y así sucesivamente hasta que veamos que te das la última respuesta.

"¿Cómo sé que es la última respuesta, la definitiva y que ya no hay más debajo o detrás?" - Pensarás

Sabrás que es la última respuesta, porque lo sentirás dentro de ti, porque lo verás muy claro, porque llegará un momento en el que no puedes responder más y notarás en tu interior la sensación de que esa es la *verdadera respuesta* cuando te la digas a ti mismo.

Tendrás la sensación de que esa es *la verdadera razón, el verdadero motivo del porqué de lo que estás haciendo.*

Déjame a darte un ejemplo para aclararlo más:

PREGUNTA: ¿Cuál es la razón verdadera por la que tienes un negocio?

RESPUESTA: Para ganar dinero con ello y dar algo de mí a los demás.

PREGUNTA: ¿Cuál es la razón por la que… "quieres ganar más dinero y dar algo a los demás de ti"?

RESPUESTA: Para permitirme una mejor calidad de vida y para darle una mejor calidad de vida también a mi familia. Y que gracias a mí, el mundo y las personas puedan ser un poquito mejores o tenerlo más fácil con lo que yo hago

PREGUNTA: Bien. Y ¿Cuál es el motivo que, por el que… "quieres tener una mejor calidad de Vida y que tu familia también la tenga?

Y seguir así. Entiendes el sencillo funcionamiento ¿verdad?

Y como puedes comprobar, con dos preguntas solamente ya hemos ido muy en profundidad, no sólo la respuesta "superficial" que nos ha dado al principio.

Y así podemos seguir con ello hasta que tú sientas que ya has llegado al límite.

Por supuesto también hay otras preguntas, no sólo "cuál", sin embargo, para hacer más sencillo el ejercicio y no alargarlo más en este libro, con sólo la pregunta, ¿Cuál es la Razón o el Motivo de X o por el cual quieres/tienes/deseas/ X? es más que suficiente.

Además de que las otras preguntas que existen para ahondar más, también dependen de la respuesta que nos dé la persona. Pero con lo que hemos tratado anteriormente, ya es más que suficiente para profundizar y que te dé ello una respuesta que verdaderamente sea tu motivación final.

¡Adelante con el ejercicio!

Ahora mismo. No te demores y no pases al siguiente apartado antes de saber cuál es tu motivación final, ya que esta es muy importante para la energía y para todo lo que vas hacer en tu negocio.

Hazlo ahora, sólo te llevará un par de minutos.

Bien. Una vez que has realizado el ejercicio ¿qué tal han ido las respuestas? ¿Te ha costado ahondar en ti mismo o por el contrario las respuestas han surgido rápida y fluidamente? ¿Te ha sorprendido tu respuesta final, tu Verdadera Razón?

En muchos casos que conozco, es así de seguido, la respuesta final le ha sorprendido a mucha gente con la que he trabajado.

Sea la que sea, guárdatela para ti, es tuya. Y utilízala para tu día a día, para cuando estés cansado, estés abatido y te preguntes por qué sigues haciendo lo que sigues haciendo.

Eso es lo que te va a dar la gasolina, la energía y la vitalidad para seguir día a día adelante, incluso mucho más allá ¿no es cierto? Si la respuesta es la verdadera razón, así será y tú sabrás que así es.

Utiliza esa respuesta para motivarte en tu día a día y rodéate también de cosas que te inspiren y te motiven también, no solamente de tu verdadera razón.

Hay muchos elementos externos que te pueden motivar al cabo del día o en los momentos difíciles que necesites un extra de gasolina, un extra de cafeína o de Red Bull.

Cada persona tiene los suyos y te animo a encontrarlos y a rodearte, como digo, constantemente de ellos.

Cosas como pueden ser, tu música favorita, la fotografía de alguien que te inspire o de tu familia, un plan de objetivos que te inspire y ya solo eso te motive con solo verlos, amistades que siempre te apoyan y que a lo mejor… etcétera.

Sea lo que sea, tienes que encontrarlos y rodearte constantemente de ellos y echar mano cuando los necesites.

---

*Recuerda: Los Paradigmas de cómo ves y experimentas el mundo, son Subjetivos, no Objetivos; porque es cómo Tú ves y experimentas el mundo y aunque sea Tu verdad (cosa respetable), **no es la "Verdad Última y Absoluta".***

Lo que Significa, que puede que estés equivocado.

*Por lo tanto, sería muy inteligente por tu parte, no dejar que tu Opinión personal y tus Paradigmas sobre lo que es correcto o no, **Empobrezcan y Limiten** tu Negocio ni tu Mentalidad de Empresario.*

- Miguel Angel Santos

¿Cuál es tu motivación para comerte ese sapo?

Te cuento una historia personal que va ejemplificarte muy bien lo que quiere decir.

Verás. Hace ya muchos años, estaba trabajando para una empresa bastante reconocida en España en publicidad y ventas.

Uno de mis trabajos era asesorar a los clientes sobre qué tipo de publicidad era más conveniente para ellos, dónde y cómo publicitarse (dentro de lo que teníamos en la empresa, por supuesto) y después, venderles los servicios de la empresa sobre la publicidad que nosotros manejábamos.

Pues bien, aunque la empresa era buena, los servicios que tenían no eran del todo de mi agrado y no se ajustaban precisamente, en una gran parte, a la gran mayoría de los clientes que nos daban.

Por lo que los días y las semanas iban pasando y yo no estaba muy motivado para seguir trabajando de esa forma en esa empresa.

Lo fácil hubiese sido salirme de allí y buscar un trabajo que se adecuara más a mis gustos o en el que pudiera creer más los servicios que tenía y por ende, así poder hacer más fácilmente mi trabajo.

Sin embargo no podía permitírmelo, ya que recientemente había entrado en esa empresa y tenía planificado que en unos pocos meses haría mi viaje a San Francisco, California.

Y si salía ahora de ese trabajo, entre que buscaba otro y lo que tardaría en ahorrar, no tendría tiempo en esos pocos meses (apenas 3) que me quedaban, para hacer mi gran viaje.

Tengo que decirte una cosa, para mí en ese momento, este viaje a San Francisco era lo más importante en mi vida y estaba dispuesto a hacer lo que fuera necesario por ir.

Llevaba soñando años con conocer San Francisco, pues aun habiendo estado en países o ciudades más "exóticas" como Tokio (Japón), Roma y otras muchas más, era una ciudad que no sé por qué, pero me llamaba internamente, sentía algo especial por esa ciudad y me habían hablado también muy bien de ella.

Era pasión lo que yo sentía por viajar a ese país y a esa ciudad. Ya que, efectivamente soy español de nacimiento, pero Estados Unidos me corre por la Sangre. Por lo que planifiqué con mi pareja de aquel entonces, hacer un viaje a San Francisco junto otras ciudades de California.

Sin embargo, una vez dentro de la empresa, vi como mi sueño se diluía. Pues las semanas iban pasando y yo no tenía muy buenos resultados. Y en esa empresa, aunque teníamos un pequeño salario fijo, la gran mayoría de nuestro salario, provenía de las comisiones de los servicios de las ventas que nosotros hacíamos. Por lo que, veía que pasaban las semanas y que no tendría el dinero que necesitaba para viajar a San Francisco y todas las otras ciudades que habíamos planeado.

Así que ahí me tenías, yendo "en contra de mi voluntad" todas las mañanas a una empresa que no me motivaba nada.

Me ponía música mientras iba de camino, música que me animaba y surgió efecto en verdad. Sin embargo, se diluía a las pocas horas de empezar. Y según avanzaba el día, veía que el desánimo se apoderaba de mí. Y mi sueño se me escapaba entre las manos como agua entre los dedos o como un vago recuerdo del que ya casi no tienes una imagen clara…

Me sentía muy apagado y descorazonado.

Hasta que un día me propuse que eso no podía seguir así.

Aunque no tenía estas herramientas que hoy en día tengo y que tú tienes, saqué en verdad cuál era mi razón verdadera y eso me hizo recordar por qué estaba en esa empresa y por qué de verdad debía rendir y debía hacerlo lo mejor posible para ganar dinero para cumplir mi sueño.

Así que, esa mañana, cuando llegué a la oficina, le dije a mi jefe, que si podría poner en mi puesto de trabajo algunas fotografías y también en las paredes que me rodeaban, le expliqué ante su atónita cara, que ello me ayudaría a vender más. A lo cual aceptó de inmediato en el momento que me oyó decir eso.

Corrí raudo a mi ordenador, busqué unas pocas imágenes en Internet sobre el puente San Francisco, sobre sus calles, sobre el característico tranvía y algunas cosas más, y las imprimí.

Luego las puse por todo mi alrededor en mi puesto de trabajo, para que todo ello me rodeara junto un par de Post - it en la parte superior de mi ordenador, con unas frases que me anclaban, me recordaban si estaba dando lo máximo posible y que me pateaban el trasero para conseguir el sueño.

Y ¿qué crees?

¡Por supuesto, dio resultado!

Cada vez que estaba un poco desanimado o cada vez que no salían las cosas como yo esperaba, solo tenía que mirar a mi derecha y ver casi toda la pared forrada de mi sueño, con eso inmediatamente me daba un extra de cafeína y de energía para seguir luchando y peleando por lo que yo más quería en ese momento. Me animaba a seguir adelante, pues conocía cuál era la razón por la cual estaba trabajando.

Al final te puedo decir que efectivamente así fue, viajé a San Francisco y buena parte de California. Fue un viaje que nunca olvidaré y que disfruté como un niño.

Viví emociones increíbles, visité lugares fantásticos incluso mágicos algunos y me divertí como hacía años que no me divertía. Pues no solamente conseguí el dinero para ir a San Francisco, sino que recorrimos otros sitios como Los Ángeles, Las Vegas o el Gran Cañón y pasé una magnificas vacaciones donde no nos privamos de nada, viajes en helicóptero y en Jeep privado al Gran Cañón, espléndidos hoteles y un montón más de caprichos, durante más de 12 días.

Eso sí, no volví a esa empresa.

Con todo esto te quiero ejemplificar y motivar a que encuentres tu propia motivación verdadera. Pues cuando la encuentras y te rodeas de ella, si la tienes presente en tu día a día, todo se torna posible...

Es más, expándelo aún más allá. No te limites solo motivarte a ti mismo, motiva también a tus trabajadores y tu éxito se multiplicará por 10.

No hagas lo que esta empresa anterior para la que trabajaba, en la cual la motivación para que los trabajadores trabajaran era muy baja, sólo la motivación de obtener dinero.

Pues recuerda, mi motivación final no era obtener dinero, sí era la razón de la superficie conseguir dinero, efectivamente, sin embargo mi motivación no era conseguir dinero sin más, era conseguir dinero para algo, ¿para qué? Para conseguir mi sueño, para conseguir ese magnífico viaje a San Francisco.

Esa era la motivación final, no el conseguir dinero.

Por lo tanto, te animo a que actives y busques lo que les motiva o lo que les podría motivar a tus trabajadores, a que los alientes y los impulses con ello y por supuesto también, a que les recompenses y les motives económicamente.

Más que no sea sólo esa su única y tú única forma de motivación para ellos. Pues para muchos no será suficiente. Y tu negocio irá y crecerá mucho más alto y se respirará un aire más positivo y más alegre, a la par que lleno de energía, con tus trabajadores motivados hacia una meta, un objetivo y es más, por un ideal o por un sueño.

El poder de la Fisionomía

Hablando de La Motivación…

Qué difícil es a veces conseguirla y al mismo tiempo mantenerla ¿no es verdad?

Y sobre todo, qué difícil es conseguir motivación, cuando vemos que todo a nuestro alrededor no funciona como nos gusta, nos vemos que estamos abatidos y nos sentimos cansados y desganados ¿No es así?

Te entiendo perfectamente, yo también he pasado por eso en muchas ocasiones.

Por eso, antes de finalizar este con este libro (sí, a mí también me da lástima, sin embargo no me quiero extender más en este libro. Pero, no te preocupes esto no se termina, tenemos para ti una estupenda sorpresa después de este libro) ¿qué te parece si te doy otra herramienta más como postre del pastel a todo esto?

¿Qué valor tendría para ti una herramienta con la que pudieras, en un momento dado de abatimiento, en un momento de desgana, en un momento de cansancio, quitártelo de encima de un plumazo y estar con energía fuerte y motivado a los pocos segundos siguientes?

¿Cómo sería de valioso para ti tener una herramienta con la cual, si te sientes cansado o agotado o bajo de energía y tienes que hacer frente a una reunión, a una llamada importante o algo que se le parezca, puedas hacer frente a ella y comértela con una energía renovada?

Sería muy valioso ¿No es cierto?

¿Y si además te digo que no tardarías más de 40 a 60 segundos hacerla?

¡¡El doble de valioso!! ¿Verdad?

¡¡Pues aquí lo tienes!!

Sin embargo, una advertencia: De nuevo no la juzgues por su **extrema** sencillez.

Sólo te pido que la pruebes y la pongas en práctica. Pues no importa lo fácil o lo complicada que sea. Mi intención es ponerte las cosas lo más fáciles que pueda, sin embargo eso no le resta eficacia, ni validez.

Creo que no te hago ningún favor con darte ejercicios o técnicas complicadas. Bastante ya tienes con tu negocio, como para manejar otras cosas complicadas o que alguien te ponga algo más difícil ¿No es así?

Pues porque comprendo esto y también lo vivo en mis carnes, yo agradezco muchísimo, al igual que lo agradecen todos mis clientes, que todas las técnicas que desarrollo para ellos o les comparto, sean muy sencillas y muy fáciles de poner en práctica.

Por ello te pido que aun con su sencillez, la pongas en práctica, pues vas a ver y notar los resultados en segundos. ¡¡Te lo puedo garantizar!!

Y es más, cuanto más la pongas en práctica, más fácil y más rápidamente notarás los resultados y más rápidamente podrás hacer frente a cualquier cosa que se te ponga por medio. Tendrás la actitud y la energía para llevarla a cabo.

Además, deberías tenerla muy en cuenta y tomarte esta sencilla técnica muy en serio, porque hay grandes estudiosos detrás, que llevan investigando largos años sobre el efecto de la Fisiología en nuestra mentalidad y nuestro estado de ánimo.

Antes de pasar a la técnica, déjame preguntarte algo, ¿cuál es la fisionomía, cuál es la postura corporal que adopta una persona que está cansada, abatida, triste, sin energía y demás?

Probablemente responderás cosas como, cabeza agachada y/o ladeada hacia un lado, cabizbajo, con el mentón hacia dentro, espalda arqueada hacia abajo, hombros caídos, mirada hacia el suelo o hacia un lado, pasos lentos y pesados, etc. ¿Verdad?

Algo como la imagen siguiente:

Ahora te pregunto, ¿cuál es la fisionomía, cuál es la postura corporal que adopta una persona que tiene energía, que está motivada, que se va a comer el mundo, que está llena de vitalidad, que está radiante, que está llena de seguridad en sí misma?

Probablemente tus respuestas serán algo así como, cabeza alta, mirada hacia arriba, sonrisa en los labios, tronco totalmente estirado, hombros hacia atrás, pecho hacia fuera, brazos alzados o hacia abajo pero con poder, con pasos resolutivos y ligeros y hasta rápidos, con una mirada confiada y desafiante, etcétera ¿No es así?

Bien, pues ahora quiero que hagamos un ejercicio juntos (yo mientras escribo también los estoy haciendo junto contigo, pues me gusta experimentar lo que enseño, aunque lo haya hecho una y otra vez).

Quiero que por un momento, con los ojos abiertos o cerrados (como te resulte más cómodo) imagines una situación en tu vida que no te ha gustado, en la que te sentías triste o en la que te sentías muy cansado, muy agobiado o demás y mira, observa, siente, cuál es la postura que va adoptando tu cuerpo.

Mantenlo por unos instantes en tu mente, vive esa sensación por un momento, sé que no es agradable, aun así es necesario que lo hagas por unos instantes, solamente para el ejercicio.

Mira y sé consciente de qué postura está adoptando tu cuerpo poco a poco.

Seguramente ya tus hombros se habrán encogido, tu cabeza se habrá bajado o ladeado y tu espalda seguramente ya no estará recta y varias cosas más ¿No es así?

¡¡Hazlo!! Si no lo haces, no valdrá para nada el ejercicio y todos los Beneficios que conlleva.

¿Bien?

Buen trabajo.

Ahora quiero que te sacudas un poco físicamente, como si te quitaras eso de encima y pienses en un momento de tu vida que haya sido muy positivo, en el que te vieras y te sintieras lleno de energía, que te sintieras feliz, radiante, positivo, que te creías que te podías comer el mundo.

Imagina por un momento esa sensación, en qué momento de la vida era lo que veías y como te sentías y lo que te decías a ti mimo o te decían los demás o los sonidos que escuchabas. Y esa experiencia, esa sensación mantenla por un momento, observa detenidamente qué postura estás adoptando ahora…

Seguramente tus hombros han ido hacia atrás, tu pecho estará mucho más afuera, tu cabeza estará mucho más alzada y tu mirada hacia el cielo y seguro que tendrás una leve sonrisa en tu cara.

Si no es así, quiero que mientras sigues imaginándote esa situación, pongas una sonrisa en tu cara, no una sonrisa normal, quiero que pongas una sonrisa de oreja a oreja, una sonrisa estúpida, sí, aunque estés delante de alguien, no te preocupes si piensa que estás loco. ¡¡Ese su problema!!

Pon una sonrisa estúpida de oreja a oreja, quiero que pongas la mirada hacia el cielo, la cabeza hacia atrás mirando hacia el cielo también, con los hombros hacia atrás, con la espalda muy recta y los brazos como tú quieras, hacia abajo apretándolos con poder o hacia arriba como celebrando algo, mientras sigues imaginándote esa situación.

Quiero que lo hagas. ¡¡No sigas leyendo y hazlo!!!

Ahora, en medio de esa postura de poder, de esa sensación, mientras sigues con esa postura e imaginándote esa gran experiencia, intenta pensar en algo negativo o deprimirte, sin cambiar nada, sin cambiar tu postura, sin cambiar tu sonrisa, sin cambiar nada.

Intenta deprimirte, o intenta pensar en algo negativo, intenta estar triste o cansado y observa que sucede…

¿Qué es lo que sucede?

EFECTIVAMENTE, ¡¡NO PUEDES DEPRIMIRTE O ESTAR CANSADO!!

¿No es increíble?

Es sencillamente mágico, ¿No crees?

"¡Wow! Es genial como me siento ahora." – estoy seguro que te estarás diciendo a ti mismo en este momento. – "¿Cómo pongo en práctica esto para cuando lo necesite?"

Muy sencillo. La próxima vez que tengas algo importante que hacer o a lo que enfrentarte, como una llamada de ventas, una reunión con tus socios o con alguien importante o lo que sea importante para ti y tú en ese día o en ese momento te sientas o te veas cansado, abrumado, estresado y demás, vete a un espacio en el que estés a solas, puede ser tu despacho, un rincón, o incluso en el baño (yo echo mucho de mis ejercicios en los baños) y aun teniendo ese cansancio o ese estrés, pon en práctica lo que has leído más arriba.

Adopta una postura de poder, una postura de fuerza, de energía, mientras te imaginas una situación muy agradable en la cual has estado estupendamente bien y te has sentido feliz, contento, entusiasmado y con energía.

Y vive la situación, no sólo la imagines en tu cabeza, sino **Vívela**, observa qué recuerdas, observa las imágenes que viste en ese momento, recuerda y permítete sentir las mismas sensaciones y las mismas emociones que tenías en ese momento y recuerda lo que te decías o lo que te decían o se oía a tu alrededor y cómo te hacía sentir todo ello.

Hazlo al menos por unos 40 segundos, si puede ser un minuto, 1000 veces mejor y cuando salgas del sitio en que lo estás haciendo y termines, <u>Ve y Sal con esa Actitud, sin romper ese estado, sal caminando sin dejar de poner esa postura, sigue con los hombros, la cabeza y todo lo demás con y en *Poder*; camina tal como ahora te sientes y ve y ponte delante de esa reunión o esa cosa que tienes que hacer.</u>

¡El resultado es Increíble!

Ya me lo agradecerás.

¿Y ahora qué Más? ¿Por dónde sigo?

Primero mi más sincera Felicitación y Gratitud por haber llegado hasta aquí. Pues según las estadísticas, no sólo poca gente compra libros y lee, sino que aún menos de 5% los terminan.

Por ello, mi felicitación por haber llegado hasta aquí y mi gratitud por haberme dejado explicar lo esencial de la Mentalidad en los Negocios.

Ha sido un camino con mucho trabajo la aventura de escribir este libro, sin embargo yo me he divertido mucho haciéndolo y recorriéndolo contigo. Espero que hayas aprendido y te hayas divertido en la lectura tanto como yo.

Entiendo que todo esto es mucha información y espero que todo lo que has leído y se ha recogido en esta obra, no lo hayas tomado como un "ataque", porque esa no era la intención en absoluto. Por ello, te repito unas palabras que antes había escrito y creo importante remarcar:

"Entiendo que es todo sobre ti, sobre el empresari@ y que es mucha la responsabilidad y trabajo que hacer y cosas que cambiar y que todo esto, el que no conozcas esto y no estés implementando varios de los conceptos y estrategias aquí tomados, no es tu culpa. Esta información no la sabías y lo has hecho lo mejor que puedes con los conocimientos, herramientas y personal que tienes, (lo sé de sobra que así es) y es cierto que si este es un manual para Empresarios y Emprendedores, debería haber uno también para empleados y cómo ser un Buen y Eficiente empleado… Totalmente de acuerdo contigo.

Y no importa que seas un emprendedor o un "auto - empleado", que tengas tu propio negocio, tu propia tienda, tu propia clínica dental, tu propio centro de terapias o de salud, de masajes, de abogados, o lo que fuere. ¡No importa!

Pues déjame recordarte algo que ya sabes, pero que algunas veces se te olvida… **¡¡No vas a poder tener un Negocio VERDADERAMENTE PRÓSPERO si no tienes trabajadores!!**

Si trabajas tú sólo, SIEMPRE tendrás un límite físico y de tiempo (horas al día) de los productos o servicios que podrás dar al cabo del mismo, **lo que significa que tendrás un Límite de Dinero que podrás Generar y Tu Libertad también será limitada**.

Quedó claro, ¿no es así?

Por ello, sí o Sí, DEBES tener empleados que trabajen contigo (fíjate la diferencia semántica, que no he dicho: "que trabajen para ti") y por ello todo esto y lo referente al apartado de los empleados que hemos tratado en esta obra, *es una Pieza Importante y Muy Valiosa para ti*. No la pases por alto…

Es algo que los Grandes y Exitosos Empresarios, tienen MUY en cuenta.

Sin embargo, es cierto, **Tú eres la Cabeza de todo, Tú eres la más Importante y preciada Maquinaria con la que todo se mueve, todo comienza contigo**.

Por eso hemos creído de máxima importancia hacer este libro para ti, pues por donde se cambia un Negocio, es desde la base, como todo en la vida, ¿No es así? Y la Base fundamental de un Negocio eres Tú.

Es por ello que hemos querido darte el conocimiento y las herramientas indispensables para que comiences a hacer un Cambio Radical en tu Negocio ¡desde Hoy mismo!"

"Me ha parecido todo muy interesante, aun así, se me ha hecho y quedado corto, me gustaría saber más." - puede que pienses - "¿Qué puedo hacer ahora si quiero indagar más? ¿Dónde puedo obtener más sobre esto? ¿Cómo puedo seguir profundizando y aprender más aún al respecto de ello en este momento?"

Me alega mucho que te preguntes esto.

Efectivamente aquí, como antes comentaba, hemos recogido tanto Mario como Yo, lo *Esencial* de cada parte. Lo que debes poner en práctica y tener contigo desde el principio y desde Ahora mismo.

Sin embargo, aún hay mucho más, un nivel más profundo y avanzado que conocer y aplicar en tu Negocio para tener un Negocio y una Mentalidad de Éxito.

Por ello y a petición tuya, te dejo con estos dos pasos para profundizar más en el Tema:

1. ¡¡¡MUY IMPORTANTE!!!
Debes Poner en Práctica Todos los Conceptos de este Libro.

Sí, ya sé que parece una obviedad y que lo he repetido en algún que otro apartado. Pero no quiero pasar por alto las obviedades si las puedo remarcar y aclarar.

Debes poner en práctica, sí o Sí, todos los pasos, ejercicios y conceptos, en tu Negocio y en tu Persona, para que este libro haga efecto y veas los Magníficos Resultados.

Da igual que seas un empresario o un emprendedor por tu cuenta, ya que están estructurados para ayudar tanto a uno como a otro. Pues recuerda, *son principios. Y los principios, son inmutables y válidos en cualquier situación.* Esa es la razón por la que nos hemos enfocado en ellos.

Y para ello, la Mejor forma de aplicarlos, es que tomes uno por uno los ejercicios y los conceptos del libro y los pongas a trabajar para ti (ya que TODOS son aplicables). Y los apliques en tu persona, en tu negocio y tus trabajadores (en caso de que los tengas) durante una semana.

Una semana cada uno.

De nada servirá esta obra y todo lo que en ella se ha recogido y experimentado, si no lo pones en práctica y lo dejas como algo interesante que "en algún momento" pondrás en práctica…

¡No! ¡¡Debes ponerlo en práctica desde hoy mismo!!

De hecho, ya deberías haber empezado al comenzar este libro, aunque algo me dice que lo has hecho, lo cual me alegra enormemente.

Disculpa mi insistencia en el tema, aunque sé que es algo que en el fondo agradecerás, pues no soy como otros autores o Coaches que ahí dejan la información y luego "tú verás lo que haces…" (No es una crítica, es sólo una observación)

No, yo no soy así, ni es mi forma de trabajar, ni la de mi Equipo. No puedo hacer eso.

A mí, personalmente, me gusta preocuparme por la gente que enseño y por lo que enseño, y que esto se lleve a cabo para que la persona obtenga Resultados.

Y hago todo lo que está en mi mano, aunque sea a través de un libro.

Todos mis clientes dicen que siempre tomo sus proyectos como si fueran los míos propios y me preocupo por ellos como tal. Y eso hace también una *Gran diferencia*.

Y sé que **los Resultados están en el Hacer, más que en el Saber.**

Por ello mi insistencia, pues quiero motivarte, aunque sea en un formato tan pasivo como este que no me deja muchas otras formas de motivarte, a que pongas acción, a que te muevas y pongas en prácticas las herramientas y conceptos que hay en este libro.

Desarrolla una por cada semana (es el tiempo mínimo para que se mezcle y se incorpore como una segunda piel en ti y en tu negocio) y luego sólo tienes que comparar los resultados cuando pase un tiempo del "antes y el ahora", de lo que ves y ven tus empleados y tus clientes, de cómo te sientes y de lo que ahora te dicen los demás…

Ya lo verás…

2. Paso para ir más en Profundidad con todo esto y llevar Tu Negocio y Tu Mentalidad al Siguiente Nivel.

Estás cansado de ver y experimentar en tu negocio un estancamiento de los beneficios económicos y escasez de la libertad y tiempo del que dispones. ¿No es así?

O quizá estás bien, sin embargo, no sabes qué hacer para llegar al siguiente escalón en todos los sentidos.

O lo que es peor, quizás estés en una constante lucha y desesperación por conseguir más dinero y/o más tiempo libre, libertad y no tener que dedicarle casi por entero tu día, casi 24 horas a tu negocio, pues se está llevando tu vida y ves que te está consumiendo…

Te entendemos, no estás sólo.

Al igual que tú, hemos conocido a cientos de empresarios y emprendedores que estaban en alguna de las situaciones anteriores.

Y sabemos y estamos contigo en que las "soluciones" e información que hay por ahí, muy poca es de valor y mucho menos aplicable para un negocio.

Quizá hayas probado anteriormente a comprar otros libros de negocios, incluso hayas adquirido otros cursos sobre marketing y negocios, que *tenían soluciones que finalmente no han funcionado muy bien o no eran del todo claras y/o no sabías cómo aplicarlas de forma correcta a tu negocio, para hacerlas funcionar desde el momento en que las aprendiste.*

Por ello, es por lo que construimos este libro. De ahí nació la idea.

Aun así, entendemos que un libro tiene sus limitaciones como formato para dar y enseñar información y todos los conocimientos, técnicas y estrategias que tenemos a nuestra disposición.

Es necesario otro formato para poder así *profundizar mucho más* en todo el material, herramientas y demás.

Imagina por un momento…

¿No sería fantástico que tuvieras una forma de aprender de primera mano, de tener una especie de **Coach Personal** y un formato en el que pudieras, aprender todo lo que hemos visto y oído en todo este libro, pero **mucho, mucho más en profundidad y de una forma más interactiva** que un libro?

Sí, ¿verdad?

Pues por ello, porque lo sabemos, estamos trabajando en llevar esto al siguiente nivel.

Sí, por supuesto, nosotros aplicamos lo que enseñamos.

¿Sabes por qué?

¡Porque sabemos que funciona!

Y al igual que tú, siempre estamos pensando, cómo ir al siguiente nivel de expansión y cómo ofrecer el siguiente nivel de ayuda y de servicio a la gente que nos sigue y a nuestros clientes.

Por ello, estamos trabajando en un **Curso Interactivo Online** que

hemos llamado como el Revolucionario: T^3

+ VEN**T**AS

+ ÉXI**T**O

+LIBER**T**AD

Un Nuevo y Revolucionario Curso (*es revolucionario, tanto o más que lo ha sido este libro, porque hasta ahora no se han juntado, ni casi hablado de dos conceptos como estos, tan necesarios como ya has podido ver y menos, algo como la Mentalidad para los Negocios. ¡Y menos aún con todas las Efectivas Herramientas y Estrategias interactivas que va a incluir!*) **que va a eliminar de una vez por todas tus quebraderos de cabeza en tu Negocio relacionados con tu Expansión, y llevar al siguiente Nivel tu Economía y una mayor Libertad para tu Vida personal.**

Aquí te enumeramos sólo algunas de las muchas cosas que va a obntener el Curso Online Interactivo T^3 y en las que te va a ayudar:

- **La Psicología y la Mentalidad del Cuadrante de Robert Kiyosaki.**

310

Descubre lo que hay detrás y lo que NO nos explicó Robert Kiyosaki sobre su famoso cuadrante y el por qué y cómo, te puede estar obstaculizando esto para tener un negocio de Éxito.

- **Convierte a tu Marca en un Superhéroe de Hollywood.**

  Un poderoso ejercicio que te va a hacer destacar de tu Competencia ¡de una vez por todas!

- **El siguiente nivel de las Preguntas Inteligentes.**

  Más preguntas y más profundas que hacer a tus Empleados y a ti mismo para dar, rendir y sacar lo máximo.

- **Reveladora Técnica para Crear Confianza y Credibilidad.**

  Cómo crear una Credibilidad a prueba de balas.

- **Técnicas Avanzadas para el Manejo de las Emociones y situaciones Negativas.**

  Si te gustaron y te han parecido útiles las que hemos visto en el libro, ¡están te van a encantar porque van mucho más allá! Son increíblemente poderosas.

- **Técnicas Especiales para retener mejor lo que aprendas en cualquier sitio.** Ojalá hubiéramos conocido estas sencillas técnicas cuando íbamos a la escuela.

- **Un Programa paso a paso o cómo construir un "Mapa del Tesoro" para Guiarte con un GPS hacia el Objetivo que quieras conseguir.**

  Además, algo muy bueno es, que no sólo lo vas a poder utilizar para Obtener lo que quieres en tu Negocio, si no para Conseguir lo que desees conseguir también en tu Vida. Un Programa - Método de un Valor increíble.

- **Planes de Acción para llevar el conocimiento, tu estrategia y tu Plan a que se hagan una REALIDAD.**

  De nuevo, vas a poder extrapolarlo y poner a funcionar de forma efectiva no sólo para tu Negocio, si no para lo que quieras en tu Vida Personal.

- **La Técnica de la Omnipresencia.**

¡Haz que tus Clientes te encuentren hasta en la Sopa!

- **Poderosa Técnica para hacer que tengas una Gran Energía, Positividad, Fuerza y mucho más, cuando estés en tu Negocio u Oficina**.

  Una técnica que va a hacer que puedas dar de ti el 100% de rendimiento o incluso más…

- **Y mucho, MUCHO MÁS** es lo que vas poder ver, experimentar y obtener de primera mano dentro del el Curso Online Interactivo T^3

Suena muy interesante. ¿No es así?

Pues si quieres más información sobre él la puedes encontrar ahora yendo aquí:

http://marcapersonalymentalidadparalosnegocios.com/cursos

Un Curso en el que vas poder Disfrutar y formarte en la Comodidad de tu Oficina o de tu Casa. Cuando quieras. Pues toda esa información, vídeos, documentos, ejemplos y demás, van estar disponibles las 24h. Online para que puedas ver y hacer las técnicas y ejercicios más efectivos y tus favoritos, todas las veces que quieras hasta que sean parte de ti y de tu negocio.

Va a ser como tener no a uno, si no a dos Coach de Negocios Personales, las 24h listos para Ayudarte y Asesorarte en esa área que más necesitas o el área que más te gustaría en este momento destacar y mejorar y Eliminar de una vez por todas esas frustraciones, <u>dejar a un lado el que tener un Negocio más Próspero, sea una Lucha constante, y poder llevar en verdad tu Marketing y tu Negocio al Siguiente Nivel.</u>

Entra Ahora a esta Dirección:

http://marcapersonalymentalidadparalosnegocios.com/cursos
para informarte más sobre el próximo Curso Online Interactivo T^3 que estamos preparando. Y también si eres de más de las cosas en directo. Vé e infórmate sobre nuestros cursos y eventos en vivo.

Y ya, sólo nos queda darte las Gracias de nuevo por leer esta obra.

¡Gracias por llegar hasta aquí!

Esto ya nos dice bastante de ti y de tu compromiso para contigo y con tu negocio.

¿Por qué lo sabemos?

Porque, según las estadísticas, menos de un 5% de la población termina un libro que empieza, como antes te comentaba. Y si has llegado aquí, significa y nos demuestra que eres diferente…

Y eso, más tarde o más pronto, va a repercutir Positivamente en tu Persona y en tu Negocio (si no lo está haciendo ya).

Por ello, esperamos que pongas en práctica todo lo que hemos desarrollado aquí, pues sabemos el cambio que va a producir en tu Negocio, si lo pones a trabajar y de forma continua y repetida. Ya que, tal y como cualquier hábito, necesita de repetición para que este al final se instale y empiece a trabajar sólo y a dar los Resultados.

Un fuerte abrazo y esperamos verte pronto dentro del curso online o en uno de nuestros talleres presenciales o conferencias. Será un placer coincidir contigo.

Recuerda una vez más…

Pon en práctica de forma repetida y constante todos los ejercicios y conceptos del Libro. **Tú puedes llegar a Obtener el Siguiente Nivel en lo que deseas en tu Negocio.**

¡A por ello!

"Ve Más Allá del Marketing

Ve Más Allá de los Negocios

Ve Más Allá de la "Brillante"

Superficie que es donde

se quedan los Demás.

Ve Más Allá... Y Sé Diferente"

        -Miguel Angel Santos

Director/Co-Fundador de SatitoStudios&Business. Todos los derechos Reservados ©